大学城图书馆联盟建设新模式研究

詹庆东　著

海洋出版社

2016 年 · 北京

图书在版编目（CIP）数据

大学城图书馆联盟建设新模式研究/詹庆东著. —北京：海洋出版社，2016.5

ISBN 978 - 7 - 5027 - 9365 - 4

Ⅰ. ①大…　Ⅱ. ①詹…　①院校图书馆 - 资源建设 - 研究　Ⅳ. ①G258. 6

中国版本图书馆 CIP 数据核字（2016）第 026101 号

责任编辑：杨海萍　张　欣
责任印制：赵麟苏

海洋出版社　出版发行

http：//www. oceanpress. com. cn

北京市海淀区大慧寺路 8 号　邮编：100081

北京朝阳印刷厂有限责任公司印刷　新华书店发行所经销

2016 年 6 月第 1 版　2016 年 6 月北京第 1 次印刷

开本：787mm×1092mm　1/16　印张：17.75

字数：309 千字　定价：52.00 元

发行部：62132549　邮购部：68038093　总编室：62114335

海洋版图书印、装错误可随时退换

前　言

在大学城图书馆联盟建设中，福州地区大学新校区文献信息资源共建共享平台（FULink）走出了一条新路。在联盟合作机制方面，能平衡读者、图书馆、图书馆联盟和友商的各方利益，特别是大馆和小馆都能各施所长，尽其所能，团结协作，为联盟的建设奉献一份力量；在服务机制方面，以达成共识、精心策划的各项服务项目建设为核心任务，逐步拓展、完善功能、推广宣传、不断扩大图书馆的服务能力；在管理机制方面，通过制度建设和矩阵式管理，各个专业工作组充分发挥民主，畅所欲言后提供实施方案交由协调小组进行最后的决策；在绩效评估方面，设立专项奖励经费，对联盟中几乎所有的共享行为进行评估，并量化为奖励分，最后按贡献大小分配奖励经费。

本书对 FULink 进行深入调研、剖析，从 IAAS、PAAS、SAAS 入手描述FULink 平台建设，详细叙述云平台、共享网络、文献提供系统、联合借阅系统、移动数字图书馆、随书光盘管理与下载系统的建设过程，论述联盟营销、人力资源协同、绩效评估等管理问题，总结出大学城图书馆联盟建设新模式。本书论及与大学城图书馆联盟息息相关的数据整合、门户建设、知识管理、项目管理、信息营销、绩效评估等领域。可作为图书馆学专业教学、研究和相关从业人员的参考用书。

本书是对 FULink 四年建设的经验总结，辅以后台运维数据、研究课题、学位论文、期刊论文为基础。本书系 2014 年福建省中青年教师教育科研项目A 类社科研究课题《福州地区大学新校区图书馆联盟建设新模式研究》（课题编号 JAS14926）研究成果。

由于作者的专业及知识具有一定的局限性，本书存在一些不足之处，还需要专家、学者的批评指正。

目　　录

第一章　大学城图书馆联盟建设全景扫描 ············· （1）

　1.1　大学城概况 ······································ （1）

　　1.1.1　大学城的由来 ······························ （1）

　　1.1.2　国内大学城典型案例 ······················ （1）

　　1.1.3　国内大学城建设的特征 ···················· （4）

　1.2　国内大学城图书馆联盟 ······················· （5）

　　1.2.1　中心馆模式——深圳大学城 ················· （5）

　　1.2.2　中心馆＋成员馆模式——宁波高教园区 ······· （7）

　　1.2.3　"网络图书馆"模式——重庆大学城 ·········· （10）

　　1.2.4　"分中心"模式——杭州下沙高教园区 ········ （11）

　　1.2.5　项目驱动型——南京仙林大学城 ············· （14）

　1.3　国外大学城图书馆联盟 ······················· （15）

　　1.3.1　美国波士顿大学城 ························· （15）

　　1.3.2　英国剑桥大学城 ··························· （18）

　　1.3.3　日本筑波大学城 ··························· （19）

　　1.3.4　香港 JULAC ······························ （20）

　1.4　大学城图书馆联盟建设模式总结 ··············· （21）

　　1.4.1　大学城图书馆联盟定义 ···················· （21）

　　1.4.2　大学城图书馆联盟的建设内容 ·············· （23）

　　1.4.3　大学城图书馆联盟建设的障碍 ·············· （26）

第二章　FULink 建设沿革 ·························· （28）

　2.1　福州地区大学图书馆概况 ····················· （28）

　　2.1.1　福州大学图书馆 ··························· （29）

　　2.1.2　福建师范大学图书馆 ······················ （32）

　　2.1.3　福建农林大学图书馆 ······················ （33）

　　2.1.4　福建医科大学图书馆 ······················ （34）

　　2.1.5　福建中医药大学图书馆 ···················· （35）

　　2.1.6　福建工程学院图书馆 ······················ （37）

2.1.7　福建江夏学院图书馆 ……………………………… (38)

2.1.8　闽江学院图书馆 …………………………………… (38)

2.2　FULink 建设预研 ………………………………………… (40)

2.2.1　建设原则 …………………………………………… (40)

2.2.2　可行性与必要性 …………………………………… (40)

2.2.3　建设内容 …………………………………………… (41)

2.3　FULink 建设方案 ………………………………………… (42)

2.3.1　福建师范大学图书馆方案 ………………………… (42)

2.3.2　厦门大学图书馆方案 ……………………………… (43)

2.3.3　福建大学图书馆方案 ……………………………… (43)

2.3.4　最终方案 …………………………………………… (44)

第三章　FULink 云平台建设 ……………………………………… (47)

3.1　中心机房建设 …………………………………………… (47)

3.1.1　建设目标 …………………………………………… (47)

3.1.2　设计原则 …………………………………………… (47)

3.1.3　建设标准 …………………………………………… (48)

3.1.4　建设需求 …………………………………………… (50)

3.1.5　项目内容 …………………………………………… (51)

3.2　存储建设 ………………………………………………… (61)

3.2.1　建设目标 …………………………………………… (61)

3.2.2　设计原则 …………………………………………… (61)

3.2.3　建设需求 …………………………………………… (62)

3.3　网络视频会议系统 ……………………………………… (64)

3.3.1　建设目标 …………………………………………… (64)

3.3.2　技术要求 …………………………………………… (64)

3.3.3　建设内容 …………………………………………… (68)

3.4　云平台构建 ……………………………………………… (70)

3.4.1　基础设施层 ………………………………………… (70)

3.4.2　动态数据层 ………………………………………… (72)

3.4.3　建设总结 …………………………………………… (74)

第四章　FULink 网络建设 ………………………………………… (75)

4.1　网络安全 ………………………………………………… (76)

4.1.1　校园网特点 ………………………………………… (76)

4.1.2　风险分析 ……………………………………… (77)

4.1.3　建设内容 ……………………………………… (78)

4.2　自动化集成系统 …………………………………… (87)

4.2.1　系统调研 ……………………………………… (87)

4.2.2　可选系统 ……………………………………… (88)

4.2.3　异构平台方案 ………………………………… (92)

4.3　网站建设 …………………………………………… (93)

4.3.1　网站首页 ……………………………………… (94)

4.3.2　功能模块 ……………………………………… (95)

4.3.3　网站栏目 ……………………………………… (95)

第五章　FULink 资源共建 ……………………………… (96)

5.1　联合采购模式 ……………………………………… (96)

5.1.1　TALIS 买断模式 ……………………………… (97)

5.1.2　JULAC 分摊模式 ……………………………… (97)

5.1.3　CDL 的总分馆模式 …………………………… (98)

5.2　FULink 联采模式 ………………………………… (99)

5.2.1　联采方法 ……………………………………… (99)

5.2.2　联采实践 ……………………………………… (103)

5.2.3　联采检讨 ……………………………………… (106)

5.2.4　联采完善 ……………………………………… (107)

5.3　特色库建设 ………………………………………… (108)

5.3.1　建设现状 ……………………………………… (108)

5.3.2　存在问题 ……………………………………… (114)

5.3.3　建设对策 ……………………………………… (115)

第六章　电子资源整合与共享 ………………………… (117)

6.1　电子资源整合 ……………………………………… (117)

6.1.1　整合目的 ……………………………………… (117)

6.1.2　整合技术 ……………………………………… (118)

6.1.3　整合需求 ……………………………………… (123)

6.2　文献提供系统 ……………………………………… (124)

6.2.1　功能要求 ……………………………………… (124)

6.2.2　技术要点 ……………………………………… (125)

6.2.3　使用方法 ……………………………………… (128)

　　　6.2.4　高级检索 …………………………………………… （130）

　6.3　整合效果 ………………………………………………… （134）

　　　6.3.1　统计 ……………………………………………… （134）

　　　6.3.2　维保 ……………………………………………… （135）

第七章　纸质资源和场所的共享 …………………………………… （139）

　7.1　案例分析 ………………………………………………… （139）

　　　7.1.1　用户需求 ………………………………………… （140）

　　　7.1.2　运作流程 ………………………………………… （140）

　　　7.1.3　流通规则 ………………………………………… （141）

　　　7.1.4　软件支持 ………………………………………… （142）

　　　7.1.5　国内案例 ………………………………………… （143）

　7.2　第一期联合借阅系统 …………………………………… （144）

　　　7.2.1　统一条形码编码规则 …………………………… （144）

　　　7.2.2　制定联合借阅规则 ……………………………… （145）

　　　7.2.3　联合借阅支持系统 ……………………………… （146）

　　　7.2.4　问题与建议 ……………………………………… （148）

　7.3　第二期联合借阅系统 …………………………………… （148）

　　　7.3.1　系统调研 ………………………………………… （149）

　　　7.3.2　系统比较 ………………………………………… （149）

　　　7.3.3　系统设计 ………………………………………… （154）

　　　7.3.4　技术要点 ………………………………………… （157）

　　　7.3.5　利弊分析 ………………………………………… （159）

第八章　跨越时空的共享：移动图书馆联盟 ……………………… （161）

　8.1　用户调查 ………………………………………………… （161）

　　　8.1.1　手机用户特点 …………………………………… （161）

　　　8.1.2　用户需求调查 …………………………………… （166）

　8.2　功能设计 ………………………………………………… （167）

　　　8.2.1　移动数字图书馆联盟 …………………………… （167）

　　　8.2.2　移动数字图书馆云平台 ………………………… （168）

　　　8.2.3　平台功能设计 …………………………………… （169）

　8.3　使用方法 ………………………………………………… （171）

　　　8.3.1　移动 FULink 客户端 …………………………… （171）

　　　8.3.2　用户登录 ………………………………………… （171）

8.3.3　馆藏书目查询 ……………………………………（172）

8.3.4　学术资源查询 ……………………………………（173）

8.3.5　阅读视听空间 ……………………………………（174）

8.3.6　我的订阅 …………………………………………（174）

8.3.7　个人中心 …………………………………………（176）

8.3.8　联合借阅 …………………………………………（177）

8.4　可用性测试 ……………………………………………（178）

8.4.1　测试目的 …………………………………………（178）

8.4.2　测试方法 …………………………………………（179）

8.4.3　问题及建议 ………………………………………（179）

第九章　随书光盘的网络共享 ……………………………（183）

9.1　环境扫描 ………………………………………………（183）

9.1.1　服务现状 …………………………………………（183）

9.1.2　网络状况 …………………………………………（184）

9.2　功能设计 ………………………………………………（185）

9.2.1　现有模式 …………………………………………（185）

9.2.2　总结与启示 ………………………………………（186）

9.2.3　FULink 模式 ………………………………………（187）

9.3　项目实施 ………………………………………………（188）

9.3.1　技术要求 …………………………………………（188）

9.3.2　使用说明 …………………………………………（189）

9.3.3　加速服务 …………………………………………（192）

9.3.4　光盘加工 …………………………………………（196）

9.3.5　服务维保 …………………………………………（196）

第十章　FULink 信息营销 ………………………………（198）

10.1　FULink 信息营销实践 ………………………………（198）

10.1.1　LOGO 设计大赛 …………………………………（198）

10.1.2　FULink 开通仪式 ………………………………（201）

10.1.3　FULink 知识竞赛 ………………………………（201）

10.1.4　海峡两岸图书馆合作发展论坛 …………………（207）

10.1.5　万方杯知识竞赛 …………………………………（209）

10.1.6　微博微信 …………………………………………（211）

10.1.7　立体宣传 …………………………………………（211）

　　10.2　营销体系建设 ……………………………………………… (213)
　　　10.2.1　营销主体 ……………………………………………… (214)
　　　10.2.2　营销产品 ……………………………………………… (215)
　　　10.2.3　销售渠道 ……………………………………………… (216)
　　　10.2.4　销售价格 ……………………………………………… (216)
　　　10.2.5　促销机制 ……………………………………………… (217)
　　　10.2.6　营销组织 ……………………………………………… (217)
　　　10.2.7　营销管理职能部门 …………………………………… (218)
第十一章　FULink 人力资源协同 …………………………………… (219)
　　11.1　FULink 人力资源协同形式 ………………………………… (219)
　　　11.1.1　组织机构 ……………………………………………… (220)
　　　11.1.2　分工协作 ……………………………………………… (221)
　　11.2　FULink 人力资源协同实践 ………………………………… (227)
　　　11.2.1　工作会议 ……………………………………………… (227)
　　　11.2.2　专题学术研讨会 ……………………………………… (228)
　　　11.2.3　调研活动 ……………………………………………… (228)
　　　11.2.4　培训 …………………………………………………… (229)
　　　11.2.5　馆际比赛 ……………………………………………… (229)
　　　11.2.6　工作调查 ……………………………………………… (230)
　　　11.2.7　立项活动 ……………………………………………… (230)
　　11.3　人力资源协同的障碍及解决之道 …………………………… (231)
　　　11.3.1　观念守旧 ……………………………………………… (231)
　　　11.3.2　能力差异 ……………………………………………… (231)
　　　11.3.3　利益失衡 ……………………………………………… (231)
　　　11.3.4　文化氛围 ……………………………………………… (232)
　　　11.3.5　制度缺失 ……………………………………………… (232)
　　11.4　FULink 人力资源协同策略 ………………………………… (232)
　　　11.4.1　编制共同愿景 ………………………………………… (232)
　　　11.4.2　管理层的协同 ………………………………………… (233)
　　　11.4.3　馆员的协同 …………………………………………… (233)
　　　11.4.4　信息沟通 ……………………………………………… (233)
　　　11.4.5　制度保障 ……………………………………………… (233)
　　　11.4.6　利益整合 ……………………………………………… (234)

第十二章　FULink 评估 ……………………………………………（235）

12.1　共享活动评估 …………………………………………………（235）

12.1.1　目的 ………………………………………………………（235）

12.1.2　奖励办法 …………………………………………………（235）

12.1.3　历年奖励表 ………………………………………………（236）

12.2　用户评估 ………………………………………………………（241）

12.2.1　用户评估意义 ……………………………………………（241）

12.2.2　服务感知理论 ……………………………………………（241）

12.2.3　FULink 文献提供服务的目标 …………………………（242）

12.2.4　FULink 文献提供感知服务模型 ………………………（243）

12.2.5　研究设计 …………………………………………………（244）

12.2.6　对策建议 …………………………………………………（247）

第十三章　大学城图书馆联盟建设新模式 ………………………（249）

13.1　大学城图书馆联盟建设新模式 ………………………………（249）

13.1.1　政府资助下以顶层设计为理念设计联盟框架 ………（249）

13.1.2　支持异构平台降低入门限制 ……………………………（250）

13.1.3　项目驱动引领共建共享 …………………………………（250）

13.1.4　开展形式多样的营销活动 ………………………………（252）

13.1.5　通过矩阵协同管理充分调动成员馆积极性 …………（252）

13.1.6　从点到面向外辐射提高受益面 …………………………（253）

13.1.7　设立研究项目提高平台建设水平 ………………………（253）

13.1.8　FULink 模式总结 ………………………………………（254）

13.2　FULink 二期规划 ……………………………………………（254）

13.2.1　FULink 建设的成就与不足 ……………………………（254）

13.2.2　FULink 二期规划要点 …………………………………（255）

13.3　FULink 二期新服务项目 ……………………………………（256）

13.3.1　联合学者库建设 …………………………………………（256）

13.3.2　学科服务共享平台 ………………………………………（257）

13.3.3　FULink 门户建设 ………………………………………（258）

13.3.4　学位论文联合数据库 ……………………………………（259）

参考文献 ………………………………………………………………（261）

图书 …………………………………………………………………（261）

期刊论文 …………………………………………………………（261）

第一章 大学城图书馆联盟
建设全景扫描

1.1 大学城概况

1.1.1 大学城的由来

"大学城"是一个外来物种，源自欧美，以英国的牛津大学城和剑桥大学城最为典型。大学在发展过程中，规模越来越大，为教职员工的衣食住行而服务的第三产业以及因应"产、学、研"而伴生的一系列科研机构和公司历经数十年或上百年在大学周围或者大学校园本身形成了初具规模的城镇，谓之"大学城"，可以说是"先有大学后有城"。传入中国以后，因果关系发生倒转，变成"先有城后有大学"。政府在远离市中心的郊区划一块地，盖一些楼，把若干大学搬迁过来，短则三年，长则五载，大学城就建好了。相比国外的大学城，许多中国特色就诞生了，针对这些特色开展研究以适应新生事物的发展尤为必要。

1998 年，我国开始建设第一座大学城——河北廊坊的东方大学城，两年后 2000 年 8 月即投入使用，若干高校的第一批新生开始入住。在东方大学城的示范下，国内很快掀起了一股兴建大学城的热潮。据不完全统计，到目前为止，国内相继兴建了 80 多座大学城，如广东的广州大学城、深圳大学城，上海的松江、杨浦大学城，南京的仙林、江浦、江宁大学城，浙江的温州大学城及五个高教园区，福建的福州大学城、集美大学城等，见图 1 −1①。

1.1.2 国内大学城典型案例

广东省教育厅将 2004 年开始建设的广州大学城定位为国家一流的大学园

---

① 吕明合，唐悦. 盲目规划背后的空壳危机——大学城过热，该追责谁. 南方周末［N］. 2014
−06 −20

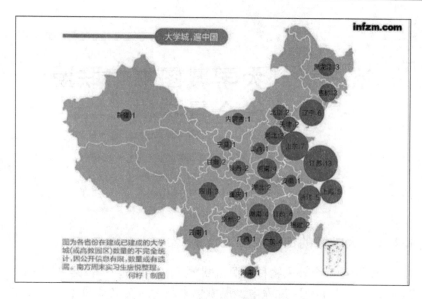

图 1 - 1　中国大学城省区分布图

区，华南地区高级人才培养、科学研究和交流的中心，学、研、产一体化发展的城市新区，面向 21 世纪适应市场经济体制和广州国际化区域中心城市地位、生态化和信息化的大学园区①。

广州大学城位于广州市东南部，选址番禺小谷围岛及其南岸地区，西邻洛溪岛、北邻生物岛、东邻长洲岛，与琶洲岛举目相望，规划范围 43.3 平方公里。距广州市中心约 17 公里。分为外、中、内三环。外环与中环之间是各高校教学区和商业区，中环和内环之间是生活区，内环内是中心湖，见图 1 - 2。大学城内交通方便，规划合理，有利于教学资源的共建共享。

2012 年，广东省制订"广州大学城提升计划"，广州大学城成立"广州大学城高校联盟"②。它是广州大学城高校以平等自愿、优势互补、协商自治、非法人的大学联合体，接受广东省教育厅和广州大学城管理委员会的业务指导和监督，设立理事会、执行委员会和 11 个专门委员会。目的是进一步聚合大学城高校各方面资源，发挥大学自治功能，建立大学城高校间常态化

① 　广州大学城_百度百科 [EB/OL]．[2015 - 10 - 06]．http：//baike. baidu. com/link? url = hI6dAQJbpDU - xJfYdQskkKym1LqO8rX2NJSNwg5mwIIzBIUgUktVkq0x6q3RqyiddftTiZYNjdQmv3NFeooyfK

② 　广州大学城网．[EB/OL]．[2015 - 10 - 06]．http：//www. gzuc. net/

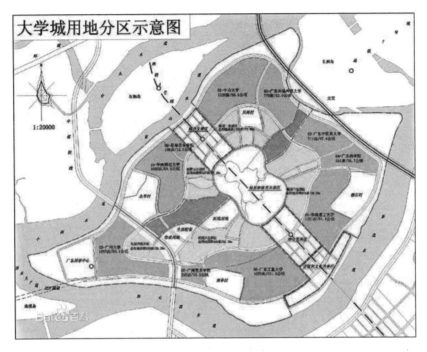

图 1 - 2　广州大学城规划图

协作会商机制，促进高校发展共同体建设，推动大学城高校优质教育资源实现共享，全面提升教育教学水平，提高人才培养质量，促进科技协同创新，发挥文化引领作用，服务地方经济、社会和文化发展。

在教育资源共享方面，大学城提升计划中明确提出：组建大学城十校联盟，统筹大学城教师授课、课程设置、学分互认、科研活动、教学实践、学术交流、文化互动、设施设备共享等工作。此外，实现图书馆资源共享、实验室资源共享、优质公共课程共享、公共课学分跨校互认等。

2014 年 9 月 23 日，由中山大学、广东省高校图书情报工作委员会牵头实施的广州大学城十校图书馆馆际互借系统启用，大学城十所大学的师生，可以互借到其他九校图书馆藏书，目前实施反应良好。

经过十年的建设与发展，广州大学城已步入科学、规范、快速发展的轨道，发展成为国家一流大学园区和广东省乃至华南地区人才培养、科技创新、文化建设和社会服务的重要基地。其先进的规划建设理念、严密有效的组织管理方式和一流的建设水平获得了社会广泛认可和普遍赞誉，已成为广东省高等教育改革发展的一张亮丽名片。见图1-3。

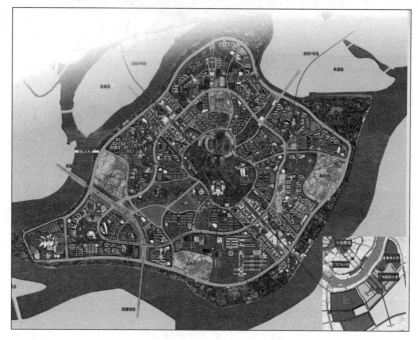

图1-3　广州大学城卫星鸟瞰图

广州大学城现已入驻的高校包括中山大学、广东外语外贸大学、广州大学、华南理工大学、华南师范大学、广东工业大学、广州美术学院、星海音乐学院、广东药学院、广州中医药大学等10所。2014年进驻大学城的学生数量为16万多人，其中研究生约2.5万人，占广东省研究生数量的30%左右。据不完全统计，十年间大学城一共为广东输出近40万大学毕业生，向社会输送一大批高素质人才。

1.1.3　国内大学城建设的特征

（1）名称各异。我国已建成的80多座大学城，从名称上看有所区别，大多数称为"大学城"，也有的称作"高教园区"或者"大学园区"①。

（2）建设动因相同。我国的大学城建设都属于主动构建型，主要由政府

---

① 李国利. 我国大学城图书馆建设研究［D］. 河北大学硕士学位论文，2011

部门参与规划并主导建设。政府希望通过扩大办学规模，培养更多的人才。

（3）希望实现教育资源的共建共享。政府出资修建大学城是希望将多所大学群聚到一起，推动各校教育基础设施的共建共享，合理配置资源，提高师资、校舍、体育场、图书馆等的利用率。

（4）大学城拥有众多的师生。每个大学城的师生数量都在几万到几十万之间，人口特征明显，基本上可以分为本专科生、硕博研究生、博士后和科研人员、教师等若干群体。

（5）大学城向学、研、产一体化城市新区发展。政府希望高校能面向社会转化学术研究成果，适应市场经济体制开展学术研究。

（6）大学城具备明显的地缘优势。所有高校在一个大学城内，地理位置相邻，方便交流与协作。

（7）大学城内存在同质性，有合作的可能性。大学城内各高校存在专业重叠现象，教学资源可共享使用。

（8）大学城内也存在异质性，有合作的必要性。大学城内专业各有不同，互补性强，从而容易各取所需，有必要形成战略性联盟。

1.2　国内大学城图书馆联盟

大学城建设的目标和宗旨是实现教育资源的共建共享，从而提高师资、校舍、体育场、图书馆等的利用效率，降低教育资源的成本，使各个学校达到多赢的良好态势。如何根据大学城的特点实现信息资源的共建共享？这是所有大学城建设者都将面临的问题。

从理论上来说，大学城信息资源的共建共享是指整合大学城内所有成员馆的信息资源。超越了单个图书馆概念，强调整体观念，从整体出发，统一规划，协调配置，更好地满足用户的信息需求。

大学城信息资源的共建共享模式多种多样，分别举例如下：

1.2.1　中心馆模式——深圳大学城

深圳大学城创建于 2000 年 8 月，是全国唯一经教育部批准，由深圳地方政府联合著名大学共同举办、以培养全日制研究生为主的研究生院群。创办大学城旨在实现深圳高等教育跨越式发展，提高深圳自主创新的能力和后劲，提高经济质量、人口素质和文化品位，促进深圳率先基本实现现代化。历经10 余年的发展，深圳大学城已经取得了显著成绩，逐步成为深圳市高层次人才培养和聚集、高水平科研、高新科技信息和高层次国际交流四个平台。

2004 年 7 月，深圳大学城图书馆正式成立，见图 1 – 4。2006 年 6 月，深圳市政府批准成立深圳市科技图书馆，原深圳市科技情报研究所整体并入。图书馆隶属深圳大学城管理委员会办公室，接受市科技信息局、市文化局的业务指导，与深圳大学城图书馆实行"两块牌子，一套人员"的管理模式，为市政府全额拨款的事业单位①。

图 1 – 4　深圳大学城图书馆

深圳大学城图书馆（深圳市科技图书馆）作为北京大学、清华大学、哈尔滨工业大学深圳研究生院、南方科技大学和中科院深圳先进技术研究院共同拥有的图书馆。面向深圳市民开放，是国内第一家兼具高校图书馆和公共图书馆双重功能的图书馆；是以"一切为人的发展，为一切人的发展"为服务宗旨，以大学城师生、企业和科研人员以及深圳市民为服务对象的专业性、研究型、数字化、全开放的新型图书馆；是深圳市重要的科技文献资源保障基地、科技文献和科技信息服务中心、科学教育基地和为市场、产业、研发提供社会化公共信息资源的交流服务平台。

深圳大学城的"统一规划、资源共享"建设原则决定了大学城内的事业单位可以共享大学城图书馆、体育中心等设施。深圳大学城内各高校都与深圳市政府有共建协议，由深圳市政府领导开展文献信息资源共建共享顺理成章。四所院校以培养研究生层次为主，学生数量规模较小，四所高校地理位置紧凑，紧密分布在大学城图书馆周围。这些特点都适合"中心馆模式"实

---

① 深圳大学城图书馆．［EB/OL］．［2015 – 10 – 06］．http：//lib. utsz. edu. cn/index. html? locale = zh_ CN

现的文献信息资源共建共享①。

中心馆模式的特点：（1）执行力较强。信息资源的采购、编目、借阅等全部由深圳大学城图书馆承担，入馆政策、借阅政策、资金使用等由中心馆根据用户的特点制订，不存在其他模式的种种协调问题如经费分摊、职责分摊、资源分摊等。（2）适合用户信息需求特征明显、用户群较小、地理位置紧凑的大学城。深圳大学城的师生员工在 10 000 人左右，以研究生为主，通过网络获取信息是主要特点。（3）不适合用户类型多样、师生数量较多、学科种类复杂、规划较大的大学城。

1.2.2　中心馆 + 成员馆模式——宁波高教园区

宁波（鄞州区）高教园区②位于鄞州区大道南侧，钱湖南路两侧，总占地约 4.16 平方公里，总投资超过 30 亿元人民币，规划建设浙江大学宁波理工学院、浙江万里学院、宁波服装职业技术学院、浙江医药职业技术学院、宁波大学卫生职业技术学院、鄞州区社区学院、宁波寄宿制高中等 7 所院校，全部建成后全日制学生规模约为 5 万人左右。园区内的院校集普通全日制教育、成人教育、高等职业技术教育、现代远程教育于一体。宁波大学园区的主要特点是：（1）校际之间无围墙隔开，只以水系、绿化、道路相隔，以建筑的风格和颜色显示区别，使园区真正融为一体；（2）园区内的教育资源充分实行共享，走投入少、效益高的建设发展之路。各校间师资可以互聘，学生可在校际间选修课程，学分互相承认，实验室、图书资料等均实行共享。园区与社会的部分资源亦可共享。

宁波大学园区图书馆是宁波市教育局的直属单位，同时又是宁波市第二图书馆、宁波市少年儿童图书馆、宁波市红领巾图书馆、宁波市数字图书馆和鄞州区图书馆，集六馆于一身。2003 年 12 月 28 日建成并正式向社会开放，占地面积为 58 000 平方米，总建筑面积约 28 600 平方米，总投资近 1.4 亿元。

在文献资源建设方面，"零复本"是该馆图书采购的基本方针之一，以种类的齐全与周边院校多复本的藏书方针达成互补。宁波教育文献和鄞州地方文献为该馆的收藏重点。在数字资源建设方面，实行国内求全、国外求精的策略，数据库列表参见图书馆主页。

---

① 马陆亭. 深圳大学城发展模式探讨 [J]. 现代教育管理，2012，05：5 - 10.

② 宁波大学园区. [EB/OL]. [2015 - 10 - 06]. http：//www. nbedu. gov. cn/jyzt/nbdx/zt-gk3. htm

图 1-5　深圳大学城图书馆网站

　　宁波市数字图书馆于 2009 年 3 月 25 日正式开通运行，是由宁波大学园区图书馆、各在甬高校、宁波市图书馆、宁波市科技信息研究院及广大企业等共同参与的数字文献信息资源共建共享服务平台。主要提供的免费服务项目有：（1）提供各类型科技文献题录和文摘等二次文献的免费查询服务，并可根据用户网上提交的全文请求获取全文，实现即时下载或原文传递等方式；（2）为企业等用户查询生产、科研等所需的文献资料以及为有需要的读者向

图 1-6　宁波大学园区图书馆首页

其他成员馆借阅所需的图书资源；（3）享用国内和国际重要的文献信息联盟的服务；（4）全市主要图书馆联合目录查询，成员单位馆藏目录查询服务等①。

　　宁波大学园区图书馆兼具高校馆和公共馆的性质。教育、信息与文化休闲职能并举，立足园区，辐射全市，为园区师生和市区市民提供服务，这是一种全新的办馆模式与办馆理念，该馆的许多先进观念与做法都为其他大学城图书馆的建设提供了有益的借鉴②。除了此图书馆以外，入驻园区的每个高校又都设立了自己独立的图书馆，如宁波诺丁汉大学、浙江万里学院（新校区）、宁波天一职业技术学院、宁波中学、宁波城市学院、浙江医药职业技术学院、浙江大学宁波理工学院，鄞县社区学院设有高校馆，为本校师生提供服务。公共馆与各个高校图书馆有各自的办馆主体，它们之间相互独立，不存在领导被领导、管理被管理的关系，而是兄弟馆的关系，是一种合作的关系，仅在业务上开展合作往来，工作中公共馆与各校图书馆互不干涉，各学

　　①　宁波大学园区图书馆．［EB/OL］．［2015-10-06］．http：//www.nlic.net.cn/

　　②　王静儿，颜务林．一种新的办馆模式—宁波高教园区图书馆剖析［J］．大学图书馆学报，2003（2）：70-71.

校对大学城公共图书馆也不用承担经济上的义务。馆藏方面,各馆都突出自己的特色。服务对象方面,各高校馆主要为师生员工提供服务,公共馆的用户来源广泛,包括了大学城内所有用户及本市市民①。

宁波大学园区采取"中心馆+成员馆"模式建设信息资源共建共享体系。它的特点是:(1)由政府出资建设中心馆,中心馆具备多种职能。(2)中心馆对纸质文献采用"零复本",扩大保障范围,对数字文献集中采购对大学园区用户提供服务。成员馆主要针对本校用户提供纸质文献的保障、数字文献的网上服务。成员馆之间提供严格受控的到馆服务。(3)通过项目制开展特色数据库的建设与推广。(4)突出中心馆的带头作用,在政策制定、资金投入、利益平衡方面起示范作用。(5)该模式需要政府在资金、政策方面的大力支持,

1.2.3　"网络图书馆"模式——重庆大学城

重庆大学城位于沙坪坝区虎溪镇,是重庆市委、市政府建设长江上游教育中心和西部教育高地的重点工程之一。自2005年建设以来,大学城已入驻的高校有重庆大学、重庆医科大学、重庆师范大学、四川美术学院、重庆科技学院等15所高校,在校学生12万人。大学城突出以人为本,强调功能分区、资源共享,最大程度地追求高校教育资源共享。重庆大学城资源共享网络平台②由大学城门户、教学资源、科研资源、图书资源、就业服务、生活服务、网上商城、学习社区、真实身份认证等9大系统构成。由重庆地产集团资助建设的重大非盈利性公共服务信息项目,投资资金达3188万,平台建设由惠普公司承建,于2008年10月启动,2010年3月通过验收并投入运行③。

为保证9大系统资源在大学城实现共享,重庆市教委将入住大学城的15所高校与大学城信息中心通过光纤进行直接连接,建成了大学城骨干网络。为确保重庆大学城资源共享网络平台的长期、稳定、高效运行,重庆市教育信息技术与装备中心成立了重庆大学城信息中心,承担大学城资源共享网络平台的管理、运维和后期建设工作。重庆大学城信息中心致力于重庆大学城高校资源共享的建设,努力把大学城资源共享网络平台打造成"国内一流、

①　严慧英,夏勇.论大学城公共图书馆建设[J].大学图书馆学报,2003(4):12-14.
②　重庆市高校数字图书馆.[EB/OL].[2015-10-06].http://lib.cquc.net/index.htm
③　陈燕.大学城图书馆资源共享平台建设调研——以重庆大学资源共享平台建设为例[J].湖北科技学院学报,2013(1):138-139.

西部领先"的公共服务平台。

重庆市大学城采用"网络图书馆"模式开展信息资源共建共享。其特点有：（1）政府出面通过招投标方式外包给商业公司建设。（2）建设网络平台实现资源的共知共享。由于重庆大学城入驻高校的图书馆馆藏文献在学科专业上各具特色、软硬件设施建设参差不齐、数字化建设进展不一致、服务层次有高有低、管理体制各有不同。从最容易实现共享的数字资源入手建设共享体系。（3）本科院校馆因技术、资源上的优势承担了更多的平台建设贡献值，在经费分摊上也向高职高专校做了扶持性政策支持，促进重庆市高校图书馆的整体发展。

1.2.4　"分中心"模式——杭州下沙高教园区

杭州下沙高教园区成立于 2000 年 8 月，面积 10.91 平方公里，现已入驻 15 所高校，在校师生达 35 万人，是浙江省最大规模的高教园区。高教园区现有 8 所本科院校：杭州电子科技大学、浙江传媒学院、浙江理工大学、中国计量学院、中国计量学院现代科技学院、浙江工商大学、浙江财经学院、杭州师范大学，7 所专科院校：浙江经济职业技术学院、浙江金融职业技术学院、浙江经贸职业技术学院、浙江水利水电专科学校、杭州职业技术学院、浙江警官职业学院、浙江育英职业技术学院。

浙江省高校数字图书馆（ZADL）下沙分中心①是浙江省高校数字图书馆的重要组成部分，由浙江省教育厅和浙江理工大学共同出资，浙江理工大学图书馆承担建设。下沙分中心与宁波、温州、小和山、滨江五个分中心及 ZADL 省中心共同组成了浙江省高校数字化文献信息服务保障体系，服务覆盖浙江全省高校。其中，下沙分中心直接为下沙高教园区的 14 所院校提供文献信息保障与服务，并可通过省中心的统一调度为全省其他高校提供文献资源服务。

下沙分中心门户网站汇集全省高校的文献、服务、专家资源。具备丰富的资源、易搜的平台、专家的咨询、快捷的传递、统一的认证等特点：

（1）丰富的资源：基于浙江省高校丰富的文献资源，引进 SCOPUS 等权威数据库，自建特色资源，形成全省高校共享的数字化文献信息资源库，可通过门户直接访问的数字资源超过 50TB。

---

① 浙江省高校数字图书馆下沙分中心．［EB/OL］．［2015 – 10 – 06］．http：// zadlxs. zj. edu. cn/wps/portal

图 1-7   重庆市高校数字图书馆首页

（2）易搜的平台：引进新一代学术资源整合门户，实现期刊、论文、专利、报纸、自建数据库、联合书目等各类资源的一站式检索和全文链接。

（3）专家的咨询：下沙分中心虚拟咨询系统采用省中心、分中心和各高校服务中心三级服务体系，开展以本校咨询为基础，中心和省内高校合作的分布式联合虚拟咨询，实现各成员馆、分中心和省中心无边界的咨询任务分派与调度，充分发挥各个成员馆独特的学科咨询服务优势。

（4）快捷的传递：通过下沙分中心文献传递系统，电子版文献当日即发出原文，印刷版文献 1~2 个工作日内即传送全文或给出文献处理结果。

图 1 - 8　ZADL 下沙分中心网站

（5）统一的认证：只需本校图书馆成为 ZADL 成员馆，本校师生即可注册成为 ZADL 用户，享受 ZADL 的多项服务。

为发挥下沙高教园区各图书馆馆藏优势，浙江财经学院、杭州师范大学、浙江工商大学、浙江水利水电专科学校、中国计量学院、浙江传媒学院、浙江理工大学、杭州电子科技大学等 8 所大学的图书馆开通馆际互借。8 所大学目前的图书馆藏量加起来超过 1 000 万册，师生只要持有馆际互借证和学生证或工作证，就可以到其他 7 所高校的图书馆借阅图书，可借数量为 2 册，借期 30 天。

下沙高教园区采用"分中心"模式建设信息资源共享体系。该模式的主要特点是行政主导型，即由省教育厅统筹规划，由中心图书馆（浙江理工大学图书馆）承担大学城中心馆的职责，大学城内各成员馆共同参与建设，同时与省内其他中心组成星形网络，实现全省文献资源的共建共享。

1.2.5　项目驱动型——南京仙林大学城

仙林大学城位于南京主城东部，紫金山东麓，距离新街口15公里，2002年2月成立。已有南京大学、南京师范大学、南京财经大学、南京邮电大学、南京中医药大学、南京信息职业技术学院、南京理工大学紫金学院、应天职业技术学院、南京森林警察学院、南京审计学院金审学院等院校入驻，在校师生8万余人。各高校所设专业涉及文、理、工三大门类，各校在文献资源上有很强的互补性。

目前，大学城内各馆在文献资源共享方面已经作了一些尝试。各馆使用省高校图工委统一发放的"江苏高校通用借书证"，面向教师和研究生提供了图书馆际互借、入馆阅览数字资源等服务①。

图1-9　仙林大学城教学联合体数字图书馆网站

江苏省南京仙林大学城信息资源共享体系建设是通过"项目申报立项"的方式来进行。江苏省政府在大学城区域性联合体教学资源共享系统规划制定后及时制定相关政策，投入专项经费，发动社会力量参与，各校分担运行经费。多个联合体成员馆领导观念统一，团结合作，乐于奉献。各成员馆对

---

① 仙林大学城教学联合体数字化图书馆 . ［EB/OL］. ［2015 - 10 - 06］. http：// jcfw. njnu. edu. cn/acdmcity/

本馆员工加强宣传教育，达成共识，积极参与。

该模式的主要特点为项目驱动型，即通过向江苏省教育厅申报项目的方式进行，由大学城内中心图书馆牵头，会同大学城内各成员馆共同策划业务项目，以统一的自动化软件为基础，通过馆际互借、统一门户、联合虚拟、参考咨询服务等方式来实现共建共享。

1.3　国外大学城图书馆联盟

国外的大学城，可分成两类。一类是"自然发展型"的大学城，是指随着城市社会经济和高等教育的发展，一所或若干所集中于一地的大学规模越来越大，大学内部或周围集聚了一定的人口，从事一些第三产业的活动，从而使大学校园本身或者大学周围形成了具有一定规模的城镇，常常被人们称为校园市镇（campus town）、大学城（university town/city）或大学区（university district）。简单地说，大学就是城市，城市就是大学，整个城市围绕着学校严格而有计划地组织着自己的社会生活。自然发展型的大学城主要以美国的耶鲁、哈佛大学城，英国的剑桥、牛津大学城为典型代表。另一类是"规划建设型"的大学城，国家政府往往是大学城建设的重要力量，政府、高校和企业多方参与，相互合作，统一规划，共同构建的大学城代表着当代城市文明的最高水平，它是现代城市文明的一面镜子。这类大学城往往不同于传统类型的大学城，其科技含量相对更高，经济服务意识也相对来说更强，这类大学城的主要代表是日本筑波大学城①。

1.3.1　美国波士顿大学城

波士顿（Boston）位于美国东北部，是美国马萨诸塞州（Massachusetts）的首府和最大城市。城市边缘的坎布里奇镇（Cambridge Town）是该城市的大学园区，哈佛大学（Harvard University）、麻省理工学院（Massachusetts Institute of Technology，MIT）、波士顿学院（Boston College）等都位于此，构成了一个规模较大、智力资源高度集中的大学城，其中仅哈佛及麻省理工，其占地面积就达到了6.3平方公里，共有人口11万。在大学城内还配套了大量的与之相关的高新技术产业园区，以及城镇化的后勤居住生活社区。

---

① 杨天平．发达国家大学城的发展模式［J］．中国农业大学学报（社会科学版），2003（4）：74-78.

虽然波士顿市各图书馆已经拥有非常丰富的馆藏，但考虑到该地区科研机构及高校的数量之高，为更大程度上保障地区内教师、学生及其他科学领域研究者的文献信息需求，部分机构采取了资源合作共享的方式，如哈佛大学和麻省理工学院可以共享彼此图书馆的馆藏。除了这种小规模的合作外，波士顿图书馆联盟（the Boston Library Consortium）①、芬威图书馆联盟（Fenway Library Consortium）② 则为一种区域图书馆特别是高校馆大型合作的典范。

波士顿图书馆联盟由波士顿学院、波士顿大学、麻省理工学院等 17 家学校、研究机构的图书馆组成，它的功能主要通过资金合作、共享电子馆藏、馆际互借与文献传递的方式实现。在联盟的组织构建上，最高领导机构为理事会，由各成员馆的馆长或主管理事组成，负责《波士顿图书馆联盟章程》及其他重大决策的制定。理事会下设管理委员会，每月召开一次例会，负责联盟的资源管理、财务管理、项目执行等工作，由各成员馆的领导组成。

目前，波士顿图书馆联盟的主要工作是通过共享平台，进行信息资源、专业知识和技术等方面的合作，以最小的财力来实现单一图书馆不能实现的功效，满足联盟各成员服务对象的信息需求。联盟开展的活动有：

（1）相互开放图书馆。联盟采取"一卡通"的方式进行身份识别。持卡者在图书馆注册后，即可以进入联盟成员的图书馆进行文献的借阅。

（2）馆际互借。波士顿图书馆联盟采取 OCLC 的 WorldCat Local 联机检索系统，该系统是云计算在图书馆领域的具体应用，可向用户提供信息发现与传递的无缝使用体验，读者在本馆无法提供的情况下借助图书馆的馆际互借渠道借阅他馆的馆藏资源。

（3）文献传递。波士顿图书馆联盟采用科罗拉多州立大学图书馆（Colorado State University Libraries）开发的 RapidILL 系统，该系统对于用户的文献传递申请必须在 24 小时内处理，因而大大节约了用户获取文献信息资源的时间。

波士顿图书馆联盟的先进经验有如下几点：

（1）制定《波士顿图书馆联盟章程》，明确联盟的使命与价值观。

（2）对申请加入的新成员进行严格的资格审查。董事会全体会议赞成票达到全体董事人数的 2/3 时，图书馆才被批准成为联盟的新成员。

---

① Boston Library Consortium. ［EB/OL］. ［2015 - 10 - 06］. https：//www. blc. org/

② Fenway Library Consortium. ［EB/OL］. ［2015 - 10 - 06］. http：//www. fenwaylibraries. org/index. html

1－10　波士顿图书馆联盟网站

（3）联盟一卡通的使用与持卡者信用记录结合，采取统一与差异并行的策略。联盟一卡通允许持卡者进入联盟的各成员馆进行资源的查阅与获取，但一卡通的权利也不尽相同，根据各个馆本身所提供资源的多少、对联盟资源共享贡献的大小可获取不同的权利。

（4）联盟向用户提供的基本服务不收取任何费用，联盟通过会员费、募集社会资金、募集校友资金等方式获得财政支持。

（5）波士顿图书馆联盟创建了各种类型的共享工作兴趣小组（Communities of Interest）来调动馆员的积极性。为员工提供了一个分享知识与最佳实践的舞台，为联盟的领导层提供更加专业并实际的具有建设性的意见。

1.3.2 英国剑桥大学城

剑桥大学的学院和学科系（研究中心，所）互不隶属，是一种平行关系。学院负责招生和学生生活方面的服务和管理，财务上相对独立。学科系（研究中心，所）负责教学和科研工作，同一学科系（研究中心，所）的学生来自不同的学院。剑桥大学城①除有 5 所校级图书馆（1 所总馆和 4 个专业图书馆）之外，35 所学院也都建立有各自或大或小的图书馆，每个学科系（研究中心，所）都有自己专门的图书馆，图书馆数量达到 100 多个。

剑桥大学的图书馆都向所有师生开放，用户只需办理一张图书馆的图书卡，就可以毫无障碍的穿行于大学城内的 100 多个图书馆，在有必要的情况下，用户还能通过本校图书馆向其他图书馆借书，获取自己所需要的各种信息资源。在用户服务方面，馆内有大量的管理人员，可随时为用户提供咨询和帮助，每周还为用户提供图书馆导游，向读者介绍图书馆的信息，并对如何使用电脑查阅图书给予用户指导。

这种"总分馆模式"构成了分布式的信息服务系统，是剑桥大学图书馆设置的一个显著特点。图书馆系统的这种组织架构在很大程度上方便了师生对图书馆的利用。图书馆管理系统统一，目录统一，每一个图书馆均对全校师生开放。各馆在功能上又有所分工：所在学科系（研究中心，所）和学院以及大学总馆（或专业图书馆）向师生承担借出，其他各馆仅供查阅②。

---

① Cambridge University Library. ［EB/OL］. ［2015 – 10 – 06］. http：//www. lib. cam. ac. uk/
② 郭红. 剑桥大学图书馆管理与服务模式的探讨［J］. 上海理工大学学报（社会科学版），2004（4）：46 – 48.

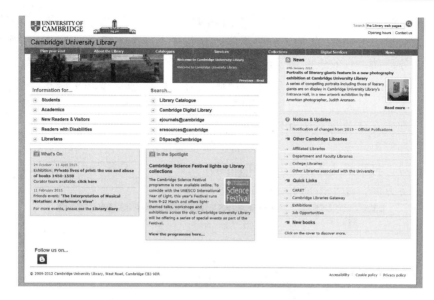

1 - 11　剑桥大学图书馆总馆网站

1.3.3　日本筑波大学城

日本筑波大学城建立于 1973 年，当时为了推进大学城图书馆信息资源共享工作，大学城内高校首先征得上级政府的支持，在政府的高度协调下组织开展工作，建立了一个以计算机网络为基础的局部性信息资源合作联盟，进行收集、整理并为筑波大学城内用户提供所需信息的共享系统①。其成功经验有如下几点：

（1）政府的大力支持。图书馆联盟的成功取决于本地区多方机构的共识、支持特别是资金的投入。上级政府部门每年投入巨额经费为大学城图书馆联盟提供了资金支持。特别是在图书馆管理系统统一方面提供经费支持，由政府出面购买图书馆自动化管理系统，另外大学城图书馆联盟也往往得到政府的政策保护，为大学城图书馆联盟建设保驾护航。

（2）科学的组织机构。筑波大学城图书馆联盟具有系统的管理体系，联盟设有专职人员分布于所属的各个部门，并制定了较为完备的管理制度，对联盟的名称、目的、结构、管理、费用等方面的内容做出具体的规定。同时，

①　胡立耘. 图书馆联盟简论［J］. 图书馆，2003（5）：5 - 7 + 22.

也保持了组织结构的开放性，给予图书馆联盟的成长性空间。筑波大学城图书馆联盟组织于 2002 年加入到日本学术情报中心（NACSIS），进行高层次的合作服务活动，有效地推动了筑波大学城图书馆联盟的健康发展。

　　（3）在具体的联盟业务方面，该联盟对于联盟项目做到了既统筹兼顾，又突出重点。筑波大学城图书馆联盟在良好的协调机制作用下，按照统一的技术标准建立自动化系统和网络；管理部门在合作采购、联机合作编目、馆际合作和资源共享、文献传递等方面也做了大量的工作；同时针对本联盟的资源优势，将联盟业务拓展到合作回溯开发数据库、合作开设储存空间与数字保存等方面，逐步拓宽了合作领域。

1 – 12　　筑波大学城图书馆网站

1.3.4　香港 JULAC

　　香港高校图书馆咨询委员会（JULAC）① 于 1967 年由大学委员会（HU-COM）建立，是香港的一个区域性图书馆联盟。JULAC 的成立主要源于香港大学图书馆面临的馆舍空间、经济压力以及城市经济发展和社会信息化的要求。其宗旨是希望通过大学图书馆之间的合作，广泛利用信息技术资源，提高用户服务水平，增强图书馆的社会竞争力。联席会与其他合作联盟一样，

---

①　The Joint University Librarians Advisory Committee. ［EB/OL］. ［2015 – 10 – 06］. http：// www.julac.org/

希望透过馆际合作充分利用现有资源，节省重复开支，用省下来的资源发展及提供更多和更新的优质服务。联席会的合作范围包括联合采购、互换图书资料、馆际互借、读者互访、图书馆电脑化合作及信息资讯共享等。主要项目如下：

（1）联合采购项目——高校图书馆电子资源链接（ERALL）。通过 UGC 资助学术图书馆电子资源链接（ERALL），JULAC 购买了超过 16000 种英语电子书的永久访问与多个并发用户。购买的电子书涵盖了多个学科，供联盟内用户使用。

（2）馆际互借项目——香港高校图书馆链接（HKALL）。2005 年 9 月，在 UGC 的资助下 HKALL 服务在所有成员馆中推广。HKALL 允许 8 个成员馆的员工和学生搜索成员馆超过 500 万种图书目录，并允许直接请求获取这些材料，在两个工作日内送到用户手中。

为了进一步补充 JULAC 馆际互借，实现资源共享，JULAC 现在使用 RapidILL。RapidILL 是一个快速文献提供系统，可以访问在中国香港、美国、加拿大和中国台湾的主要图书馆的馆藏。

（3）区域合作。JULAC 是非常注重协作的联盟，始终认为"联盟的力量远远大于个体力量简单的相加"，因此，召开专题研讨会，促进各个成员馆的交流是十分重要。同时，与广东、福建、中国台湾的联合会议、合作也是主要的工作之一。

JULAC 可供借鉴的经验有：

（1）制订了战略目标：加强馆藏和提供协作创新服务、提供共享员工发展项目、提高用户信息素养。

（2）JULAC 活动的支撑来源于会费、津贴和其他外部资金，以及成员图书馆资源配置特殊项目和新举措的拨款。

（3）联盟董事会、理事会和委员会成员和成员图书馆核心员工会定期通知成员馆员工关于组织的目的和相关工作。

1.4　大学城图书馆联盟建设模式总结

1.4.1　大学城图书馆联盟定义

图书馆联盟（library consortia）是指为了实现资源共享，利益互惠的目的而组织起来的，受共同认可的协议和合同制约的图书馆联合体。大学城图书

1-13　香港 JULAC 网站

馆联盟是在中国高教特殊国情下产生的一种图书馆联盟，其特征有以下几点：

（1）联盟具备明显的地缘优势。即成员馆在一个大学城内，地理位置相邻，便于读者在各个图书馆场所之间选择服务，也便于各成员馆的馆员开展协作交流，同时可以节省物流费用。

（2）联盟容易获得资助。大学城建设之初，各级政府部门都有共识，应推动大学城内各高校资源整合和共享，因此，只要策划得当，宣传到位，大学城图书馆联盟比较容易获得政府主管部门的认同，给予不同程度的经费支持。

（3）联盟内组织结构较紧密。一方面体现在成员馆的馆藏侧重点各有不同，互补性强，从而容易各取所需，形成战略性联盟；另一方面，成员馆中的专业图书馆员水平接近、专业素养较高，易达成为读者服务的理念。

（4）联盟内信息资源具有共享性和互补性。大学城内高校之间既有共性又有差异，通过大学城图书馆联盟的共同建设，共同享用，充分开发利用大学城内各项资源，实现资源优化组合和最佳配置，呈现出单一图书馆无法比拟的优势。

（5）联盟组织机构可以灵活多样。各成员馆均有独立的管理机构，各成员馆推送相关人员即可组成协调机构，通过课题等方式可探索协调机制与运行保障机制。

（6）联盟读者行为特征显著。他们兴趣广泛、求知欲望强、交流能力高、网络水平提高很快、外文文献需求不一、对学习和娱乐多媒体资源有强烈的兴趣等等。可归纳为读者类型多样、信息需求广泛、信息获取方式多样等特征。

因此，可将大学城图书馆联盟定义为：立足于大学城内高校图书馆，相互开放服务场所，通过图书馆联盟管理平台整合各成员馆的纸质文献、电子文献、信息基础设施和人力资源，通过图书馆联盟服务平台为读者提供馆际互借、文献传递、参考咨询、非书资料系统、学科信息门户、移动图书馆、特色资源共享等共享服务，共同组建大学城图书馆联盟管理委员会，协商形成一种可持续性发展的运行保障机制，最终建成以"整合和共享"为特征的云图书馆①。

大学城图书馆联盟的建设目标为"一个体系，两个平台"。即构建面向大学城内所有读者的"信息保障服务体系"，建设整合所有成员馆各种资源的"图书馆联盟管理平台"，建设包含各种共享服务项目的"图书馆联盟服务平台"，目的是提高成员馆的文献信息服务能力，满足大学城读者对文献信息的需求。

1.4.2　大学城图书馆联盟的建设内容

大学城图书馆联盟的建设是伴随着大学城的兴建而逐渐开展起来的，模

---

① 詹庆东. 大学城图书馆联盟顶层设计［J］. 图书情报工作，2013（12）：56–59＋76.

式有多种多样，有的采用统一图书馆的模式，如深圳大学城图书馆；有的采用统一自动化系统模式，如南京江宁大学城；有的采用异构图书馆管理系统模式，如福州地区大学城；有的采用全省统一建设的模式，如杭州下沙大学城；有的作为整个大学城资源共享平台的一部分，如重庆大学城。笔者通过网络调查和文献调查相结合的方式，详细了解、认真分析各种模式的异同点，以"统筹考虑项目各层次和各要素，追根溯源，统揽全局，在最高层次上寻求问题的解决之道"这一顶层设计的理念为指导，认为大学城图书馆联盟建设最关键的内容是平台建设，见图 1 – 14，平台建设可按照云服务的模式分成三个层：

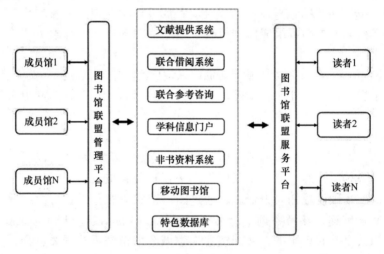

图 1 – 14　大学城图书馆联盟平台结构图

（1）最底层 IaaS 建设内容。基础设施即服务 IaaS（Infrastructure as a Service）是大学城图书馆联盟负责为读者提供基础架构服务，包括服务器、存储、网络和管理工具在内的虚拟数据中心。

数据中心应建立在一个网络和技术储备比较好的高校图书馆内，应配置 Web 应用服务器、数据库服务器、负载均衡服务器等，SAN 存储，网络视频会议系统，千兆或者万兆交换机以保证与各成员馆之间的网络互联互通。

在各个成员馆内也应根据项目需要进行不同程度的部署。要求如下：

① 网络要求：各成员馆与数据中心下载带宽建议在 500 KB/s 以上。配备带 VPN 功能的防火墙一台，该防火墙能与数据中心的防火墙建立端到端 VPN 隧道。各成员馆的 OPAC 要对外网开放，所有成员院校能访问到。各成员馆

应具备公网 IP 至少两个，并开放外部访问权限。

② 存储要求：2–4T 的存储空间。

③ 服务器要求：服务器 1–2 台，配置公网 IP，需保证 24 小时稳定运行并能与中心服务器互访，允许抓取文献对外提供服务。

④ 其他要求：一个 IC 卡读卡器，用于读取读者 IC 卡。一个条码耦合器，用于读图书条码。

（2）中间层 PaaS 建设内容。平台即服务 PaaS（Platform as a Service）涵盖图书馆数据库和应用服务器，提供给读者在"云"基础设施之上，依据大学城图书馆联盟建设和读者需要进行个性化研发的中间件平台。

① 文献提供系统：需要部署软件实现各馆 OPAC 数据的抓取和数据库文献的推送。

② 联合借阅系统：配备自助借还接口（支持 SIP2 协议）服务器一台，该服务器需保证 24 小时稳定运行并能与中心服务器互访。

③ 联合参考系统：需要部署软件，读者与咨询馆员能进行"面对面"的实时交互。

④ 学科信息门户：需要部署软件实现网络信息的捕捉和定制信息的推送。

⑤ 非书资料系统：部署软件实现资源调度和信息互动。

⑥ 移动图书馆：配备软件实现实时 OPAC 的检索与电子文献的阅读。

⑦ 特色数据库：采用统一软件进行建设。

（3）最高层 SaaS 建设内容。软件即服务 SaaS（Software as a Service）是一种"云"服务商通过 Internet 提供给数字图书馆的，运行在"云"基础设施之上的终端用户应用软件及图书馆管理软件使用模式。在大学城图书馆联盟平台中，SaaS 上主要是建设而向读者开设的诸多共享服务：

① 文献提供系统：集成学术性搜索引擎、本地化集中式元数据仓储、云计算文献提供服务群相结合无用户并发数限制的完整系统。该系统收录成员馆所有的中外文文献资源尤其是英文全文学术电子期刊资源，并保证与其他相关文献提供服务系统和诸多本地文献资源管理系统的互操作。实现中英文文献一站式检索与馆员介入的以邮箱为手段的文献传递模式，为读者提供全文的检索与获得服务。

② 联合借阅系统：建立大学城各高校图书馆高水平的跨校图书借阅机制，可采用统一平台或者异构平台的图书馆自动化管理系统，组建联合借阅系统，能实时检索各成员馆图书的借阅状态和存放位置，可通过物流或者读者自取等多种方式实现大学城共享域内图书馆的"通借通还"服务。

③ 联合参考系统：建立一个大学城图书馆信息服务网络公共咨询平台，建设一个 FAQ 知识库，在此基础上，通过馆员轮值实行 5×13 的不间断服务模式供读者咨询，工作时间之外，读者通过表单咨询方式进行咨询问题的提交。馆员将共性的问题整理并入知识库中，从而更好地达到知识共享目的。

④ 学科信息门户：面向大学城内特定专业，研究其共同的信息需求，针对性地集成学科内的尽可能全的信息，及时更新，按需推送给读者，具有针对性、集成性和知识性的特点。在此基础上，大学城各成员馆要通过整体规划，分工协调，进行文献资源建设，要围绕知识创新的需要，建立学科文献中心，尽可能全面地收集有关学科领域国内外有价值的文献。

⑤ 非书资料系统：在外包建设的基础上，通过联机方式，由各成员馆上载新到的书后光盘数据，共建一个非书资料联合目录数据库。读者在 IP 范围内或者通过统一认证，可下载书后光盘数据。

⑥ 移动图书馆：将以手机、平板电脑等移动设备为载体、以资源共建共享为手段，结合云技术，建设一套基于元数据的信息资源整合为基础，以适应移动终端一站式信息搜索应用为核心，以云共享服务为保障，通过手机、iPad、Mp3/Mp4、PSP 等手持移动终端设备，为图书馆用户提供搜索和阅读数字信息资源，自助查询和完成借阅业务，为实现数字图书馆最初的梦想：任何人，在任何时间、任何地点获取所需要的任何知识构建现代图书馆信息移动服务平台。

⑦ 特色数据库：以项目建设的形式，各成员馆根据自身条件，申报课题，选择特色专题，系统地收集文献，深度标引和序化，制作专题数据库。如联合机构库、学位论文库、各种学科的研究级特色数据库等。

1.4.3　大学城图书馆联盟建设的障碍

从大学城的实际运作状况来看，并没有利用其大学集群的优势，开展大学城图书馆联盟建设。各个高校均把自身发展放于首位，不能较好地协调它们之间的共享关系，不仅造成了资源管理成本的增加，也导致了资源的浪费。影响大学城图书馆联盟建设的因素可以归为四个方面：思想观念的制约、管理体制的落后、协调机制的缺乏、各方利益的冲突。

解决之道在于各校、馆领导应把大学城作为一个整体来考虑，将自己学校的发展与所在大学城的建设相糅合，整体考虑资源的建设，确立起共建共享的理念。大学城内的图书馆馆员必须转变传统的服务理念，树立开放式的服务理念，实现大学城内文献和人力资源的共享观念，不仅是服务于本校的师生，而且要为大学城所有的师生及面向社会服务。

　　必须建立大学城图书馆资源共享协调委员会。该委员会可由各校派一名主管图书馆的副校长牵头，各馆的馆长为委员会的成员，采取定期联席的制度，在资源共享的大前提下，建立一种利益平衡机制，制定出一系列有约束力的图书馆资源共享的活动规范和行动准则，对资源共享起到指导、调节、干预、规范的作用，通过协商明确规定各馆参与资源共享的义务和权利，让各馆共同遵守，从而建设大学城图书馆联盟并发挥其作用。

第二章　FULink 建设沿革

"福州地区大学城文献信息资源共享平台（简称 FULink）"建设是在福建省教育厅组织领导下推进的福州地区大学新校区教学资源共建共享的一个项目。本项目由福州大学、福建师范大学、福建农林大学、福建医科大学、福建中医药大学、福建工程学院、福建江夏学院、闽江学院等 8 所高校和厦门大学共同参与建设。以文献信息的联合保障体系建设和资源共享为主要任务，整合各馆资源、发挥联合优势，为大学城共享域内的广大师生提供校际间的文献提供、文献传递、馆际互借、联合借阅等高水平便捷的信息资源"一站式"服务。

2.1　福州地区大学城图书馆概况

2000 年春天，福建省委、省政府做出决定，进行福州地区大学城的建设开发。此举是为了响应中共中央关于"要将教育纳入战略发展重点和现代化建设的整体布局之中，切实作为先导性、全局性、基础性的知识产业和关键的基础设施摆在优先发展的战略地位"这一号召，和全国其他地方一道开始兴建大学城。福州地区大学城总体规划见图 2-1。

福州地区大学城在建设之初就提出要实现"教学资源共享"。设想的措施有：（1）建立开放式的学科建设模式，对急需的应用学科和高、新技术学科通过与科研院所、大中型企业合作及校际协作等形式进行共建；组织校际间的多学科联合，承接重大科研课题和项目，联合开展博士、硕士点及国家文、理科基地建设；允许院校间互聘教师，多渠道对外联聘；选择各校优秀的基础课教师面向大学城"挂牌上课"；选择各校特色课程向大学城开设公共选修课；逐步推行完全学分制，鼓励支持学生跨校选修课程等。（2）各校建设的供基本教学使用的体育场所和风雨操场为本校共享，竞技性比赛用的体育场馆各校有所侧重按类别建设，如师大可建球类馆，福大建设游泳馆，医大、中医学院建一些小球类馆，田径场馆建设在大学城内的体育公园内。（3）拟建设中的图书馆总馆以购置电子版图书和集中购置外文图书资料为主，各校区的图书藏书根据办学性质各有侧重，并用专用宽带网络连接，互相浏览查阅资料。

福州地区大学城规划在中央共享区建设一座独立图书馆总馆，由总馆推动大学城信息资源的共建共享，类似宁波高校园区的方案。经过专家论证、实地调研，考虑到成本、本地居民、编制、网络技术等因素，暂缓图书馆总馆的建设，以网络图书馆取代。更重要的原因是八个成员馆的馆藏、馆员、馆舍、技术、图书馆文化已经相对成熟，不宜重复建设。

2.1.1　福州大学图书馆

福州大学图书馆与学校同步创建于 1958 年。伴随着学校的建设和发展，图书馆的基本建设和各项工作都得到了较大的发展，已经成为一座馆藏丰富、环境舒适、设施齐全、管理先进、服务到位的现代化程度较高的大中型高校图书馆[①]。

根据学校的专业设置、重点学科以及教学科研发展方向，图书馆除了收集人文、社会科学及管理科学等多种类型和载体的综合性文献外，还重点收集了物理化学、电机电器与控制、材料科学与工程、机械电子工程、石油化工、生物工程等学科门类及其相关的基础理论和应用技术方面的文献。截止 2014 年底，馆藏纸质中外文图书 309.207 6 万册，中外文纸质期刊 2 250 多种，期刊合订本 75 284 册。中外文数据库 34 种，自建特色数据库 5 个，电子数字资源 75 000 GB。馆内大型检索工具收集比较齐全，其中《化学文摘》、《工程索引》等收集齐全，成为福建省工程技术科学文献中心。

图书馆现有一个主馆，四个分馆。旗山校区馆舍是福州大学新校区的标志性建筑，于 2006 年 3 月落成并投入使用，新图书馆馆舍坐落于新校区中心区，呈正方形，主楼地上为五层，面积 35 396 平方米，于 2008 年获得中国工程建设鲁班奖，这是建筑上的一个重要奖项。图书馆现有 4 936 个阅览座位，共设 14 个服务窗口，书刊借阅采取全天候、全开架的一站式服务模式。为方便读者，图书馆购置了自助检索机、自助借还机等设备。设立了总咨询台，实现了服务与现场咨询的无缝对接。为创新服务，图书馆还利用参考咨询台、留言板、电话、微博、微信、文献传递等，为读者提供零距离服务。为培养读者的读书兴趣以及更加快捷使用图书馆，图书馆开展了名著导读，影视鉴赏，数据库使用方法培训等活动。近年来，图书馆共举办了"嘉锡讲坛"373

---

① 福州大学图书馆．［EB/OL］．［2015 - 10 - 06］．http：//www.lib.fzu.edu.cn/

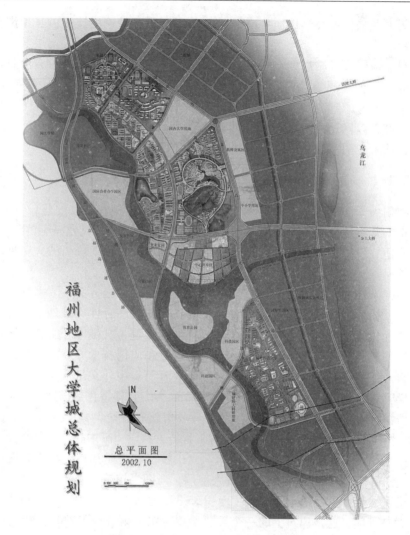

图 2-1　福州地区大学城总体规划图

场，影视鉴赏 373 场，数据库培训 134 场。

2007 年 3 月 13 日，福州大学图书馆获得教育部授权，成为具有部级查新资质的查新机构，即教育部科技查新工作站（L22）。查新站面向高校、科研院所、政府机构、企业等开展科技查新与咨询服务。截至目前，已完成包括国家"863 高科技项目"在内的国家及省、部级科研立项、成果鉴定、申报奖励和专利申请等项目在内的科技查新项目共 4 049 件。

自 2003 年图书馆取得情报学硕士点以来，已培养了 100 余名情报学研究生。共申请研究课题四十余项，发表论文 300 多篇。为全校本科生与研究生各开设公共课一门，每年的选课学生达 1 800 多人次；为情报学专业研究生开设课程 13 门，其中专业学位课 7 门，选修课 6 门。已形成了良好的教学科研一体化态势。

图 2－2 福州大学图书馆外景

图 2－3 福州大学图书馆夜景

2.1.2 福建师范大学图书馆

经过百余年的建设与积累，福建师范大学图书馆已拥有一个多学科、多语种、多载体、适应高校教学与科研需要的藏书体系，并逐步形成了一个资源丰富、无缝链接、覆盖全校、服务海西的文献信息资源保障中心。现馆藏纸质书刊328万册（含各学院、研究中心等资料室藏书），中外文电子图书90余万册，中外文数据库49个（含本馆自建数据库）①。

图2-4　福建师范大学图书馆外景

目前该馆设有仓山校区和旗山校区两个馆舍，建筑总面积达到5.6万平方米。其中：仓山校区馆于1991年10月落成，面积1.8万平方米，主体建筑分为A、B、C三区，呈人字形，设计结构合理，使用灵活，通风采光良好，适应当时国际上图书馆藏阅结合和大开架的现代化管理趋势。旗山校区图书馆于2006年5月8日正式开放，建筑面积约3.8万平方米，是一座开放型、综合性、多功能的大型现代化图书馆，其布局、设施、色彩运用等都充分反映了百年老校的文化特色，并与旗山校区朝气蓬勃、大胆创新的建筑风格融为一体，成了福建师范大学旗山校区富有个性的标志性建筑；还附设有可以容纳500人的多功能学术报告厅和1000人的大会堂。两个校区图书馆共设阅

① 福建师范大学图书馆．［EB/OL］．［2015-10-06］．http：//library.fjnu.edu.cn/

览座位 4207 个，且实现了通还通借，资源共享。已拥有专业服务器 43 台，存储容量 90TB，计算机近千台，以万兆路由交换机为核心，馆内各主节点间以千兆光纤相连，百兆带宽到桌面，实现了基于校园网的数字信息资源大规模并发用户的访问和全年 365 天、每天 24 小时的全天候远程服务。

2.1.3　福建农林大学图书馆

福建农林大学图书馆目前由福州校区的逸夫图书馆、李常盛图书馆、南平校区图书馆、安溪茶学院图书馆 4 个分馆组成。馆舍总面积 65 316.37 平方米。图书馆拥有阅览室（区）19 个，文献检索实习室 2 个，4 000 多个阅览座位，每周对外开放 105 小时①。

图 2 - 5　福建农林大学图书馆外景

馆藏文献具有历史悠久、特色显著、中外兼收的特点。现已形成以农业、生物科学和台湾文献为特色，覆盖其他相关学科的文献资源保障体系，包含工学、理学、管理学、经济学、文学、法学等多学科共存的馆藏体系，部分文献具有较高的学术价值。收藏的台湾文献有《生态台湾》、《台湾林业》、

---

① 福建农林大学图书馆．［EB/OL］．［2015 - 10 - 06］．http：//www.lib.fjau.edu.cn/

《台湾经济金融月刊》等 100 多种台版期刊，1 万种左右、1.6 万余册台版图书。

截至 2014 年 12 月 31 日，图书馆馆藏纸质图书（含期刊装订本）总量达256.55 万册，其中，中文图书 226.44 万册、中文报刊（装订本）17.17 万册、外文图书 8.53 万册、外文报刊（装订本）4.41 万册。2014 年新增中文数据库 8 种，外文数据库 6 种，港澳台数据库 3 种，拥有 Science 和 Nature 电子期刊，CNKI、万方、维普、台湾资讯数据库、SCI、SpringerLink 等中外文数据库 69 个（其中外文数据库 32 个），电子图书 121.9 万册。

坚持"读者第一，服务育人"的宗旨，认真履行教育职能和信息服务职能，为读者提供全方位、多渠道、多层次的文献信息服务。充分利用现有的软硬件设备资源，创新服务方式，为读者提供信息查询、书刊借阅、信息与课题咨询、馆际互借与文献传递、科技查新、用户培训等信息服务，满足不同层次读者的需求，成为福建农林大学教学科研活动中最重要的公共服务体系之一。

2.1.4 福建医科大学图书馆

福建医科大学图书馆始建于 1937 年。学校图书馆分别由上街校区图书馆、台江校区图书馆、四所直属附属医院（附属第一医院、附属第二医院、附属协和医院、附属口腔医院）分馆三个部分组成，总建筑面积达 2.8 万平方米，馆藏总量 258.64 万册。其中，纸质馆藏 103.42 万册，数字馆藏155.22 万册。现已形成以现代医学和生物学科为主、以人文社会学科为辅的具有本校特色的馆藏体系。校本部图书馆 1991 年 4 月被国家卫生部教育司确定为全国医学图书馆文献资源共享网络系统省级中心馆[①]。

图书馆面向全校读者（含附属医院读者）提供数字化文献信息服务，所有数字资源网上 24 小时开放服务。两校区图书馆提供书刊借阅、音像制作、文献复制、远程传递、检索查新、参考咨询等业务服务，以及医学文献检索教学和学报编辑、出版、发行。同时开展读者辅导讲座，在职继续教育培训，特色数据库建设，学术研究活动，以满足各层次读者需求。图书馆现有正式购买（含自建）数据库共 38 个，其中包含 CNKI、万方、维普等中文数据库25 个，OVID 平台 LWW 全文期刊、EBMR、BP、FMRS、牛津、海量外文图书等外文数据库 13 个。数据存储容量总计为 36.37T。图书馆现采用北京创讯未

---

① 福建医科大学图书馆. ［EB/OL］. ［2015–10–06］. http://lib.fjmu.edu.cn/

来软件技术有限公司研制的 Melinets 图书馆管理系统，纸质书刊采购、编目、流通等环节实行自动化管理，两个校区图书馆自动化管理对接互联运行，并实现两校区图书馆通还通借服务，近年来新增了移动图书馆服务，方便了广大读者需求，提高了图书管理与服务效率。

图 2 - 6　福建医科大学图书馆外景

2.1.5　福建中医药大学图书馆

福建中医药大学图书馆创办于 1958 年，经过近五十年的发展，图书馆"淀积资源、传播文化、交流学术、服务师生"的职责日益彰显，文献保障能力大大加强。目前该馆基本形成了纸质文献与电子文献齐头并进的馆藏格局。截止 2014 年，纸质资源总量达 105.3 万册，各类学术电子资源容量达 38TB，文献资源基本覆盖了学校的全部学科范畴，为提高教学科研和学科建设水平提供了信息资源保证。在长期的建设中形成了闽台中医药文化文献特色馆藏，居全国领先地位，有力地支持了学校闽台特色研究。收藏线装古籍图书约 1 662 种，共计 9 923 册（其中古医籍约 1 400 种，8 000 册），其中最具特色的是福建古代著名医家陈修园、宋慈、杨士瀛、郑奋扬等各类著述 80 种，315

册；福建地域特色文献 12 种，390 余册①。

图 2 – 7　福建省中医药大学图书馆外景

　　图书馆是一个具有国家中医药管理局和福建省科委双重认定，并在全国同行业中较有影响的中医药查新咨询机构，承担着全省中医药、中西医结合课题成果的查新检索服务。建设的具有区域和专业特色的网站《福建中医药暨福建医药信息网》影响面广，运行稳定，深受用户的好评。馆内倡导"优质、高效、文明、敬业"的理念，以科研带动、项目带动、教学带动的方式，培养和锻炼了一批优秀的骨干队伍。在精品课程建设、科研立项和成果获奖方面均有收获。

　　旗山校区图书馆大气磅礴，成为校园内的标志性建筑。馆内大部分区域均覆盖有无线网络，各书库及阅览室均配备有公共检索机，便于读者查找资源；分布在不同地点的三台自助打印复印机，实现了校园网内联机打印功能；一卡通的使用，集入馆、借书、预约、消费于一体；已经实现的全开放、大流通、多自助的先进管理模式，处处体现了图书馆以人为本的细致服务。

　　中医文化宣传融入馆内各楼层：大厅依校训之小篆体艺术屏风划分为功能服务区与自助休闲区，师生在此既能体验各类服务，又能欣赏校内外风光，远山近景尽收眼底；大厅两侧的宣传栏定期展示中医文化和学说；双侧步行楼梯正中各挂一幅明版中药炮制彩色图谱演绎的壁画，构图细致典雅，色彩

① 福建中医药大学图书馆．［EB/OL］．［2015 – 10 – 06］．http：//210.34.66.109/

亲切动人；三楼的文化小区，以青石镂刻中医与佛道儒兵家的历史关系及中医四大典籍的说明，配以二套完整的明式古典圈椅，体现厚重之气韵；正面的孙思邈采药的仿铜玻璃钢雕像及名家书写的"大医精诚"原文布局工整，着色古朴，营造出浓郁中医文化氛围，感染着莘莘学子。

2.1.6　福建工程学院图书馆

福建工程学院图书馆新馆大楼建筑面积 2.8 万平方米，是一座现代化、数字化、智能型的大厦，是一个集学习阅读、信息交流、文化休闲等功能为一体的图书馆。截止 2013 年底，大学城校区中心馆馆藏图书资料总量达 158 万册，电子图书资源量达 4 446 GB（电子图书、电子期刊折合共计 85 万种）。文献内容与学科专业建设紧密结合，已经形成了以建筑、机械、电子为特色，以计算机科学、自动控制、材料等高新技术学科为重点，并兼顾基础学科的工、理、管、文相结合的多学科藏书体系。图书馆拥有良好的网络环境和信息技术环境及数字化资源。主要阅览室周开放时间 100 小时，网络电子资源每天 24 小时在线服务①。

图 2 - 8　福建省工程学院图书馆外景

① 福建工程学院图书馆．[EB/OL]．[2015 - 10 - 06]．http://lib.fjut.edu.cn/

2.1.7　福建江夏学院图书馆

图书馆总建筑面积 23 395 平方米（其中总馆 18 795 平方米，金山分馆 4 600平方米）。设有普通阅览座位 3 250 席，电子阅览座位 512 席，网络信息点 1 000 个。图书馆拥有较为丰富的馆藏资源，馆藏图书 137.56 万册。电子资源丰富，电子书刊 96 万册；拥有的 CNKI 中国学术期刊数据库、博硕士学位论文数据库、中国重要会议论文数据库、中国重要报纸全文数据库、人大复印报刊资料数据库、中国数字图书馆电子图书数据库、国研网数据库等 24 个数据库及 4 个自建数据库均网上开放，基本满足广大师生教学与科研需要①。

图书馆常年开展书刊借阅、电子阅览、视听阅览、电子书刊查阅、书目信息查询、读者信息查询、读者培训、参考咨询、文献传递、重点学科导航等服务工作。

图2-9　福建省江夏学院图书馆外景

2.1.8　闽江学院图书馆

闽江学院图书馆是学校信息资源与服务中心，组建于 2002 年 9 月，由校

① 福建江夏学院图书馆．［EB/OL］．［2015-10-06］．http：//lib. fjjxu. edu. cn/

本部、长乐路校区、工业路校区、首山路校区、洪塘校区等五个校区图书馆组成，馆舍总建筑面积约 18 315 平方米，阅览座位 2 373 席①。

经过多年的建设与发展，闽江学院图书馆已逐步建立起内容丰富、结构合理、载体多样的文献信息资源保障体系。截至目前，图书馆馆藏总量达 271.92 万册，其中，纸质图书约 159.16 万册，电子图书约 112.76 万册，过刊合订本 8.38 万册，拥有中外文期刊 3 501 种（中文 3212；外文 289），引进 27 个中外文电子数据库，试用数据库 38 个，自建"闽都文化数据库"、"闽江学院学术成果库"、"特色教材数据库"、"随书光盘库"等数据库。网络信息点 900 余个，计算机近 400 台，磁盘存贮 60TB。

图 2 - 10　闽江学院图书馆外景

图书馆秉承"读者为本、特色立馆、主动服务、全力保障"的办馆理念，努力拓展、完善信息服务功能，创新读者服务模式，提供多层次、高水平的信息资源服务。实行藏、借、阅、检索与咨询一体化管理与服务模式，每周开馆时间达 89 小时，网络服务每日 24 小时不间断，无线网络覆盖全馆。研究箱及多媒体阅览厅免费开放。除提供常规的书刊借阅服务外，还可提供馆藏书目信息查询、光盘下载、新书通报、网络数据库检索、多媒体资源浏览、虚拟参考咨询、读者导读、馆际互借与文献传递、移动图书馆、学科信息导航等形式多样的电了信息服务，以及代查代检、定题服务等深层次信息服务。

① 闽江学院图书馆．［EB/OL］．［2015－10－06］．http：//lib. mju. edu. cn/index. asp

同时，图书馆建立了学科馆员制度，积极开展专业化、个性化的学科服务，为学校的学科建设提供咨询和支撑。通过开设《信息检索与管理》课程、开展信息资源讲座，加强读者信息素养教育与培训。

2.2　FULink 建设预研

2.2.1　建设原则

为了推动福州地区大学新校区教学资源共建共享，福建省教育厅于 2009 年专门发文，确定福州大学、福建师范大学、福建医科大学、福建中医学院、福建工程学院、江夏学院和闽江学院等 7 所作为先行先试的高校。就福州地区大学新校区教学资源共建共享工作提出如下原则性意见：

（1）开放图书馆。充分发挥"福州地区大学新校区一卡通系统"的作用，在新校区逐步推行图书文献信息资源共享的"一卡通"。建立电子图书共享平台，加强各校之间电子图书共享。对于各校普遍使用的数据库，由福州地区大学新校区图书文献信息资源共建共享协作委员会统一与数据库供应商谈判、集体采购，各校共同使用，避免资源重复建设。实现新校区各校图书馆之间的开放阅览，允许师生向各校图书馆借阅图书资料。

（2）建立教学资源共建共享的运行机制。成立福州地区大学新校区图书文献信息资源共建共享协作委员会，负责协调实施图书文献信息资源共建共享工作；依托福建师范大学图书馆，建立图书文献信息协作平台，统一负责共享信息的汇总与发布。

（3）积极推进教学资源共建共享工作。福州地区大学新校区图书文献信息资源共建共享协作委员会按照规定程序，本着"公平、公正、公开"的原则，具体负责实施福州地区大学新校区图书文献信息资源共建共享系统的建设工作，"福州地区大学新校区一卡通服务中心"和相关高校要积极支持并做好配合工作，真正实现各校图书馆借阅的"一卡通"。

（4）落实教学资源共建共享的保障机制。省财政安排建设教学资源共建共享系统平台及图书文献信息协作平台的专项资金，学校需要添加的设备由学校自行解决。

2.2.2　可行性与必要性

（1）福州地区大学城图书馆联盟建设的可行性。

从大学城各校区学科布局来看，各高校学科分布既有交叉，又有互补。福大与师大有多个学科重复；而医大与中医同样存在重复的学科。综观几所本科院校，几乎覆盖了理科、工科、文学、艺术、管理、西医和中医等全部的学科领域，构成一个完整的学科体系。在这种形势下，各高校师生对信息的需求有很大的共同点，建立一个面向所有院校师生的网络图书馆是可行的①。

（2）福州地区大学城图书馆联盟建设的必要性。

经过持续扩招后，各高校图书馆现已面临图书馆空间、图书资料等教育资源更加紧缺的困难。搬到新校区后，各种文献将更加分散，文献的种类、复本数等将面临严峻的考验。因此，建立图书馆联盟，统筹各校的资源，实现资源共享，尽可能发挥现有文献的作用，是非常必要的。

由于经费等诸多原因，各高校文献资源保障已面临严重困难。许多教学科研必备期刊不得不停刊。图书方面，先是压缩副本数，保图书品种，再到保重点学科，砍社科小说类图书，使得各校图书馆的文献资源保障功能大为下降。建立图书馆联盟，联合现有的人力、财力，采购共同需求的数据库，将有可能改变这种现状，提高文献的保障能力。

随着科学技术的飞速发展和自动化技术、网络技术研究成果的广泛应用，文献信息资源呈多元化发展和以几何级数激增的态势，人们获取信息资源的手段和方式亦发生重大的改变，当前在各高校图书馆普遍存在着自动化条件和设备制约网络信息资源建设和利用的局面。建立图书馆联盟将有利于网络信息资源的利用。

从全国范围看，大学城各高校办学综合竞争力不强，自主创新能力较差，缺乏一批高水平、有竞争实力的学科和学术带头人，尤其是中青年学术骨干和应用型高新技术学科带头人，许多学科难于形成合理的学术梯队。大学城的建设实际上在各高校间形成了一个联盟，共同发展。图书馆联盟是高校联盟的一个有机组成部分在文献信息方面提供一个坚实的基础。

2.2.3　建设内容

（1）信息资源的共知。共知的范围为各高校图书馆书刊书目数据库、各高校图书馆期刊目次数据库以及各高校的特色数据库（含自建或自购）等。共知的内容应包含图书的基本信息、馆藏信息、流通信息，期刊的基本信息、

① 詹庆东．福州地区大学城网络图书馆建设的思考［J］．文献信息论坛，2002（3）：26－29

馆藏信息、登到信息等。其目的是让读者知道图书、期刊的尽可能多的信息，从而为信息资源的共享打下基础。

（2）信息资源的共享。设立各高校读者均能使用的通用账户，读者可登录查询图书馆联盟拥有的各类信息资源、下载所需全文，或通过各种文献传递方式来获取信息。对于各成员馆尚未全文数字化的题录性信息，读者可凭通用账号到各成员馆阅览和免费借阅，也可委托查询、复印和馆际互借，但需按各成员馆规定付费。

（3）信息资源的共购。目前，各个图书馆购买的数据库存在大量重复的现象，比如清华同方的《中国学术期刊数据库》，几乎所有的高校都或多或少地购买了若干个专辑。图书馆联盟应该集中财力，进行联合采购，共同使用。这样既可以节省购买经费，也可以节省存储及管理经费。图书馆联盟的联合采购应以国内全文文献为主，国外文献的保障可以通过 CALLS 统筹。

（4）信息资源的共建。有计划的联合建设一批具有学科和学校特色的全文数据库，如学位论文数据库、指定教学参考书数据库等。数据库的建设应以全文为主，通过网络就可以使用；应以特色为主，能够购买的就不用重复建设；如果能加入到上一级的文献保障系统如 CALIS 应同时加入，扩大文献的影响面。

（5）学科导航库建设。为配合重点学科建设，建立重点学科的 Intemet 网上导航系统，将蕴涵在 Intemet 的大量的信息、资料、文档，通过搜索引擎，建立导航链接。学科导航不是泛泛地建设一个数据库就完成了。而应该建立学科馆员制度，开发 Intemet 上各种数据库，提供导向型、个性化的信息服务。

2.3　FULink 建设方案

2.3.1　福建师范大学图书馆方案

福建师范大学图书馆提出的大学城图书馆联盟建设方案要点如下：

（1）图书互借：推进福州地区大学新校区图书文献信息资源的共享，实现优势互补，突破学校间的界线。师生可直接向新校区内各个共享高校图书馆借阅图书资料，真正实现资源共享、信息共享和服务共享。

（2）管理系统统一：统一新校区各图书馆的计算机管理系统，搭建共享的系统平台，实现管理模式的统一，业务模式的统一，系统维护服务的统一，建立一个可持续发展的管理和共享服务机制。

（3）用户认证绑定一卡通：允许"一卡通"持卡人在共享成员馆按本校师生同等待遇使用电子资源、音像资源等其他资源。

（4）建设馆际互借网站：由福州地区大学新校区图书文献信息资源共建共享协作委员会建立图书馆区域流通管理系统网站，满足读者联合书目查询、聚类显示各馆馆藏情况。读者可以登录网站查询本人借阅情况。

（5）增加大学城边上的福建农林大学为成员馆。在原有参与共建共享的福州大学、福建师范大学、福建医科大学、福建中医药大学、福建工程学院、江夏学院和闽江学院七所本科高校的基础上，增加福建农林大学。这样在数字资源共享的层面上，学科面更广，优势互补，效益更高。

该方案围绕着"一卡通"为核心进行用户认证，开展共享服务。现实障碍有：①8 家成员馆有 3 套一卡通管理系统，需要协调；②方案中注重纸质图书的共享，读者可用"一卡通"进入所有图书馆，大馆担心进馆量剧增；③方案提出共同采购文献数据库，但未考虑电子文献的提供。

2.3.2　厦门大学图书馆方案

厦门大学图书馆提出的大学城图书馆联盟建设方案要点如下：

（1）依托 CALIS 建设福建省文献信息中心。中心的建设任务由厦门大学和福州大学共同承担，对外联系业务由厦门大学负责，厦门大学同时承担"信息服务中心"和"文献传递中心"的建设任务；福州大学承担"资源整合中心"、"技术支持中心"的建设任务，福建省中心网络平台设在福州大学。

（2）省级文献信息中心的建设拟分两个阶段，先建设福州地区大学城数字文献共享平台，第二阶段再扩展到全省高校数字文献共享。

该方案以全省高校为服务目标，先以大学城为共享域来先行先试，具前瞻性，有可操作性；拟部署 CALIS 的各项子系统开展信息服务，其中文献传递系统运作良好；强调所有高校统一使用一套系统，以此开展馆际互借；提出了十个业务小组的组织架构。

2.3.3　福建大学图书馆方案

福州大学图书馆提出的大学城图书馆联盟建设方案要点如下：

（1）依托成熟技术实现元数据的整合，利用软件实现电子文献的检索与传递。整合福州地区大学城各高校图书馆中的各种载体形式的文献资源，包括纸质馆藏、电子图书、电子期刊、会议论文、学位论文、报纸、专利、标准、视频、音频、图片、互联网免费资源、联合目录等，并与联合参考咨询与文献传递网实现无缝连接。

（2）在教科网中心节点建设共享中心机房与中心网站。利用网络实现电子文献的检索与获取。实现本馆内馆藏资源统一检索及原文链接调度（包括各类中外文、纸质、电子资源）；本馆未收录的资源可以进行元数据检索与揭示，部分资源可以通过文献互助平台获取；福州地区大学城各联盟馆所有资源（中外文、纸本、电子）实现馆际互借；福州地区大学城内都没有收藏的资源，还可以通过文献互助平台得到一定的保障。

（3）建设门户网站"福州地区大学城文献共享服务网"，直接受益者是福州地区大学城高校，同时有利于福州地区社会读者利用本地文献资源，为地方经济建设与文化建设做出重要贡献。

（4）大大有利推进"福州地区大学城高校联合体"建设，通过"互用文献资源"，让福州地区大学城高校学生可以接受不同学校、不同特色的文化熏陶，为全面提高大学生的综合素质创造有利条件。

2.3.4　最终方案

贯彻实施福建省教育厅《关于进一步推进福州地区大学新校区教学资源共建共享的若干意见》（闽教高〔2009〕10 号）文件精神和省厅领导对省政协快报刊登的省政协委员关于"加快推进大学城高校电子资源共享"建议的相关批示要求，进一步促进福州地区大学新校区文献信息资源共建共享，针对师大、厦大、福大提出的三套方案深入研讨，最终形成的建设方案以教育厅文件（闽教高〔2010〕123 号）的形式下达。

（1）建设目标。

福州地区大学新校区文献信息资源共建共享平台由本共享域内的福州大学、福建师范大学、福建农林大学、福建医科大学、福建中医药大学、福建工程学院、福建江夏学院、闽江学院等 8 所高校和厦门大学共同参与建设，通过依托福州和厦门两个福建省教育科研网中心节点，建设设在厦门大学的 CALIS（中国高等教育文献保障系统）福建省中心与设在福州大学的 CALIS 福州大学城共享域中心，以文献信息的联合保障体系建设和资源共享为主要任务，整合各馆资源、发挥联合优势，为大学城共享域内的广大师生提供校际间的文献提供、文献传递、馆际互借、联合借阅等高水平便捷的信息资源"一站式"服务，争取到 2011 年底，完成 CALIS 福建省中心和 CALIS 福州大学城文献信息资源共享平台建设工作，实现图书馆联合目录条目数达到 100

万种以上，提供 8 000 万条以上的元数据仓储供师生查询与索取，通过 CALIS 福建省中心和 CALIS 福州大学城共享中心提供的馆际互借与文献传递总量每年达到 5 万件以上。

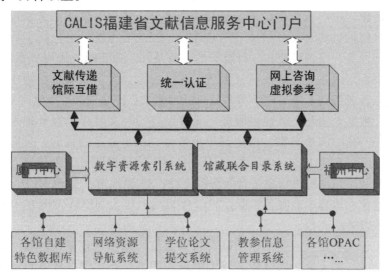

图 2－11　CALIS 福建省中心服务体系架构图

（2）工作任务。

①2010 年底前，完成 CALIS 福建省中心和 CALIS 福州大学城共享域中心的组建工作，在本地部署 CALIS 各类应用系统，集成与架设中心门户系统等；基本完成大学城共享平台主机房建设和培训中心建设工作以及相关设备的采购工作；引进 MEDALINK 元数据仓储数据库检索系统的远程服务平台，开展文献索取与传递服务工作；逐步更换和升级福州大学城 8 所高校图书馆自动化管理系统。

②2011 年 8 月底前，完成 CALIS 福建省中心和 CALIS 福州大学城共享域中心建设任务，实现高水平便捷的信息资源"一站式"服务。开展 CALIS 各类应用系统的教学培训、网上用户服务及馆际服务培训；完成大学城 8 所学校图书馆联合目录系统组建工作，并开始向外整合和向上提升为全省高校联合目录；完成 MEDALINK 元数据仓储数据库检索系统在本地的安装并开发文献提供服务平台，实现高水平的电子资源共享；完成大学城 8 所高校图书馆自动化管理系统的更换与升级工作，实现共享域内高效便捷的图书联合借阅

服务。

（3）任务清单。

①福州大学城共享平台的中心机房建设。共享平台的中心机房设在福州大学图书馆，中心机房建设主要包括两个部分：机房装修和服务器配置。主机房建设包括机房环境、供电、网络连接、安全等系统，也包括工程人员管理与办公设备、培训设施和运行维护的必备条件。拟建的应用服务系统包括：共享域中心门户系统、统一认证系统、联合目录、大学城联合借阅中央服务器、虚拟参考咨询系统、教学参考信息管理系统、网络资源导航管理系统。

②元数据仓储与文献提供服务。元数据仓储与文献提供服务拟采用直接引进市场产品的解决方案，以达到早出效果、快出效益的目的。采取三步走的策略，即，在2010年10月实现 MEDALINK 的远程服务，由超星数字图书馆公司的北京总部提供信息平台和服务支持；到2011年，实现 MEDALINK 平台的本地化，构建本地服务集群；2012年以后，扩大 MEDALINK 的利用到福州大学城以外的高校。

③关于大学城八家图书馆的联合目录系统与通借通还系统建设。为达到福州大学城八家大学图书馆较高程度的跨校图书借阅机制，统一自动化集成系统是一个理想的解决办法，经征求意见，普遍选择分布式的系统架构方案，拟采取两个年度分两批转换的办法来实施。

④成立专业工作组。根据长期工作需要，拟在"协调委员会"下设立四个专业工作组，抽调各馆的业务骨干组成。由福州大学牵头组建通用服务支撑专业工作组，负责省文献信息中心门户、各类共享软件系统管理、统一认证、系统关联、数据交换、全省联合目录系统构建等工作。由福建中医药大学牵头组建网上服务专业工作组，负责各类网上用户服务。如省内外书刊文献和电子文献的馆际互借和文献传递服务协议、相关标准、服务规范、业务统计与经费结算制度的制定与执行。由厦门大学牵头组建元数据库建设专业工作组，负责全省联合目录数据的整理和质量控制；负责特色数据库建设的立项、规范设计和数据管理等，教学参考信息和教参书数据库、学位论文联合数据库建设的推广。由福建师范大学牵头引进数据库专业工作组，负责规划和论证中外文全文数据库资源，组织集团采购，建议补贴方案。

第三章 FULink 云平台建设

云计算是一种将分布式计算、网格计算、并行计算以及 Internet 结合起来的新的 IT 资源提供模式，能将动态、可伸缩的 IT 计算资源以服务方式通过 Internet 提供给用户。云计算涉及到虚拟化、自动化、Web2.0 等多种技术，将这些技术集成到一系列解决方案中来帮助客户更加高效地管理 IT 环境，其特性有对资源动态分配、以 web 为中心、以服务作为交付对象等。

FULink 云服务平台致力于建设一个共享平台中心机房，在机房中科学管理存储、服务器、网络、视频会议系统和各种硬件设备，为 FULink 各项应用信息服务提供计算和存储基础设施服务，今后扩展到虚拟主机租用、应用服务环境租用、数据库环境租用、编程模型构建、数据服务（Data as a Service）等各种服务模式。

3.1 中心机房建设

3.1.1 建设目标

FULink 中心机房建设目标是建成可靠的高品质的机房环境。一方面机房建设要满足计算机系统网络设备安全可靠正常运行，延长设备的使用寿命，提供一个符合国家各项有关标准及规范的优秀的技术场地。另一方面，机房建设要给机房工作人员提供一个舒适典雅的工作环境。中心机房是一个综合性的专业技术场地工程，具有建筑结构、空调、通风、给排水、强电、弱电、消防等专业技术要求，同时又要求具有建筑装饰、美学、光学及现代气息。

3.1.2 设计原则

（1）规范化、标准化

应严格按照相关机房建设规范设计。机房的装修、配电、弱电、防雷接地、空调系统、消防等系统的设计所选用的材料、安装调试、验收均应达到规范要求，以确保机房投入使用后能安全可靠运行。

（2）实用性、先进性

采用先进成熟的技术和设备，满足当前的需求，兼顾未来的业务需求，尽可能采用先进、主流的技术、设备和材料，以适应技术发展需要，使整个系统在一段时期内保持技术的先进性，并具有良好的发展潜力，以适应未来FULink 的发展和技术升级的需要。

（3）管理维护方便

本机房具有一定复杂性，随着业务的不断发展，管理的任务必定会日益繁重。在中心机房的设计中，必须建立一套全面、完善的机房管理和监控系统。所选用的设备应具有智能化，可管理的功能，同时采用先进的管理监控系统设备及软件，实现先进的集中管理监控，实时监控、监测整个机房的运行状况，实时语音报警，实时事件记录，这样可以迅速确定故障，提高设备的运行性能、可靠性，简化机房管理人员的维护工作。

（4）安全可靠

机房是使用功能性极强的场所，机房工程的建设重要目的是为了机房内的设备安全可靠运行。因此，机房的安全设计，包括配电、防雷、接地、消防系统的设计均应保证机房的高等级安全要求。

（5）创造良好的工作环境

机房的设计在符合机房和消防规范要求，保证安全可靠运行的同时，机房的设计还应考虑到机房装修的美观，风格清新，符合实际工作需要，使用方便，为机房工作人员提供一个良好、健康的工作环境。

3.1.3　建设标准

中心机房的建设要求应以《电子信息系统机房设计规范》（GB50174－2008）规定的 B 级标准为参考标准。B 级电子信息系统机房内的场地设施应按冗余要求配置，在系统运行期间，场地设施在冗余能力范围内，不应因设备故障而导致电子信息系统运行中断。同一个机房内的不同部分可以根据实际需求，按照不同的标准进行设计。

（1）建设标准

系统设计时应合理划分各分区布局，缩短走线，以便减少干扰和信号延迟，提高计算机运行速度和可靠性。空调、UPS 电源及其他易产生强磁场的设备应尽量远离各网络设备，以减少干扰。配电系统应尽量靠近 UPS 电源，便于观察，发现问题后迅速切断。

（2）B 级机房环境设计标准

①开机时主机房的温湿度要求，见表 3 - 1。

表 3 - 1　机房温湿度要求

项　目	全年
温　度	18 ~ 28℃
相对湿度	40% ~ 70%
温度变化率	<10℃/h 并不得结露

②机房照度

机房内正常照度不小于 200LX，机房事故照明照度不小于 20LX。

③机房配电设计标准

配电系统是机房建设中一项非常重要的内容，其设计应严格按照各种规范标准进行，同时还应具有一定的前瞻性，留有充分的余量，便于系统扩展。

- 负荷类型：包括动力系统、照明系统、计算机网络系统三种用电负荷；
- 负荷等级：均按一级负荷进行设计；
- 供电类型：采用 TN - S 系统；
- 供电方式：采用单路电源接入，在线式 UPS 供电方式；
- 电源防雷：采取机房市电引入柜的进线处安装浪涌避雷器做防雷措施；
- 电源质量：应满足表 3 - 2 要求。

表 3 - 2　电源质量

项　目	B 级
稳态电压偏移范围（%）	±5
稳态频率偏移范围（%）	±0.5
电压波形畸变率（%）	5 ~ 8
允许断电持续时间（ms）	4 ~ 200

④其他设计标准

- 防辐射：机房内干扰信号场强≤126dB；
- 防水：机房外墙、空调等处应有防水和漏水检测措施；
- 防虫：机房四周应封闭严密，防止鼠、虫等小动物破坏；
- 防火：机房内应采用具有耐火性能的装饰材料；

- 其他：各机柜、配电柜等高重心设备应有抗震防倒措施，超重设备放置处楼板应采取加固措施。

（3）设计依据

- 《智能建筑设计标准》GB/T50314 – 2006
- 《智能建筑工程质量验收规范》GB 50339 – 2003
- 《电子信息系统机房设计规范》GB50174 – 2008
- 《建筑物电子信息系统防雷技术规范》GB 50343 – 2004
- 《建筑物防雷设计规范》GB50057 – 94（2000 年修）
- 《高层民用建筑设计防火规范》GB50045 – 95（01 修订本）
- 《建筑与建筑群综合布线系统工程设计规范》GB/T50311 – 2000
- 《安全防范工程技术规范》GB50348 – 2004
- 《安全防范工程程序与要求》GA/T75 – 94
- 《火灾自动报警系统设计规范》GB50116 – 1998
- 《火灾自动报警系统施工验收规范》GB50166 – 1992

3.1.4　建设需求

中心机房建设涉及的建筑平面图如图 3 – 1 所示。总面积约 86 平方米，层高约 4.8 米，活动地板高 0.2 米，机房室内净高 2.7 米，要求在中间通过防火玻璃分割成共享域中心机房（面积约为 40 平方米）、机房控制室两部分，其中中心机房为本工程设计重点。

中心机房网络总出口光纤由图书馆信息中心机房"跳纤机架"引入，需布设 2 对尾纤到机房核心交换机机柜和 2 对尾纤到存储机柜，预留 2 对备用。防雷、等电位接入点位于图书馆信息中心机房"等电位接入点"，空调外机放置四楼顶层，电源接入点位于左侧木门附近，电缆从过道天花板进入，终于柱子边配电箱，提供 160 安电源及总空开作为空调与设备用电的总接入点。

近期规划机房设备配置机架服务器 27 台，其中 2 台 4U，2 台 1U，其余 2U，每台服务器配置 4 个千兆网络接口和 1 个百兆管理接口，部分服务器还配有双口光纤存储卡；存储系统及双冗余存储网络 1 套；主干万兆级联机柜级网络交换系统 1 套，总负荷约 20～30 千瓦。远期规划机房设备达到机架服务器增至 50 台或配置刀片系统，存储系统增至 2 套，总功率大约 60～70 千瓦。为满足近远期规划需要，本工程购置机柜 8 个，其中主交换机和远程控制设备安装一个柜，专用配线架安装一个柜，其他六个机柜用于安装服务器、磁盘存储阵列等设备。

建设项目包括装饰装修、空调通风、供配电系统、气体消防、设备环境集中监控、综合布线、安全防范、防雷接地、承重加固和灾害防护等内容。

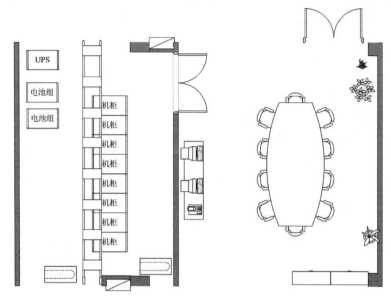

图 3 - 1　中心机房平面图

3.1.5　项目内容

（1）机房环境建设

根据需求将机房进行功能分区，沿房间中部新建防火玻璃隔断，并在玻璃隔断上设置防火单开门一扇，将原房间划分为两个房间，本期工程占用原房间的其中一间做机房建设，剩余空间做值班控制室使用，兼具会议室功能，机房两个入口双开木门更换为双开防火防盗门，施工要求达到空调制冷密闭要求，冷气不外泄。

机房室内装修包括建筑防火玻璃分区、活动地板、吊顶及墙面隔断等内容。

室内装修主色调应淡雅柔和，简洁明快，所选材料应满足气密性好、不起尘、易清洁且在温、湿度变化作用下变形小的要求。机房的装修应确保防鼠、防虫的需要。机房装修必须从管理方便、布线合理、抗干扰、美观等方面进行综合考虑。

一个现代化的机房，除了满足计算机、中央控制设备运行环境的各项技术指标外，还要考虑机房的整体美感。设计时各种设备应排列规整，感觉整洁、一目了然。主要设备要留出较大的空间，形成一定的纵深和平衡感。机房内不宜隔断过多，以免破坏机房的整体感。内部装修应注重材料和色彩关系，做到大方简洁。选择质量好、长期不变色不变形的材料。采用浅色暖调，色彩关系简单协调，使机房内素雅大方。

①地面

空气污染和尘埃积聚可能造成电子部件的漏电和机械部件的磨损，因此，机房的防尘处理应引起足够的重视。

②楼层楼板地面处理

机房地面必须符合土建规范要求的平整度，拆除机房原有抗静电地板，重新进行防尘处理，在地板下的地面均需刷涂防尘漆三遍，达到不起尘、易清洁的作用。

③钢质抗静电地板

利用机房原有抗静电地板，防尘处理完成后重新按照原高度安装就位，防静电地板安装之前地面要进行预处理，包括平整地面、防尘处理、防水处理、防潮处理、防霉处理、防静电处理等。

地板表面平面度：0.3 mm，地板相邻边垂直度：0.3 mm；

④墙面装修

尘埃的二次飞扬对机房内的含尘浓度影响很大，因此装饰材料应注意平整度，减少积灰面。本机房墙面均应采用亚光型高级水性水泥漆粉刷三道。

⑤地面、顶面

机房地面必须符合土建规范要求的平整度，地面抹灰应达到高级抹灰的水平，而且进行防尘处理，天花板均需刷涂防尘漆三遍，达到不起尘、易清洁的作用。

为保证机房装修后的整体美观性，设计所有区域吊顶均采用同一种装修材料。机房吊顶应采用厚度为0.6的铝合金微孔吊顶材料。该材料透气性好、阻燃、吸音并与灯具能较好配合。

顶面施工前，做好顶面防尘、保温措施，具体措施包括除尘、刷防尘漆三遍等工作。为减少吊顶内空间的灰尘积聚，吊顶内顶棚及四壁应清洁干净，高级抹灰，并刷水泥漆防尘。同时为降低静电积聚产生的电压，应将吊顶龙骨做可靠接地。

⑥防火玻璃隔断装修

本期工程需沿房间中部新建隔断，要求吊顶上要有实体隔断，吊顶下为防火玻璃隔断，并在玻璃隔断设置防火单开门一扇，将原房间划分为两个房间。新建防火玻璃应能够达到 1.5 小时以上的耐火时长。

（2）能源动力系统

配电系统是中心机房建设中一个非常重要的子系统，配电系统的设计应严格按照规范标准进行。同时，系统设计应具有一定的前瞻性，即应有一定的冗余性，以满足将来系统扩展之需。配电系统的可靠性除了要严格按照规范标准设计之外，采用 UPS 供电和高质量的电气设备也是保证系统可靠的非常重要的手段。

机房应急照明采用市电、UPS 联动，即通常由市电供电，停电自动切换为 UPS 供电。

机房电源由大楼配电引入市电，动力配电屏分别输出到 UPS、空调、照明等设备。对于 UPS 输出配电屏则按 UPS 60KVA 的功率来配置。机内各种电器元件、自动空气开关、熔断器、接触器等必须为优质名牌产品。配电箱与机房整体协调，便于维修。机房内的所有电线电缆均需国标线缆。

①配电系统

本期工程机房用电，直接从大楼的低压配电房独立低压进线引接，并在机房内配置配电柜一台，用于市电接入并复用做 UPS 输出配电柜，原有机房内照明配电箱电源亦由此配电柜引接，为机房提供照明。

考虑到网络设备对电源持续性的严格要求，仅靠双电源切换柜的双电源切换是无法保证。同时，市电电源普遍存在着电源质量不高的问题，因此，还必须设置在线式 UPS 电源。该 UPS 电源进线从市电配电柜引接，经 UPS 稳压、滤波后再通过该配电柜分配供应给机房内所有网络机柜用电。

机房机柜配电采用主备双回路方式供电，由配电盘输出至各机柜均应有双回路电源配置，机柜内应设有主备双回路的架顶配电箱，机架内每台服务器的两个电源模块必需分别接在机柜内主、备回路的 PDU 上。

为保证配电系统万无一失，除了在供电回路、备用回路上充分考虑外，配电系统中所有的核心电气设备均采用世界著名品牌低压电气设备产品，高品质将确保系统供电的安全。

配电系统应考虑以下要求：

● 本期配电电缆按照 90KVA 容量配电。

● 总输入按照最大功率配置，输出按照实际应用配置，并预留 40% 以上的扩展余地。配电屏需要配置三相数字化电流、电压表。

● 每个机柜按照双回路配置，采用优质聚氯乙烯阻燃电源线（线径不小于国标 10 mm²）通过桥架上走线敷设至各服务器机柜，通过服务器机柜架顶配电箱分别接至柜内不同的 PDU。

* 机房配电系统所用线缆均为阻燃聚氯乙烯绝缘导线及阻燃电力电缆，相线、零线和地线的颜色按照国家标准分清，地线均应采用黄绿双色线。

②UPS 电源

本期工程不间断电源采用 1 台满配 100 KVA 以上三进三出在线模块式 UPS，单个模块为 15 KVA 及以上，本期配置 45 KVA 以上，按照 45 KVA 容量备用 2 小时配备电池。

UPS 主机应采用模块化设计：每个模块容量为 15 KVA 及以上，总容量可扩展至 100 KVA；

UPS 主机须通过如下认证：ISO9001、ISO14001、UPS 泰尔认证、UPS UL 认证、UPS CE 认证。

UPS 服务器控制要求：UPS 主机内应集成 SNMP 应用模块化，具备网络关闭服务器和其他支持 SNMP 的设备的功能。用户可自定义设置，当 UPS 电池电量低于设定阀值时，自动网络正常关闭服务器和其他支持 SNMP 的设备，以保证数据安全。

UPS 模块要求：

* UPS 每个模块采用独立控制系统，模块无主从之分，UPS 模块根据互享的信息独立进行控制，模块失效后可以立即与并机系统进行脱离，不对并机系统造成危害。UPS 模块须可以在线加入、在线拔出，实现零检修时间

* UPS 主机应配置状态液晶触摸显示屏，能够显示中、英两种语言。用于 UPS 状态信息、告警信息、故障信息显示等。

* UPS 电池要求：配套电池需与 UPS 相同品牌，且每单节电池内均需带有原厂防止触电的端子绝缘套，及防止漏液起火的原厂电池托盘。

* UPS 电池须通过如下认证：ISO9001、ISO14001、泰尔认证，并提供检测报告、电池 UL 认证、电池 CE 认证。

* UPS 协议要求：新增 UPS 应随机免费提供控制协议接口，供机房环境监控系统接入。

③机房照明配电系统

机房区内设置单独的照明系统，利用机房内原有的照明配电箱，照明配电箱的电源进线从机房内新增配电柜处引接。

主机房的照度应不小于 300 Lx，应急备用照明照度应不小于 30 Lx；其他各功能间的照度应不小于 200 Lx，应急备用照明照度应不小于 20 Lx；同时设

有机房应急照明灯、安全出口标志灯；

照明灯具选用不产生眩光的亚光不锈钢三管高效格珊灯 3 ∗ 20 W（尺寸600 mm ∗ 600 mm），并带电容补偿。该规格灯盘可很好的与机房吊顶材料相配合，既美观实用，且拆卸方便。

④配电防雷接地系统

为防止感应雷、侧击雷高脉冲电压沿电源线进入机房损坏机房内的重要设备，在机房市电引入柜的进线处安装浪涌避雷器。

各避雷器应与交流工作地、保护接地共用大楼接地系统，采取综合接地方式，其接地电阻应不大于 1Ω。

采取大楼低压配电房、机房电源柜及网络设备配电回路三级防雷措施，为防止感应雷、侧击雷高脉冲电压沿电源线进入机房损坏机房内的重要设备。机房布线不能延墙敷设，以防止雷击时墙内钢筋瞬间传导墙雷电流时，瞬间变化的磁场在机房内的线路上感应出瞬间的高脉冲浪涌电压把设备击坏。

⑤机房空调

空调配置：机房面积约为 40 平方米，主要用于安装服务器、存储、交换机等设备，根据机房建设要求，本次工程选用 2 台 10P 及以上三相机房专用空调，值班室选用 1 台 3P 柜式空调。

空调室外机安装：由于原空调室外机安装位置已安装有三台空调室外机，仅剩余两台室外机安装位置，将被本期工程拟新增室外机占用，不利于大楼其他房间空调室外机安装，需对现有空调室外机安装环境进行改造，在原有平台上采用钢件构架稳固双层平台，每层 5 台，共计 10 台空调外机的安装，满足后期空调室外机安装需要。

该钢件构架应做充分防锈处理，刷防锈漆，支架底部应刷涂沥青防锈，构架整体上层可供安装空调室外机面积不小于 2 平方米，整体应适宜空调室外机设备安装，稳固可靠，整体承重不低于 600 千克。需对钢架外观进行栅格装饰，顶上需有防晒和防雨顶棚，装饰需达到不影响大楼外侧整体的美观，又能达到空调外机散热通风的需求，材质可用不锈钢或者铝合金。

（3）机房设备

①机房机柜布置与承重

本期工程建设需满足共享中心机房近期采购设备安装的需求外，还需为远期设备安装预留一定的空间。本期工程购置机柜 8 个，其中主交换机和KVM 控制器设备安装一个柜，专用配线架安装一个柜，其他六个机柜用于安装服务器、磁盘存储阵列等设备。新增机柜规格为 W600 mm ∗ D1 100 mm ∗

H2 000 mm，要求全通风，前、后门均双开并为金属网孔设计，具有安全、可靠的性能。每个机柜配置架顶 PDB 一个（双回路，每个回路配置为输入 63A，输出 16A 4 个，10A 2 个，空开品牌为 ABB、梅兰日兰或施奈德），4 个 8 孔机柜 6 位专用 1U 插座式 PDU，分两个回路接入架顶 PDB。机柜层板 6 块，并合理设置架顶散热风风扇。门开孔通风面积不低于 60%，能满足要求苛刻的服务器散热需要。

考虑到本期工程新增服务器机柜及安装的设备、电池柜、UPS 安装的载荷问题，原有的建筑楼板无法承受其压力，须在以上设备安装相应空间处进行承重加固处理。需采用槽钢横跨在机房的两根主梁上，通过槽钢将机柜、电池柜和 UPS 的重量转移到大楼主梁上，从而保证设备安装对建筑安全产生的破坏。

②KVM 远程控制系统

通过键盘、鼠标、显示器的相应配置，实现系统和网络的集中管理，提高系统管理员的工作效率，节约机房的面积，降低网络工程和服务器系统的总体拥有成本，避免使用多显示器产生的辐射，营建健康环保的机房。利用 KVM 多主机切换系统，就可以通过一套 KVM 在多个不同操作系统的主机或服务器之间进行切换。

在机房监视室放置监控主机，以统一的界面对各个子系统集中监控。监控主机放置于信息中心网络机柜，各机房的监控数据汇聚于监控主机中。此次 KVM 系统中也涉及到远程电源控制，增加电源控制模块，客户端可以通过网络控制服务器的电源控制和监控。

通过网络，在工作站上安装客户端程序，实现分布监控，客户端也可以采用 B/S 结构，在浏览器 IE 上直接观看。

本期建设在机房内设置两个控制台席，其中一个台席通过 KVM 延长线直接接入 KVM 主机访问控制，另外一个台席通过网络线 KVM Over IP 访问控制。每个控制台配置键盘、鼠标和 19 寸显示器，支持 4 个远程用户独立控制 32 台服务器互不影响。通过设置安全权限，能够方便、快捷的控制每一台服务器。管理界面具备快捷设置和人性化设置。具备掉电安全机制。配齐全部 2 个本地控制和 4 个远程控制的所有配件（如转接头、转接模块、各种连接线等）。

KVM 功能要求如下：

- 支持至少四个独立的通道的 KVM Over IP 远程访问；
- 支持 PS/2、USB、Sun Legacy（13W3）及串口（RS - 232）连接；

- 高视频分辨率。服务器与 KVM 多电脑切换器之间距离最远达 50 m 时，本地控制端视频分辨率最高可达 1 600 × 1 200 @ 60 Hz，32 位色深；远程视频清晰度最高可达 1 600 × 1 200 @ 60 Hz，24 位色深；
- 不需要在客户端安装任何软件，客户端直接使用 PC 自带的网页浏览器；
- 单一层级可监控多达 32 台服务器，或通过堆叠方式串接两层，可管理多达 512 台服务器；
- 系统要求支持远程访问界面可以选择窗口模式或者全屏幕模式。并且可以支持远程画面分割；
- 支持本地端与远程登入及验证机制。

③通信光电缆

机房电缆布放采用上走线方式，本期工程新建双层宽 400 mm 铝合金走线架，位于设备机柜正上方，上层走线架用于电源线布放，下层走线架用于数据线布放。

通信电缆技术规范：

- 新增通信系统电缆采用超五类和六类非屏蔽双绞线，其中超五类系统用于 KVM 系统连接，六类系统用于主交换机机柜至各服务器和存储机柜间网络连接。
- 本期系统采用电缆均应采用品牌优质产品，达到超五类和六类系统相关国家质量检验标准。系统需经匹配型号福禄克线缆认证测试仪基本指标测试合格，并出具测试报告。

通信光缆技术规范：

- 本工程选用单模光纤、松套结构，本期使用工作波长为 1 310 nm 波长。
- 本工程光缆的全部光纤在每一再生段内应采用同一厂家、同一型号，光缆出厂长度内光纤应无接头。
- 本工程采用 ITU – T G. 652 常规单模光纤。本工程光缆中光纤应满足 ITU – T 和 IEC 标准的各项主要性能指标要求。

（4）环境监控及软件系统

随着信息技术的发展和普及，计算机系统及通信设备与日俱增，规模越来越大，中心机房、计算机系统和通讯网络已成为各大单位业务管理的核心部分。为保证正常运行，与之配套的机房动力系统、环境系统、消防系统、保安系统必须时时刻刻稳定协调工作。我国的机房监控起步较晚，机房设备各自独立运行，普遍缺乏专业的设备管理人员和综合有效的管理手段。如果机房动力及环境设备出现故障，轻则影响电脑系统的运行，重则造成计算机和通信设备报废，使系统陷入瘫痪，后果不堪设想。因此对中心机房的动力及环境系统进行实时集中的监控极其必要。

机房场地监控系统的监控对象为构成机房的各个子系统，包括动力系统、环境系统、消防系统、安防系统、网络系统等。实时监视各系统设备的运行状态及工作参数，发现部件故障或参数异常，即时采取多媒体动画、语音、电话、短消息、邮件等多种报警方式，记录历史数据和报警事件，提供智能专家诊断建议。网管人员也可以通过 Internet 进行远程登录访问。

① 主要功能模块如下：

市电监控：通过电量检测仪、电流互感器和开关状态检测装置实时监视网络和空调动力供配电系统的三相电压、电流、频率、功率因数、有功功率等。通过采控模块检测各主开关工作状态。一旦供配电系统工作状态不正常，如电压或频率超过设置的数值时，系统会弹出有鲜明颜色的报警画面，并语音报警告知值班人员。

UPS 系统监控：通过通讯协议软件和由 UPS 厂家提供智能通讯接口进行 UPS 故障诊断，对大容量在线式 UPS 内部整流器、逆变器、电池、旁路、负载等各部件的运行状态进行实时监视，一旦有部件发生故障，系统会自动报警。并且实时监视 UPS 的各种电压、电流、频率、功率及负载输出峰值指数等参数，并有直观的图形界面显示。

温湿度监测：由于面积、送风设备分布等因素影响，温湿度变化不均匀，必须加装温湿度检测系统。在机房内安装温湿度传感器，其输出连接到采集模块。本期工程共计设置 3 个温、湿度传感器，其中一个在控制值班室，两个在设备存放区。监控系统通过采集温、湿度传感器所检测的温度和湿度数据，以直观的画面实时记录和显示机房各区域的温湿度数值及变化曲线，发现异常，显示报警信息，并进行报警通知。

漏水监测：由于本机房设有机房专用空调，空调的冷凝水排泄不畅也可能给机房的网络设备带来影响，因此，在机房内设置了一套漏水检测系统，具体做法是在两台机房空调和一台值班室空调活动地板下分别敷设一条漏水感应绳，一旦有水接触该感应绳，就会引起感应绳电阻的变化，系统主机即可检测到该变化，并将该变化转变为报警信号提供给场地监控主机，报告系统管理人员及时采取措施，防止危害扩大。

服务器控制接口：本期系统建设需开发服务器远程系统开关机功能，集成 UPS 系统监控，当 UPS 停电且电池容量低至阀值（阀值需可根据实际情况设定）时，自动网络关闭服务器。

手机短信、E-mail 报警模块：环境监控重要告警需发送手机短信提示告警信息，同时通过网络发送 Email 进行信息提示，便于信息的及时提醒和记录。

开关控制模块：本期工程新建的环境监控系统需联动服务器控制接口，实时监测 UPS 状态，检测到市电停电 UPS 启动时，自动发送短信提醒机房维护人员，并继续检测 UPS 电池容量，当 UPS 电池容量低于设定阀值时，自动通过网络关闭服务器（支持多种平台包括 SUN、LINUX、WINDOWS 等），待确认服务器完全关闭后，联动控制电脑主机，再对电源时序器进行控制，使其顺序切断各个分路开关，达到按预设的顺序关闭存储系统及存储网络中的相关设备，从而保护服务器和存储系统数据不受损失。

机房维护人员在接收到机房市电停电的短信后，可由维护人员自行拨打电话，远程联动控制集中监控主机，对电源时序器进行控制，使其顺序切断各个分路开关，从而关闭存储柜。

上述操作过程需可逆，即在机房市电恢复后，系统可在接收到远程电话信号后，先启动存储柜，再启动服务器，系统恢复稳定运行。

远程电话信号管理要达到可防止强电磁干扰的工业应用级产品，提供真人语音提示并引导操作："请输入密码"－－"请输入设备号—开、关－……"。其可随时查询输出口的工作状态，由专设语音应答。主控器和分控器设计成一体，使安装和使用非常简便。设有本控开关，可利用与它连接的电话机进行本地操作。对电话机的正常使用不产生任何影响。设有"外线"、"电话"两个 RJ11 口，电话外线插入"外线"口，电话机线插入"电话"口来完成了与电话机的连接。利用一根电话线可设计成几十路操作，能够提供二次开发服务，当需要时，可为用户提供专门设计。

②环境监控软件系统要求

软件系统架构：系统必须支持 C/S 和 B/S 网络架构。

网络功能：适合各类网络环境，计算机网络可以是局域网，广域网或互联网，传输介质可以是以太网、FDDI 光纤网、ATM、ISDN、PSTN 及 DDN 等。

管理功能：不仅只是机房监控功能，还应具有丰富的管理功能，如：机房设备管理、报警确认管理、事件处理管理等。

安全性：严格的用户权限管理，支持对系统管理、报表查看、事件处理等功能的分级，限制用户对非授权内容的访问。

稳定性与可靠性：监控系统具有良好的电磁兼容性和电气隔离性能，不影响被监控设备正常工作；全部硬件采用国际著名的工控设备，可靠性高，平均无故障时间大于 20 万小时；监控系统的所有测点都带有自校验功能，确保数据可靠无误，从而不产生误报现象。

兼容性和开放性：必须支持所有提供开放协议（如 RS – 232/422/485、Lonworks、SNMP、MODBUS 等协议）接口的设备。

报警管理：监控系统提供页面自动弹出、语音、短信、E – mail、声光等多种方式报警，且系统有预处理报警，确保真正的故障事件准确快速地通知到相关管理人员。用户可自定义报警级别。

自动诊断和恢复功能：系统应具有专家诊断功能，对通信中断、软件故障能够提示故障原因，并对各种告警给出相应的处理意见。并且当系统出现不能正常运行时有自动恢复功能。

实时分析：根据需要对各设备、系统的运行状态提供实时曲线、历史曲线、事件曲线，直观分析系统异常状况。

日志管理：系统自动对操作人员、操作内容、操作时间、故障点、故障内容、故障处理、时间等信息进行完整地记录，并可对这些记录进行多条件查询，为管理者提供完备的系统操作维护资料。

报表管理：支持事件统计、事件类型统计、历史数据保留一年以上；支持动态曲线和历史曲线；报表输出需求包括：

- 按机房统计特定时间段内某类报警发生的次数；
- 按机房统计特定时间段内某参数的最高、最低和平均值（如 UPS 输入输出电压、电池电压、负载、温度、湿度等）；
- 按时间段绘制单台 UPS、温度的曲线图
- 软件能够实现，按设备类型，按时间段分类统计报警事件，可以生成曲线，形象显示不同设备的报警数目，报表系统生成的曲线可以按时间跨度进行无级缩放，方便查询。
- 历史数据必须支持 ODBC 的接口标准数据库，方便数据的二次开发，分析，统计等。

③在线修改及短信查询功能

系统正处于运行状态时也可对其页面或策略的各种对象属性进行在线添加、删除、修改等维护操作，并可将所有的修改实时上传，即时生效。支持短信查询监控设备的参数，如机房当前温度，UPS 当前后备时间等，支持短

信配置报警参数，如设定温度报警上限，支持电话查询报警事件。

监控系统的文件必须是加密存放的，不能直接被普通文本编辑器直接打开阅览，以防被随意修改，或植入病毒。

监控系统必须支持二次开发，方便机房升级后进行修改。

3.2　存储建设

3.2.1　建设目标

福州地区大学城文献信息资源共享平台（FULink）是福建省高等学校文献信息资源共享体系的先导项目和示范项目。在该项目建成后，各馆书目数据全部上传到中央目录数据库中，实现全部馆藏资源的统一揭示的文献信息资源共知，实现福州大学城内各高校所藏全部图书资料和电子文献资源向大学城的全体师生开放。在此基础上，实现共享域内纸质文献的通借通还和电子资源的统一调用，最终建立福建省高等学校文献信息资源共享体系，为我省高等教育提供优质高效的图书馆服务。

存储建设的总目标是充分运用成熟的 IT 产品，采用先进的技术手段，在现有平台架构上，构建高性能的主机存储系统，保证整体业务系统的 5～10 年的领先性、可靠性和稳定性。

3.2.2　设计原则

（1）实用性和先进性

当今的计算机技术日新月异，因此要求选择的方法、技术、工具、设备不仅要保证具有先进性，而且要保证技术方向的正确性。要结合考虑实用和兼顾今后发展的目的，不论在服务器、软件中间件等软硬件产品方面，还是在方法论、工具方面，都需有选择地适当采取当今国际上成熟、主流并领先的产品和技术来适应更高的数据处理要求，使整个系统在一段时期内保持技术上的先进性，并具有良好的扩展潜力，以适应未来业务的发展和技术升级的需要。

（2）安全性和可靠性

通过多种安全技术和防护手段，保证系统自身的安全性，保证服务不会中断。在项目方案中，最重要的设计出发点就是系统的容错能力，关键设备或设备核心部件应当采取冗余设计，能够避免单点故障导致系统整体或重要功能的丧失，保证系统 7 * 24 小时平稳运行，最大限度减少停机时间而且便于故障排查、恢复和日常的运行维护。核心存储阵列在体系结构应采用 99.999% 的高可靠性要求进行设计，确保用户正常生产的需求。所有的部件都应是冗余式的设计，控制器、电源、风扇都支持热插拔和冗余。所有的磁盘均采用交换式的连接方式，应避免使用环路仲裁的方式。当进行容量配置变化（增加或减少磁盘）时，不会中断当前数据 IO 的传送。

（3）灵活性与可扩展性

设计的方案应当考虑系统的灵活性和可扩展性。系统建成后要能够满足业务近期、中期甚至长期时间范围数据快速增长的需要。信息中心在适应目前需求的基础上，能够根据将来信息化不断发展的需要，充分地为将来可预见和不可预见的性能扩充留有余地，方便地扩展系统容量和处理能力，并具备支持多种应用的能力，可以根据业务发展的需要进行灵活、快速的调整，实现信息应用的快速部署，而且新功能、新业务的增加能够在不影响系统运行的情况下实现。

（4）经济性与投资保护

方案所选用的技术和产品应当全部遵循通用的国际或行业标准，各系统模块之间有良好的兼容性和较高的性能价格比。从长远来看，也便于系统的升级和移植或运行其他应用软件，做到一机多用。而且能以较低的成本、较少的人员投入来维护系统运转，提供高效能与高效益。

（5）易管理和易操作性

设计方案支持全面、完善、便捷、统一的系统管理和应急处理预案，保证一旦发生问题能在最短的时间内处理解决。而且，系统应具有良好的用户操作界面、完备的帮助信息。集成完备的运行监视系统、良好的管理界面工具或远程控制台，易于管理人员对其进行管理和维护，系统参数的维护与管理通过操作界面实现。

3.2.3　建设需求

（1）采用专用集成电路设计架构，保证 SAN 磁盘阵列的高可靠性及高性能。

（2）配置双控制器，工作模式为双活动。

（3）配置专用的数据缓存 ≥8GB，支持最大 64GB；配置专用的系统缓存 ≥4GB。掉电时，采用闪存驱动器保护数据，缓存的内部总线带宽 ≥17GB/S。

（4）磁盘支持类型：

- 支持 4 Gbps FC/FDE （支持磁盘加密功能）硬盘：15K 600 GB，450 GB，300 GB，E – DDM；
- 支持 4 Gbps SATA 硬盘：7.2K 1 TB and 2 TB E – DDM Disk drives；
- 支持 SSD 硬盘：73 GB and 300 GB；
- 本次配置 20 块 7.2K 1TB SATA 硬盘和 16 块 15K 600GB FC 硬盘。

（5）磁盘扩展：

- 支持 FC、FDE、SSD 和 SATA 磁盘单柜混合使用，并且保持 4Gb 的速率；
- 最大扩展能力≥480 个磁盘；
- 单柜最大可支持≥60 块磁盘；
- 要求所提供的磁盘必须与本存储管理平台采用同一品牌。

（6）采用独立的 RAID 专用硬件处理卡，支持 0、1、3、5、6（RAID 6 功能是指只要能达到允许两块硬盘同时损坏而数据不丢失就可）、10。支持 RAID 级别在线迁移及 RAID 段大小动态调整。支持跨扩展柜的 RAID 方式，实现后端通道的全面应用。

（7）通道标准：前端主机接口支持 4Gb、8GbFC 接口和 1Gb iSCSI 接口，最大支持≥16 个前端接口。本次要求配置≥8 × 4GbFC 主机接口，≥4 × 1Gb iSCSI 主机接口，且≥16 × 4GbFC 后端磁盘环路接口。

（8）LUN 支持数量≥2048。

（9）配置 16 个存储分区许可，最大支持≥512 个存储分区。

（10）配置 windows，linux，AIX/VIOS，VMware 主机连接许可，配置≥8 台服务器的多路径负载均衡软件。

（11）数据迁移服务：在数据迁移过程必须确保新旧存储工作稳定、数据完备不能丢失。承建公司必须负责与各应用开发商协调沟通数据迁移方案及回退机制并提供详细的解决方案。

（12）冗余部件：配置至少 2 路热插拔的存储控制器、冗余电源、风扇。

（13）该存储系统需支持卷的快照、卷镜像及远程拷贝，并且支持卷的镜像及远程拷贝的叠加，支持远程拷贝同异步模式切换，为了数据的安全性，新增存储系统应与共享区内各成员馆（如福州大学，福建师范大学，福建医科大学等）存储系统之间在必要时实现数据相互容灾。

（14）配置集中存储虚拟化管理软件平台，可以实现服务器，存储，网络集中虚拟化管理，集中化管理可以减少服务器以及存储的成本和复杂性。

（15）为映像的创建/部署和克隆提供存储分配，通知，下载和管理资源更新，包括固件（Firmware）的升级等。

（16）创建和管理虚拟资源，提供远程控制台来对目标服务器进行管理，实现对电源、网络、存储和存储容量的监控和管理，使用记分板和仪表板确定环境中被管理资源的运行状况和性能，使用运行状况总结来可视化被管理资源的总体健康状况，查看问题和事件日志，以识别问题并确定故障根源。

（17）对于不同的平台，平台管理器都提供了一系列公共任务，包括系统发现，查看系统库存信息，以及配置和更新系统。这些公共任务保证管理员对于不同的平台，都可以进行类似的管理操作。

（18）支持操作系统：HP‒UX，IBM AIX，IBM i，Solaris，Linux，Windows，VMware，VIOS 等。

3.3 网络视频会议系统

3.3.1 建设目标

（1）满足全省 10 所高校图书馆，20 个并发视频会议，及 30 个旁听视频会议的要求。

（2）音频自然流畅，无断续等现象，视频清晰、流畅，能满足 FULink 会议、日常工作交流、远程监控管理、技能培训等应用需求。

（3）各高校图书馆可以通过访问中心视频会议服务器，一起参加网络视频会议。

（4）支持会议数据协作功能，可共享电脑桌面内容（Office 文件等）、音视频（活动人物、DVD 音视频）。

（5）系统总体设计需要满足稳定、安全可靠、经济、可扩展等要求。

（6）系统升级和扩容方便，不需要重新部署；系统扩容，无需更改服务器设置，只要更换加密 KEY 的方式来满足平台的快速发展。

3.3.2 技术要求

（1）系统架构

① 系统基于先进的 IETF XMPP 标准协议，采用分布式、模块化、大容量的纯软件平台结构设计，充分考虑了系统的扩展性和未来功能的延伸能力。分布式系统提供了强大的扩充能力，模块化的结构增强了系统的灵活配置性。可根据规模和性能需求来进行系统的配置部署。

② 实现了视频会议系统和即时通讯系统的无缝衔接，在同一个系统平台上，用户可以方便地实现在线呼叫、即时通讯、即时会议和预约会议等诸多功能，为用户提供了一个统一的、完整的网络多媒体通讯应用解决方案。

③ 系统包含多语言包，支持中、英、日等多语言操作系统，并对操作系统语言版本具有自适应功能，使用户的应用部署更加方便。

④ 支持完全基于 WEB 的应用，用户通过浏览器访问就可以完成客户端的自动下载、安装、升级。基于 WEB 的安装软件是通过专业的数字签名公司 VeriSign 签名认可的，通过这种方式可以保证用户使用软件的安全性，而不会被病毒或恶意软件所利用。

⑤ 管理系统采用标准的 ODBC 数据库接口，支持 MySQL 和 ORACLE 等数据库，并可根据需求进行扩展定制。

⑥ 系统支持多会议室结构，在同一个系统中可以并发进行多个不同资源需求的会议，而且各自独立、互不干扰。

⑦ 系统提供一个测试会议室，用户在此会议室中可以听到自己的声音看到自己的视频（本地及远端），查看网络状况及更改音视频设置。该测试会议室在系统服务器启动时创建，始终存在，且不占用加密锁资源。

⑧ 用户列表树状显示和自动排序功能：系统按用户名称或职务级别等顺序排序，可选择按部门组织结构树状显示和普通平板显示，并提供置顶设置，使得用户查询更方便。而且系统支持用户查找功能，可以根据输入的关键字显示出相应的用户，方便会议管理人员做相应的操作。

⑨ 系统支持主席控制，可设置自由会议模式或主席控制模式。在自由会议模式下，发言、控制的权限均按照排队机制进行处理。而在主席控制模式中，主席拥有集中控制的权限，可对整个会议的进程安排进行控制管理。

⑩ 系统支持 H.323 协议，可实现与 H.323 标准设备的互联互通，包括 H.323 终端、H.323 MCU 等设备，并支持与 H.323 互通时的会议安全认证。使用方式灵活方便，从而为视频会议的部署和应用提供了良好的系统兼容性和可扩展性。

⑪ 系统支持多路电话同时拨入，极大地方便了用户的选择，使得没有电脑的用户也可以通过普通电话或手机参加会议，并可以在会议里发言。

⑫ 系统支持与 SIP 的互通，可以通过 XMPP/SIP 网关实现与 SIP 系统进行互通互联。XMPP 协议的良好扩展能力也为系统的开放性提供了强大的支持。

⑬ 系统支持与监控系统相结合，会议中主席可以将多路监控点视频接入会议室中，并可以对监控摄像头进行远程控制。

⑭ 系统支持会议直播，系统能以非常少量的带宽占用来满足大规模客户端的接收要求，从而以最有效的传输方式完成多媒体信息在系统直播用户的传播。

⑮ 客户端与服务器的通讯数据采用 SSL 加密传输，保护用户信息的网络传输安全。

⑯ 客户端和服务器断开后服务器具有容错及自动恢复功能，保证了会议正常召开。

⑰ 在服务器级联模式下，服务器智能路由功能可以帮助用户选择网络条件最佳的服务器登陆会议。

⑱ 系统提供智能升级功能：当用户进入会议系统时，智能升级模块能够自动判断用户端的那些模块需要更新，并自动下载和安装。智能升级功能支持断点续传。

⑲ 系统支持服务器级联和整合拆分：用户可根据实际应用情况将系统分别部署在不同地理位置的多台服务器上，将 CPU 及网络处理的压力进行分散，从而以网络最优架构分布提供给用户高效的应用服务。当多个平级的系统需要联合召开会议时，也可以对这些独立的服务器进行暂时的整合，会议完毕后可以进行拆分，不影响这些独立系统的运行。目前视频会议系统的应用越来越广泛，对多个会议系统的资源共享的要求逐步提上日程，通过整合拆分功能，可以有效地管理多个会议系统的资源，实现资源的共享。

⑳ 系统支持双机热备功能，使用镜像模拟软件来实现共享存储功能，要求主备机必须有大小一样，盘符一致的分区做为镜像区。工作时主备机之间按照设定的时间间隔进行检测通讯（应用服务器或数据库服务器有一个变为非运行状态）来判断主机是否宕机。当一台工作主机宕机后，另一台备机会切换为工作机，之前工作机将自动重新启动，启动后成为备机。

（2）网络适应性

① 系统对于 NAT、代理服务器及各种防火墙提供多种机制的解决方案，并可提供基于 HTTP 的多媒体传输模式，能够最大程度的解决防火墙所带来的通信障碍。使得大多数企业在应用时无需更改任何网络配置，便可方便地将系统部署到现有网络环境中。

② 在系统默认的网络传输方式上，音频采用 UDP 协议，视频采用 HTTP 协议。为适应客户网络环境的复杂性，系统音视频都可以使用 UDP，也可以使用 HTTP。而系统特有的 HTTP 隧道技术对防火墙的应用提供了最大限度的支持。通过 HTTP 隧道，用户可以通过一个端口就实现全部的视频会议功能，

满足了用户能上网即能进行视频会议的需求。

③ 系统支持实时传输协议（RTP）进行多媒体数据传输，最大限度减少了因网络不稳定而产生的延时。此外通过消抖动算法、抗丢包机制、网络自适应算法和 V2 专利技术的码流控制机制使网络环境因素对通讯应用的影响减至最小，保证了系统在复杂的网络情况下具有理想的效果。

④ 系统采用带宽资源集中管理策略，保证在视频会议应用中对网络资源的利用是有效的、可控的，避免因大量或无序的带宽占用而给用户网络带来的资源危机。系统的 QoS 策略支持 IPLR 和 DiffServ 等机制。

⑤ 系统支持多种网络接入方式，包括电话拨号、ISDN、ADSL、LAN、HFC、DDN、VPN 等不同形式的宽窄带接入。用户可根据接入网络情况来设置最大上行带宽占用，并可随时灵活的调整采集帧率和发送带宽。

⑥ 在分布式的服务器架构中，如果某个子服务器出现短暂的中断，该子服务器会自动尝试与主服务器恢复网络连接，此时用户可以选择从其他子服务器进入会议或者等待。如果选择等待，子服务器功能恢复后，用户会被自动请回会议中。

⑦ 在多服务器的系统中，用户可以选择从各个服务器接入。系统提供智能路由功能，可以对各服务器的接入性能进行比较并做出排名。用户可以选择性能最佳的接入服务器，以保证最佳的会议体验。

⑧ 系统具有高度安全性保障及安全验证策略，客户端与服务器的通讯数据采用加密传输，针对不同的数据类型，系统分别采用了以下算法：密钥交换算法：RSA 1024 位；加密算法：RC4 128 位；摘要算法：MD5 128 位。

（3）音频功能

① 系统音频处理采用了 G.723.1、GIPS、ILBC 和 ISAC 等先进的音频压缩算法和网络自适应算法，使得在各种网络带宽条件下均能保持声音的清晰连贯。V2 专利技术的音频优化算法，使得在网络状况极其恶劣的情况下仍能保持较好的音频效果。

② GIPS 技术是全球最领先的语音解决方案和技术标准，提供回声抑制（AEC）、自动增益控制（AGC）、噪音消除（NR）等多种会议语音处理功能，保证了在会议过程中，可以提供超越传统电话音质的更优秀、更清晰的语音效果。系统在整合全球顶尖的 GIPS 音频技术及最新视频技术的基础上，引入了自主研发的唇音同步算法，可以在因特网环境下提供优质的唇音同步效果。

③ 采用国际领先的音频编解码技术和专利技术——"基于前向纠错的网络抗丢包算法"，保证了在网络丢包非常严重的情况下，系统也能保持清晰连

贯的声音效果。

④系统采用业界领先的多路混音技术，并可进行灵活的话筒切换控制，使系统运行更加流畅自然。

⑤系统支持分组功能，使得在会议中可以按照主席的控制进行分组讨论，各个分组内可以进行多路混音的语音沟通，不同组之间的语音完全隔离、互不干扰。这种强大和有序的分组功能以最有效的形式实现了语音私聊。

（4）视频功能

①系统不仅提供了一整套高质量的视频编解码解决方案，还提供了 H. 264 VBR（质量优先）、H. 264 CBR（带宽优先）、H. 263、MPEG－4 等多种视频工作模式，并且集成了自主研发的视频预处理、后处理及显示算法，不但有效地去除了视频采集及编解码环节引入的视频失真，极大地提高了视频质量，还明显地降低了视频占用带宽。

②系统引入的 H. 263 及 H. 264 视频技术，可实现标准客户端与 H. 323 视频终端间基于 H. 263 的视频通讯。标准客户端与 H. 323 视频终端互通时，使用 H. 263 与使用 H. 261 相比，原则上只需要一半的带宽就可取得与 H. 261 同样的视频质量。H. 263 以其灵活性以及节省带宽和存储空间的特性为用户提供了高质量视频体验的同时，扩展了带宽利用率，保护了用户的既有投资。标准客户端之间互通时，视频还可以工作在 H. 264 模式。H. 264 算法具有很高编码效率，在相同的重建图像质量下，能够比 H. 263 节约50%左右的码率。H. 264 的码流结构网络适应性强，增加了差错恢复能力，能够很好地适应 IP 和无线网络的应用。

3.3.3　建设内容

（1）系统网络结构设计

将 V2 视频会议主服务器配置在 FULink 中心机房，各高校图书馆通过教育网或专用网访问福州大学图书馆视频会议服务器。

（2）系统网络带宽要求

以业务交流为主的视频会议，分辨率设置在 320 ∗ 240 － 352 ∗ 288，图像帧数在 15 帧以上，每路视频占用带宽约为 150Kb，基本能满足正常会议的要求。V2 Conference 系统的音频在窄带情况下自适应地采用 G. 723.1 压缩算法，每路音频带宽仅 6.3K，也能保证有传统电话语音的效果，因此带宽计算时音频占用带宽可忽略。

可以利用下面的公式对服务器带宽进行计算：

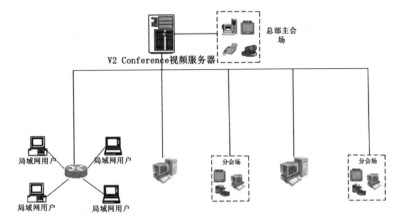

图 3 – 2　网络视频会议结构图

上行带宽 = 并发路数 * 每一路的上行带宽；

下行带宽 = 每个客户端打开的视频路数 * 并发路数 * 每一路的下行带宽。

（另请注意：在实际应用中应保证一定的网络质量，如网络丢包率应在10% 以内。）

（3）系统服务器硬件要求

根据系统的建设要求，为了保证视频会议的稳定和流畅，因此对系统服务器的性能有一定的要求，建议系统服务器采用表 3 – 3 所推荐配置。

表 3 – 3　网络视频会议系统服务器配置

最低配置	推荐配置	
CPU	P3 800 以上 CPU	至强 3.0G 以上 CPU
硬盘	1G 可用硬件空间	10G 可用硬盘空间
内存	256M	1G 或更高
操作系统	Windows 2000 Server	
Windows 2003 Server		
Windows XP	Windows 2000 Server	
Windows 2003 Server		
网卡	百兆网卡	千兆网卡

（4）会议室和桌面终端硬件部署

不论是会议室终端还是桌面型终端，都需要普通电脑做为主机。由于会议室用户和桌面用户对会议效果的要求不同，因此 PC 机的硬件配置要求也不同。

会议室 PC 和桌面 PC 的推荐配置见表 3 - 4：

表 3 - 4　网络视频会议系统 PC 配置

会议室终端用 PC	桌面终端用 PC	
CPU	Intel 3.0G 或更高	Intel 2.4G 或更高
硬盘	80G 空余硬盘空间	80G 空余硬盘空间
内存	1G 或更高	1G 或更高
操作系统	WINDOWS 2000/XP	WINDOWS 2000/XP
显卡	独立显卡，显存大于 256M	独立显卡，显存大于 256M
声卡	独立双通道声卡	独立双通道声卡
其他	视频采集卡	

3.4　云平台构建

3.4.1　基础设施层

基础设施层建设主要内容包括在 FULink 共享中心机房部署机架服务器和光纤存储系统，配置私有云数据中心，建立基础设施资源池，实现资源虚拟化和灵活的云调度策略[1]。

（1）选购光纤存储设备和支持硬件虚拟化技术的服务器

购置了 IBM DS5100 光纤存储系统 1 套、惠普机架式服务器 9 台和中兴路由器来组建云平台数据中心。

光纤存储系统配置双控制器冗余，存储空间 30TB 为云平台提供集中的存

---

[1]　刘荣发. 福州地区大学城文献提供云平台建设研究 [J]. 图书馆学研究，2014（4）：9 - 12 + 16.

储服务。

　　服务器的配置有两种，一种为 ProLiant DL380 服务器 7 台，配置 2 路英特尔至强 5600 系列 6 核 2.93GHz 超线程中央处理器，内存 32GB，2 块 300GB SAS 光纤硬盘，4 个千兆网卡，作为云计算服务器集群，通过双路冗余 4GB 光纤卡连接存储系统；另一种为 ProLiant DL360 服务器 2 台，配置 1 路至强 4 核 3.0GHz 中央处理器，内存 16G，5 块 300GB SAS 光纤硬盘，4 个千兆网卡，作为云计算资源平台的管理服务器，使用本地硬盘阵列存储信息，这两款服务器都支持硬件虚拟化技术。

　　网络配置主干万兆，千兆到服务器的两级层次连接。

　　（2）服务器虚拟化管理系统选型

　　基础设施层云服务建设的关键是选择适合自身应用部署需求的虚拟化管理系统，将服务器、存储、网络等基础设施资源纳入私有云平台统一管理，进而建立起虚拟数据中心，为具体的应用部署提供动态的资源池管理，达到资源的高效使用。同时虚拟化管理系统提供的部署与配置工具也是选型中必须关注的一环，管理工具的成熟度与易用性将影响后续虚拟数据中心管理的难易程度和系统配置部署的工作效率。

　　目前主流的基于 x86 架构服务器虚拟化商品化软件主要有三种：思杰 Xen Server、微软 Windows Server 2008 Hyper – V、VMware ESX Server 和 Linux 系统的开源 KVM。主流产品都提供了相关的管理工具如 VMware VSphere 管理套件，思杰 Xencenter，微软 System Center Virtual Machine Manager（SCVMM）等，其中 VMware 平台是行业的引领者，其管理套件功能最为完善，"文献提供系统"云平台选择它来部署私有云平台。

　　（3）基础设施私有云平台部署

　　第一步，安装服务器 ESXi 系统。在每一台集群服务器上通过 VMware ES-Xi 引导光盘引导并进行全新安装，具体的安装过程因不同的服务器配置大同小异，主要包括系统分区、存储空间配置、设备驱动的加载、系统命名与 IP 分配、管理员密码的设置等。IP 可以使用内网地址和动态获取，但为更好的配置集群建立虚拟中心，最好使用静态 IP 地址，以上配置也可以通过安装完成重新引导后登陆修改。

　　第二步，安装虚拟管理中心服务器。在管理服务器上先安装 Windows Server 2008 以上操作系统，配置管理信息存储的数据库。从 VMware VIM 光盘运行安装程序，按向导先安装 VMware vCenter Server 及相关要用到的功能模块比如动态迁移，补丁更新、虚拟备份等模块。直接在管理服务器上或其他工作站安装 VMware VSphere Client 来登录管理中心，进行私有云的管理配置工作。

　　第三步，建立虚拟数据中心及集群系统。通过 VMware VSphere Client 连接在管理中心服务器上使用向导创建虚拟数据中心、集群和虚拟网络交换机，将第一步安装配置的 ESXi 服务器引入虚拟数据中心或集群中。为实现物理服务器故障转移，我们将 7 台 ESXi 服务器全部引入单个集群，配置每台服务器与虚拟交换机的数据端口、心跳端口和故障转移端口连接，并配置集群故障监控和故障转移策略；在存储管理端建立磁盘阵列和卷并以共享的方式分配给所有的 ESXi 服务器；虚拟数据中心将扫描存储空间的变动自动连接分配的存储，通过存储管理功能建立 VMFS 文件系统并格式化存储卷作为虚拟机文件和数据存储的空间。通过以上部署，让所有服务器 CPU、内存、磁盘、I/O 等硬件变成了集群中可以动态管理的大"资源池"，其可用资源达到 168 个 vCPU、224GB 内存，10TB 以上的存储空间，为后续虚拟机的建立提供了可靠的基础设施。

3.4.2　动态数据层

　　动态数据层是在基础设施云服务的基础上，部署 FULink 文献提供系统，收割、整合 FULink 成员馆的文献信息资源元数据，建立"一站式"统一检索服务平台，为所有成员馆读者提供全文文献传递服务。

　　（1）动态数据层架构规划

　　根据 FULink 成员馆的电子资源收藏量、读者访问需求和高峰压力的预测，我们规划了如图 3-3 所示的动态数据层功能模块架构。该架构分三个层次，最上层为用户层，中间为分布式引擎与元数据聚合层，下层为配置、日志管理与元数据收割层。该模式能满足用户访问量增长和元数据增长对服务器性能需求的双重压力，依据性能增长需要动态调整中间层虚拟机性能，从而实现整个平台的性能扩展。

　　（2）虚拟机配置

　　依据动态数据层架构的各模块对服务器计算性能和存储空间的需求，我们在虚拟数据中心集群中创建如表 3-5 所述的 10 台不同配置参数的虚拟机，从集群资源池给这些虚拟机分配资源。安装操作系统、配置安全策略、部署"文献提供系统"各功能模块。

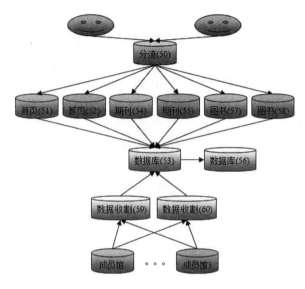

图 3 - 3　动态数据层架构

表 3 - 5　文献提供系统虚拟机配置表

服务器名称	作用	系统及主要软件	虚拟机 vCPU/内存/磁盘空间	引导顺序	说明
分流服务器	分流	Linux * 64/nginx	2/8GB/30GB	3	用户直接访问机器，将用户访问分流给 web 服务器
门户，文献传递	Web 服务	Linux * 64/Tomcat	6/16GB/30GB	2	运行文献传递服务和系统管理服务，以及门户页面
	Web 服务	Linux * 64/Tomcat	6/16GB/30GB	2	
期刊服务器	Web 服务	Linux * 64/Tomcat	12/16GB/1TB	2	运行检索服务，包括中外文期刊、论文、报纸等
	Web 服务	Linux * 64/Tomcat	12/16GB/1TB	2	
图书服务器	Web 服务	Linux * 64/Tomcat	6/16GB/1TB	2	运行检索服务，包括中外文图书、标准、专利等
	Web 服务	Linux * 64/Tomcat	6/16GB/1TB	2	
数据库服务器	主数据库	Linux * 64/Oracle	12/16GB/1TB	1	仅存储用户信息，系统管理信息，检索连接地址。
	备数据库	Linux * 64/Oracle	12/16GB/1TB	1	
数据收割服务器	数据收割	Server 2003 * 32	12/16GB/500GB	3	非常规数据的收割
	数据收割	Server 2003 * 64	12/32GB/500GB	3	非常规数据的收割

　　在虚拟机部署的过程中我们用到了虚拟机镜像克隆技术和模板技术来加

快部署速度，提高部署效率。Linux 系统使用开源社区发行版 CentOS，为提高系统性能我们全部采用 x64 架构，系统安装使用最小安装，不安装图形界面，通过 ssh 进行应用的部署和配置。虚拟机的创建步骤如下：

①以虚拟机 vCPU/内存/磁盘空间配置为 12/16GB/1TB 创建虚拟机，安装 CentOS 操作系统并设置为模板；

②利用模板创建期刊服务器和数据库服务器各一台；

③从期刊服务器克隆分流服务器，调整配置参数，安装分流应用 Nginx，配置分流参数；

④在期刊服务器上安装 Tomcat，然后克隆出余下 5 台 Web 服务器，克隆的过程调整相应的配置参数，安装云图书馆功能模块并配置关联信息；

⑤在数据库服务器上安装 Oracle 应用并克隆另一台数据库服务器，建立两台数据库的主备关系和心跳联系；

⑥导入各成员馆现有的文献资源数据元素据到相关模块，初始化数据库配置信息；

⑦直接创建收割服务器并安装操作系统，配置收割模块指向个成员馆的元数据服务器，设置数据收割周期；

⑧设定虚拟机引导、关闭顺序分组及分组之间时间间隔。因数据库加载时间较长分组之间的间隔需设置 5 分钟以上，以防止 Web 服务连接访问数据库报错。

（3）系统上线测试和参数调优

"文献提供系统"云平台搭建完成，按序引导进行用户访问压力测试，虚拟管理中心开启性能监测功能对虚拟机各项参数的进行峰值瓶颈报警，并根据报警的多寡优化调整参数配置或纵向扩展提高整体性能。

3.4.3 建设总结

"文献提供系统"云平台的建设，实现了硬件基础设施和动态数据层的分离。计算性能的扩展只要通过增加物理服务器并将其加入虚拟数据中心集群，并调整虚拟机的参数就可实现，对动态数据层的影响相对较小。动态数据层除了分流服务器外全部实现双机冗余，保证了用户访问的可靠性。

第四章　FULink 网络建设

FULink 信息服务是一个个建立在网络之上的信息系统，数据通过网络收集与传递，服务通过网络接受与提供，网站通过网络链接与展示。一个安全、高速、稳定的互联网络是平台建设的重中之重。FULink 的网络架构见图 4 - 1 所示。

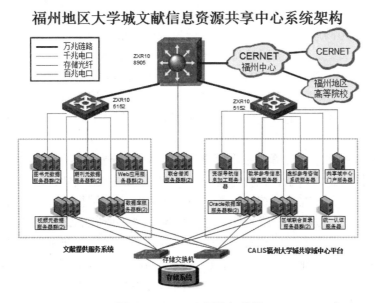

图 4 - 1　FULink 网络拓扑图

从图中可以看出，FULink 是利用现有的 CERNET 网络的福建省教育科研子网开展服务。数据的收集、整合通过 CERNET 开展，但用户通过几乎所有的运营商网络来利用 FULink 平台，据统计，校内的用户通过主要通过 CERNET、联通，校外的用户主要通过电信、铁通等登录 FULink 平台。错综复杂的网络坏境对网络安全、自动化集成系统技术路线、网站建设影响极大。

4.1　网络安全

4.1.1　校园网特点

高等教育和科研机构是互联网诞生的摇篮，也是最早的应用环境。各国的高等教育都是最早建设和应用互联网技术的行业之一，中国的高校校园网一般都最先应用最先进的网络技术，网络应用普及，用户群密集而且活跃。然而校园网由于自身的特点也是安全问题比较突出的地方，安全管理也更为复杂、困难。与政府或企业网相比，高校校园网的以下特点导致安全管理非常复杂。

（1）校园网速度快和规模大。高校校园网是最早的宽带网络，普遍使用的以太网技术决定了校园网最初的带宽不低于 10Mbps，目前普遍使用了百兆到桌面、千兆甚至万兆实现园区主干互联。校园网的用户群体一般比较大，少则数千人、多则数万人。中国的高校学生一般集中住宿，用户群比较密集。正是由于高带宽和大用户量的特点，网络安全问题一般蔓延快、对网络的影响比较严重。

（2）校园网中的计算机系统管理比较复杂。校园网中的计算机系统的购置和管理情况非常复杂，比如学生宿舍中的电脑一般是学生自己花钱购买、自己维护的，有的院系是统一采购、有技术人员负责维护的，有些院系则是教师自主购买、没有专人维护的。这种情况下要求所有的终端系统实施统一的安全政策（比如安装防病毒软件、设置可靠的口令）是非常困难的。由于没有统一的资产管理和设备管理，出现安全问题后通常无法分清责任。比较典型的现象是，用户的计算机接入校园网后感染病毒，反过来这台感染病毒的计算机又影响了校园网的运行，于是出现终端系统用户和网络管理员相互指责的现象。更有些计算机甚至服务器系统建设完毕之后无人管理，甚至被攻击者攻破作为攻击的跳板、变成攻击试验床也无人觉察。

（3）活跃的用户群体。高等学校的学生通常是最活跃的网络用户，对网络新技术充满好奇，勇于尝试。学生群体的法律意识比较淡薄，不会意识到后果的严重性，有些学生会尝试使用网上学到的、甚至自己研究的各种攻击技术，这些都可能对网络造成一定的影响和破坏。

（4）开放的网络环境。教学和科研的特点决定了校园网络环境应该是开放的，管理也是较为宽松的。比如，企业网可以限制允许 Web 浏览和收发电子邮件的流量，甚至限制外部发起的连接不允许进入防火墙，但是在校园网环境下通常是行不通的，至少在校园网的主干不能实施过多的限制，否则一些新的应用、新的技术很难在校园网内部实施。

（5）有限的投入。校园网的建设和管理通常都轻视了网络安全，特别是管理和维护人员方面的投入明显不足。在中国大多数的校园网中，通常只有网络中心的少数工作人员，他们只能维护网络的正常运行，无暇顾及、也没有条件管理和维护数万台计算机的安全。

（6）盗版资源泛滥。由于学生群体缺乏版权意识，盗版软件、影视资源在校园网中普遍使用。这些软件的传播一方面占用了大量的网络带宽，另一方面也给网络安全带来了一定的隐患。比如，Microsoft 公司对盗版的 XP 操作系统的更新作了限制，盗版安装的计算机系统今后会留下大量的安全漏洞。此外，从网络上随意下载的软件中可能隐藏木马、后门等恶意代码，许多系统因此被攻击者侵入和利用。

随着网络技术的高速发展，网络安全问题日益突出。近年来，黑客攻击、网络病毒等等已经屡见不鲜，而且一次比一次破坏力大，对网络安全造成的威胁也越来越大，一旦网络存在安全隐患，遭受重大损失在所难免。在高校图书馆网络建设及运维中，网络管理者对于网络安全普遍缺乏重视，普遍都存在"重应用、重技术、轻安全、轻管理"的倾向。图书馆网络直接面对校内用户和互联网用户给病毒、黑客提供了充分施展身手的空间。而病毒泛滥、黑客攻击、信息丢失、服务被拒绝等等，这些安全隐患对整个网络都将是致命性的。FULink 管理者已经将安全因素看作网络建设、改造的关键环节。

4.1.2　风险分析

（1）风险分析方法。主要参考 ISO13335，从信息资产、漏洞（弱点）、威胁等多个因素进行全面的评估，具体分析模型如图 4-2 所表示：

说明：

① 安全风险的大小，是与用户所拥有的信息资产对应的，因为信息资产拥有价值，而这种价值增加了安全风险的等级；

② 信息资产总是存在一些弱点（即漏洞），这些弱点被安全威胁利用后，将增加潜在的安全风险；

③ 对于用户的信息资产，总是存在一些人为的或者非人为的威胁因素，而威胁只有利用了信息资产的弱点之后，才会转换为对信息资产的风险；

④ 安全风险的存在使用户产生了对安全的需求，安全需求只有在采取了

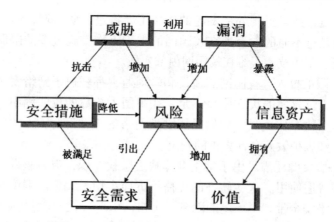

图 4 - 2　ISO13335 以风险为核心的安全模型示意图

适当的安全措施以后，才能够被满足。

根据以上网络与应用系统所描述的信息资产分析的结果，进一步从安全威胁、安全弱点进行全面的分析，从而归纳出 FULink 数据中心所存在的常见安全风险，并引导出对安全防护体系的需求。

（2）常见网络安全风险。用户网络中通常存在如表 4 - 1 所示的网络安全风险。

4.1.3　建设内容

针对当前存在的几个网络安全需求，我们提出了一个安全保障方案，总体拓扑图如图 4 - 3 所示。

（1）部署防火墙

防火墙是指设置在不同网络（如可信任的组织内部网和不可信任的公共网）或网络安全域之间的一系列部件组合。防火墙通常位于不同网络或网络安全域之间信息的唯一连接处，根据组织的业务特点、行业背景、管理制度所制定的安全策略，运用包过滤、代理网关、NAT 转换、IP + MAC 地址绑定等技术，实现对出入网络的信息流进行全面的控制（允许通过、拒绝通过、过程监测），控制类别包括 IP 地址、TCP/UDP 端口、协议、服务、连接状态等网络信息的各个方面。防火墙本身必须具有很强的抗攻击能力，以确保自身的安全性。通过防火墙可以对使用互联网的人员进行审计，详细记录网络的使用情况，在发生安全事件时有据可查。

表 4 – 1　FULink 数据中心网络安全风险

信息资产	威胁来源	存在弱点	安全风险
数据资产	非人为威胁	硬件平台脆弱性	存储介质损坏，数据丢失
		管理脆弱性	没有备份机制，系统遭到物理破坏后无法恢复
	人为威胁	网络结构脆弱性	搭线窃听，机密数据泄露
			协议自身存在安全隐患，造成拒绝服务攻击，信息无法被正常访问
		系统和应用脆弱性	利用操作系统漏洞发起攻击，获取访问权限，进入系统造成信息外泄
			利用应用程序漏洞，发起攻击，破坏应用系统的正常运行，造成重要信息外泄
			利用系统弱点，造成病毒传播，破坏数据完整性
			攻击者利用系统和应用系统的弱点，发起拒绝服务攻击，破坏数据的可用性
		网络访问脆弱性	没有严格的访问控制措施，对重要信息的非授权访问，造成重要信息的泄密
			针对外部访问区域和 IDC 区域等访问用户，数据以明文方式经各区域传播时被窃取和篡改，破坏数据的机密性和完整性
			对于信息发送缺乏抗抵赖措施，信息发送者可以轻易否认发送过某条消息，或者接收者轻易否认接收过某条信息。
		管理脆弱性	没有统一的审计手段，对内部员工对数据的访问和获取行为没有监控手段，发生安全事故时无法取证
			员工安全意识淡薄，随意处理存储的数据，造成数据丢失。
			缺乏有效的管理制度，因操作失误导致信息泄露事件后，没有相应的处罚制度

续表

信息资产	威胁来源	存在弱点	安全风险
物理资产	非人为威胁	系统和应用脆弱性	系统存在安全缺陷，引起病毒传播，有些病毒会引起硬件平台的损坏
		硬件平台脆弱性	硬件平台技术落后，没有足够的容错能力，造成硬件平台被损坏
			硬件平台的运行环境恶劣，对硬件平台没有足够的防护能力，造成物理资产运行故障，而引起系统的瘫痪
		管理脆弱性	没有可靠的物理资产管理手段，物理资产被随意挪用
			对设备的盗窃和毁坏的风险，设备可能损坏或丢失
	人为威胁	网络结构脆弱性	协议自身弱点，攻击者发布假路由，导致路由混乱，无法正常转发数据和访问
			外联部分没有任何隔离措施，会遭到地址欺骗攻击，影响网络转发效率
		系统和应用脆弱性	系统存在安全缺陷，引起病毒传播，有些病毒会引起硬件平台的损坏
			大规模蠕虫充实网络，引起网络设备瘫痪，无法正常工作
			对外信息发布区域与互联网没有隔离和访问控制措施，很容易被黑客攻陷，成为"傀儡主机"
			发送大量垃圾邮件阻塞网络，影响网络设备正常工作
			对外发布信息的服务器，因WEB服务脚本的安全漏洞，遭到远程溢出攻击，导致服务器无法正常工作
			没有完善的信息机房进入手续，或有但没有严格执行，攻击者会很容易进入机房进行破坏

续表

信息资产	威胁来源	存在弱点	安全风险
物理资产	人为威胁	管理脆弱性	对设备缺乏统一的管理和审计手段，特别针对安全设备，设备形成的日志没有关联分析，无法对隐含的攻击信息做出反应。
			网络设备或重要服务器口令管理不当，被攻击者获取后修改设备参数配置或服务器配置
			大量的外连网络，在没有严格访问控制情况下，应用系统被非授权访问
软件资产	人为威胁	网络结构脆弱性	应用系统访问口令明文传递，被窃取后遭到攻击
			利用 IIS 可执行命令，发起 UNICODE 攻击，获取对系统的控制权限
		系统和应用脆弱性	利用邮件服务器传播病毒，或发布垃圾邮件，阻塞网络
			利用 TELNET 进行拒绝服务攻击
			访问没有严格控制，导致非授权、非法访问的发生
		网络访问脆弱性	数据在网络中以明文形态传递，有可能被窃取造成机密数据外泄
			硬件平台存在安全隐患，造成系统停滞，影响业务
		硬件平台脆弱性	网络或安全设备的管理登录密码没有按照制度进行更换，或没有安全密码的管理制度，造成密码强度不足，容易被破解而侵入系统
		管理脆弱性	没有完善的信息机房进入手续，或有但没有严格执行，外来人员直接对系统进行操作，造成破坏

在 FULink 中心机房的网关处部署一台黑盾防火墙（HD – FW），来满足网络边界安全防护和访问控制的需求。主要用于：

① 帮助共享平台中心机房建立一套完备可行的网络安全和网络管理策略；

② 在内外网上设置隔离手段，将共享平台内部网与其他网络隔离；

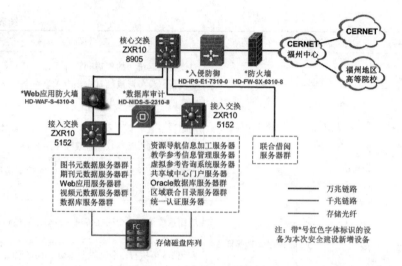

图 4 – 3 网络安全解决方案

③ 成员馆及技术友商需要有安全的方式通过互联网连接共享中心；

④ 建立全面的用户权限认证体系，健全系统访问日志，提供有效的监督机制。

黑盾防火墙采用软硬一体化的体系架构，量身定制专业的安全操作系统，具有独特的数据流处理和控制能力，紧密结合大中小型网络用户的需求特点，免维护、即插即用，充分满足了大中小型网络用户对防火墙高安全性、高性价比、易管理的需求。该产品技术要点如下：

① 采用内核深度包检测（Kernel Deep Packet Inspact）技术，实现从第 2 层的帧过滤到第 7 层的应用识别过滤，能实现对 P2P 应用监控与管理。

② 支持路由、透明和混合模式三种工作模式，具备完善的地址转换功能。

③ 具备灵活易用的规则（策略）设定模式；针对 IP、MAC、网络接口、用户名、时间、协议等元素能提供强大安全策略功能，灵活应对网络风险；提供服务器负载均衡，并具备多种调度算法：轮询、加权轮询、最少连接、加权最少连接、源地址分配。

④ 具有完善的攻击防御功能。在桥模式下支持 IP，ARP，IPX，NETBEUI 等帧类型过滤，可对 ARP 协议操作码过滤支持 ARP 请求，ARP 答复命令级的过滤，防御 ARP 病毒，并可实现 ARP 代理。

⑤ 支持 VPN 功能，并能与我馆现有使用的防火墙产品（黑盾防火墙）进行 VPN 互联。

⑥ 支持 FTP 命令级过滤，支持的命令有上传文件、下载文件，删除文件等命令，对 FTP 高级过滤可以精确到文件名通配符过滤，如 *.txt。

⑦ 审计功能：支持管理员操作审计、系统审计；日志由专用数据库接收，支持条件查询和统计；日志分类：访问日志和流量信息、攻击和安全规则日志、VPN 系统应用日志、身份认证日志、URL 信息日志。

（2）部署 Web 应用防火墙

Web 应用防火墙主要用于共享平台主页（www.FULink.edu.cn）、文献提供系统主页、联合借阅系统主页等 Web 网站，这些网站是共享平台对外的形象，也是一个用户首先访问的门户，通常也是最先在网络伤害行为中受到威胁的环节。为了满足网站服务器的安全需求，维护单位的形象和声誉，必须保证各类用户访问的 Web 页面不被挂马或者非法篡改。维持 Web 页面的安全性，采取积极主动的预防、检测措施，防止他人破坏，造成操作系统停运或服务瘫痪。为 WEB 发布提供统一管理平台，实现对 WEB 应用全方位的安全防护，阻断常见的应用扫描、应用攻击、应用 DoS、应用数据流侦听等恶意行为。确保网站服务器不被用做跳板来进一步侵入内部网络，使内部网免遭破坏，同时避免不必要的麻烦甚至法律纠纷。

在连接 Web 网站服务器的接入层交换机到核心交换机之间的链路上部署黑盾 Web 应用防火墙（HD - WAF），主要用于防止以下攻击行为：

① 利用病毒、蠕虫、木马和间谍软件等恶意代码，破坏系统；

② 利用系统漏洞，使用缓冲区溢出方式获得管理员权限，从而任意修改网站内容，窃取信息；

③ XSS 攻击，即跨站脚本攻击。恶意攻击者往 Web 页面里插入恶意 html 代码，当用户浏览该页面时，嵌入其中 Web 里面的 html 代码会被执行，从而达到恶意用户的特殊目的；

④ 利用 DOS、DDOS 等方式，造成服务瘫痪；

⑤ 利用网站应用漏洞使用 SQL 注入或跨站攻击等方式，获得系统或数据库管理员权限，从而达到网页篡改或破坏网页的目的。

黑盾 Web 应用防火墙（HD - WAF）可以针对 Web 应用安全威胁，做到对事前、事中、事后等 WEB 攻击过程的防护，从重点攻击对象出发，关注 75% 位于 WEB 应用层次上的攻击。Web 应用防火墙实现了恶意代码主动防御、网页的文件过滤驱动保护、防跨站攻击、防 SQL 注入、双机热备、网络应用与防护等功能。该产品技术要点如下：

① 支持透明模式部署、路由模式部署、网关模式部署、旁路模式部署；

应能支持 VLAN 划分，支持多 VLAN 环境下的部署；应支持链路聚合（Channel）部署，提高链路带宽；支持网络层访问控制，支持 URL 级别访问控制，支持 IP 级别黑、白名单；

② 可对下列事件产生审计记录：对攻击事件进行相信审计，要能记录访问的时间、IP、事件类型、资源、参数等；对受保护的内容访问的升级；对与系统自身安全相关的事件产生审计记录；

③ 支持系统的离线升级；支持规则库的离线升级及在线自动升级；定期提供规则升级；紧急事件第一时间提供升级。

④ 支持 ARP 绑定；支持静态路由管理，支持多级用户管理；对授权进行严格管理；

⑤ 可充当负载均衡设备，应至少同时支持 Windows、Linux、Unix 三个操作系统的网页防篡改

⑥ 支持 Syn – Proxy 代理模式抵御 D. Dos 攻击；应能支持对 Http 的 GET CC 攻击防范；支持 SYNFlood，ICMPFlood，UDPFlood 防范；应能支持对每服务器进行的 Icmp，Udp，Tcp 的流量控制。

（3）部署数据库审计

数据库是网络信息数据的载体，数据库系统是信息系统的心脏，在上面存储了 FULink 核心数据。从近年来发生的安全事件来看，数据库安全问题远远不止是物理层面安全和网络层面的安全，数据库系统面临着从安全管理到安全技术等各方面的安全隐患，这些风险将会给共享平台业务带来严重的影响，可能会造成一定的经济损失，或引起法律的纠纷，而且这些事件难以追查和弥补。因此，很有必要购买一台数据库审计设备来保障数据库信息的安全。

数据库审计系统主要用于：

① 独立审计工作模式，记录所有对数据库的访问操作；

② 启用引擎规则配置进行数据包的采集过滤，过滤用户无关的数据语句；

③ 通过字段级的细粒度审计规则和实时告警机制及时发现错误操作和非法操作；

④ 通过线速采集，确保所有数据库活动的 100% 完整记录，通过自定义查询能够快速查看所有记录，并提供会话查询，便于更加清晰地了解完整的会话过程；

⑤ 灵活的审计规则与审计引擎，实现对所有数据库操作的细粒度审计；

⑥ 对安全事件提供精准的，基于记录内容的行为检索；

⑦ 旁路部署对现有系统无需进行任何改造。

黑盾数据库安全审计系统是基于旁路审计原理，通过旁路监听的方式接入网络，系统采用旁路接入部署方式，只要在交换机上设置端口镜像或采用 TAP 分流，不需要对现有的网络体系结构（包括路由器、防火墙、应用层负载均衡设备、应用服务器等）进行调整。系统实现对各种数据库用户对数据库的查询、新增、删除、修改、授权等各种操作和用户行为进行深入分析，并提供多种对审计结果的灵活方便地查询方法、审计报表，供数据管理者取证、查询、分析、决策。

黑盾数据库安全审计系统（HD–SAS）的技术要点如下：

① 产品支持审计数据中心和审计引擎分离的结构，一台审计数据中心可以至少支持 2 台以上的审计引擎；审计引擎至少支持两路监听，可以同时进行至少两个审计数据源采集。

② 支持对 Oracle，Microsoft SQL Server，DB2，Sybase，Informix、MySQL、等数据库的审计。

③ 支持对 TELNET、FTP、SSH 等远程操作行为及 RDP、VNC 远程桌面访问行为的会话级别审计。可以对 WEB 中间件（比如 WebLogic、WebSphere 等）及审计系统自身的事件进行审计。

④ 审计数据可以永久备份保存，并能够自动完成审计数据压缩，对备份的审计数据进行加密存储。

⑤ 强大的审计分析功能，可以对数据查询、DML、DDL、DCL 等数据库语言进行完整审计分析，同时还可对 DBCC，SP_ ＊，OPENDATASOURCE 等、ORALCE 特有操作、用户自定义存储过程、特定字符串等进行审计。

（4）VPN 组网

福州地区大学城文献信息资源共享平台由福州大学、福建师范大学、福建农林大学、福建医科大学、福建中医药大学、福建工程学院、福建江夏学院、闽江学院等 8 所高校和厦门大学共同参与建设，平台中心设在福州大学图书馆。8 所高校图书馆通过福建省教科网线路（租用电信线路）与福州大学图书馆连接。目前共享平台中各高校图书馆间的数据传输使用的并非专用信道（非专线），其中流转的业务数据流也为应用系统生产的明文数据流，没有经过专业的安全加密，具有一定的安全隐患。待传输的业务数据如果没有进行必要的加密处理，可能导致关键数据在传输过程中被截取后，篡改、盗用等，易使业务系统陷入混乱，甚至瘫痪。

VPN 是一个虚拟的网，其重要的意义在于"虚拟"和"专用"。为了实现在公网之上传输私有数据，必须充分考虑其安全性。VPN 技术主要包括两个要点：隧道（Tunnel）和数据安全协议（IPSEC），其中所体现的加密和用户授权可为 FULink 上进行数据通信提供必要的安全保证。通过 IPSEC VPN 技术，在各高校图书馆前架设带 VPN 功能的防火墙（两两间采用网关对网关的 VPN 架设方式）实现 FULink 的安全通讯，实现通信数据的加密传输。

该设备技术要点如下：

① 配置万兆 SFP 接口；并发连接数 ≥5，000，000；每秒新增会话数 ≥180，000；整机吞吐率 ≥12G。

② 支持路由、透明和混合模式三种工作模式，具备完善的地址转换功能。

③ 采用内核深度包检测（Kernel Deep Packet Inspact）技术，实现从第 2 层的帧过滤到第 7 层的应用识别过滤，能实现对 P2P 应用监控与管理。

④ 具备灵活易用的规则（策略）设定模式；针对 IP、MAC、网络接口、用户名、时间、协议等元素能提供强大安全策略功能，灵活应对网络风险；提供服务器负载均衡，并具备多种调度算法：轮询、加权轮询、最少连接、加权最少连接、源地址分配。

⑤ 具有完善的攻击防御功能。在桥模式下支持 IP，ARP，IPX，NETBEUI 等帧类型过滤，可对 ARP 协议操作码过滤支持 ARP 请求，ARP 答复命令级的过滤，防御 ARP 病毒，并可实现 ARP 代理。

⑥ 支持 FTP 命令级过滤，支持的命令有上传文件、下载文件，删除文件等命令，对 FTP 高级过滤可以精确到文件名通配符过滤，如 ∗.txt。

⑦ 支持双机热备；支持防火墙自身 IP 冲突声音报警。

⑧ 具备灵活的带宽流量管理功能及强大的并发数控制功能。

⑨ 支持 VPN 功能，同时采用 SSL VPN 和 IPSEC VPN 功能，以便于支持采用通过国家密码管理委员会鉴定的密码卡所提供的加密算法，以及标准的 IKE 与第三方互联互通。

⑩ 支持 IKE/IPSEC 协议标准，支持加密算法（DES、3DES）、国密办算法及数字签名算法（MD5、SHA-1），支持 PPTP VPN，GRE VPN、动态 VPN 等多种 VPN 功能。

⑪ 可以提供多种方式的管理模式，具备友好的图形用户操作界面，无需客户端管理软件，同时可以提供多种方式的管理模式，如：ssh，snmp，telnet 等管理方式。支持方便的配置备份与恢复功能。

VPN 组网的优势如下：

① 数据经过压缩、加密，传输更加安全可靠。

② 可扩展性好，可以灵活增删 VPN 节点，便于集中控制访问权限

③ 连接方便灵活，配置好 VPN 连接后，应用系统变动引起的网络变动不需通过网络中心就可配置

④ 只需一个公网 IP 即可连入 VPN 专网

⑤ 相对专线方式成本更低

缺点主要有以下几点：

① 网络上多个设备多个故障点

② VPN 设备采购需要费用

③ 不同品牌设备间存在兼容性问题

4.2　自动化集成系统

FULink 建设任务书中要求统一自动化集成系统，从而达到福州大学城八家大学图书馆较高程度的跨校图书借阅机制。为了实现这个目标，FULink 专门成立一个临时工作小组：福州大学城自动化系统特别工作组，开展一系列调研活动，以确定技术路线。

4.2.1　系统调研

2010 年 12 月 7 日至 12 日，由福州大学城 8 家高校图书馆技术小组成员组成的自动化系统特别工作组一行 8 人，在厦门大学图书馆萧德洪馆长带领下，对广东省深圳市、东莞市、广州市的部分高校图书馆及公共图书馆的自动化集成系统进行考察调研。此行的目的是通过考察珠三角地区（含广州、深圳、东莞）所用的各类图书馆自动化系统，确定三个系统进入论证。本次考察主要从系统的基本情况、网络与平台、基本功能、扩展性、共享性及缺陷与问题等方面进行，共走访了 3 个城市 8 个图书馆，听取了相关专家的自动化集成系统应用报告，并深入到各图书馆业务部门进行系统模块的具体操作。10 日与广东省图工委共同组织"自动化集成系统"研讨会。11 日上午在暨南大学图书馆会议室召开考察总结会议。会议达成如下共识：

（1）确定入选论证系统。经过讨论，大家一致同意以无记名方式推选三个系统进入论证。最后，江苏汇文软件有限公司开发的 Libsys 系统（9 票），广州图创公司开发的 Interlib 系统（7 票），北京邮电大学图书馆开发的 Melinets 系统（3 票）入选。

（2）确定对三个系统进一步调研考察的分工。指派人员分别负责各系统

每个模块的调研、论证，于 12 月 31 日前上交研究和试用报告。

（3）确定论证方式。会议原则决定，不再外出考察，择期在福州召开论证会，邀请入围的三个系统供应商到现场说明。特别工作组根据评分表给出分数，最后推荐一个系统作为各馆更换系统的参考。此前，完成系统功能需求书的细化和修订。

（4）相关的标准规范研究。考察组也讨论了统一平台的相关规范工作。包括图书条码、馆藏代码及各馆馆藏点的统一规范，也包括系统中必须考虑到图书馆各项业务如流通、编目、自助借还、门禁等接口的标准。

（5）"技术引领"可以为服务工作的提升起到助推作用。会议建议各馆馆长应摒弃各自为政的观念，努力合作，向集中式的统一服务模式靠拢，尽量形成更少的中心乃至最终只采用一个中心系统，以达成真真正正的统一服务。

4.2.2　可选系统

（1）Libsys 图书馆管理系统技术要点①

①开放的系统平台：

• 采用 Client/Server、Browse/Server 体系结构，运用中间件技术，创建开放的、创新的、可扩展的、基于图书馆文献资源共享和文献服务共享的分布式应用软件系统。

• 支持多种操作系统平台。如 Windows 2003，各种 Linux 版本，Solaris，AIX，HP – UNIX，SCO UnixWare 等。

• 采用大型关系型数据库 Oracle 作为数据库服务平台。

• 支持 TCP/IP、NetBEUI 等多种通讯协议。

②网络化、数字化、专业化的业务服务：

• 网上预约、续借、异地委托借阅、订购征询、教参书推荐。

• 提供网上新书、定题、专题、连续出版物的目次或者全文链接等信息的个性化推送服务。

• 网上催缺、预约到书、优先阅览等服务信息的发布。

• 基于 Z39.50，支持 CALIS 的联合联机目录的管理。

• 支持地区性的网络馆际互借服务。

---

① 江苏汇文软件有限公司．［EB/OL］．［2015 – 10 – 06］．http：//www.libsys.com.cn/libsys.php

- 支持与其他标准开放型的管理系统的数据交换。
- 支持第三方自助式借阅终端。
- 支持一卡通实现借阅服务解决方案。

③所有的业务处理均严格支持并遵循相关的国际或国家标准：

- ANSI/NISO Z30. XX 系列标准
- ISO 10160，ISO 101601
- 中国机读目录格式标准
- 中国机读规范格式标准
- MARC 21 Format for Bibliographic Data
- MARC 21 Format for Authority Data
- GB 3792 – XXXX 规则
- 中国文献著录规则
- 西文文献著录规则
- International Standard Bibliographic Description （ISBD）
- Anglo – American Catalog Rules，AACR – 2 英美编目条例
- CALIS 古籍元数据规范

④可靠的安全机制：

- 提供虚拟网络、操作系统、数据库、应用程序模块四级安全管理机制。
- 提供应用程序分组、分级的权限管理。
- 提供个别、批量、手工或自动的系统数据全部或者部分的备份功能。
- 提供对数据库的卸载、加载和重组操作。

⑤强有力的用户服务与技术支持：

- 提供网上技术咨询与业务指导。
- 系统最新更新的网上发布与下载。
- 用户服务器的远程维护。

（2）Interlib 图书馆集群管理系统技术要点①

Interlib 图书馆集群自动化管理系统是新一代的文献信息管理系统，采用 B/S 模式，开放的多层结构体系，基于 Internet 实现传统业务管理与海量数字资源管理的结合。Interlib 作为资源共建共享的新的实现形式，通过 Internet 网络、校园网、城域网将图书馆联合起来，组成一个区域性的虚拟图书馆群，

---

① 广州图创计算机软件开发有限公司．［EB/OL］．［2015 – 10 – 06］．http：// www. interlib. com. cn/tcsoft/web/information. do？actionCmd = view&id = 139

建立一个区域图书馆群的电子化、数字化、网络化的立体信息空间，同时通过开放的多层结构达到与国内外其他图书馆的资源共享与协作，真正意义上实现图书馆群的资源管理和业务协作。

Interlib 图书馆集群管理系统是全新的第三代图书馆系统，它作为资源共建共享的新的实现形式，打破了各图书馆单位所有，条块分割的局面，将城市图书馆群或高校多个校区的图书馆作为一个整体进行管理，从而能达到资源共建共享、合理配置和图书馆之间互相合作的目的。

Interlib 图书馆集群自动化管理系统采用 B/S 架构，使用 Java 技术，遵照 J2EE 标准，三层体系结构，满足安全性和系统可伸缩发展的需求，符合 IT 技术的发展潮流。

Interlib 系统采用 B/S 架构不但能够很好地满足图书馆的业务管理需要，还符合网络和云计算环境下的图书馆联盟、资源共享等新的服务需求。Interlib 系统具有较好的扩展性和安全性，具备强大的技术升级能力，整体支持跨平台，可以在各种主流硬件平台和操作系统上运行，此外支持主流的 Web 服务器，容易整合各种资源，使用方便，采用浏览器就可以访问、管理整个系统平台。

Interlib 系统是围绕着图书馆群的总体建设内容设计的，实现了城市图书馆群、高校多校区、跨行业图书馆联盟下的文献资源采访、编目、流通、文献资源管理、合理分配等一整套流程，实现了文献资源的有效共享，同时提供全文传递、个人图书馆等特色服务。

Interlib 系统设计建立在以用户为中心、以人为本的基础上，采用工作流方式，与业务紧密结合，操作流程便捷实用，充分考虑到了工作人员的工作习惯及特点，解决了图书馆计算机专业人员少、系统操作使用复杂等问题。

Interlib 系统是基于当代图书馆发展方向而开发的大型图书馆文献信息管理系统。该系统以商业数据库（Oracle、SQL Server 等）为核心，采用流行的 B/S 架构方式，处理传统的图书馆业务信息。除此之外，还包括图书馆联盟的联合－协调采购、各成员馆的联合编目、联合目录自动构建和实现、联盟间的通借通还等传统 C/S 系统所难以跨越的网络技术问题。

（3）Melinets II 系统（现代电子化图书馆信息网络系统）技术要点①

MELINETS II 是基于 Internet 环境应用的大型图书馆信息管理系统软件，在系统研制初期课题研制组即提出了面向实用、面向网络、面向标准的基本

---

① 北创软件．［EB/OL］．［2015－10－06］．http：//www. bcrj. com. cn/MELINETS% 20II. htm

设计思想，使最终成型的系统充分体现了用户功能模块的完整性、界面的良好性、功能参数设置的灵活性等特点，并且具有强大的广域网环境应用服务功能，在数据库存贮级、应用检索级、用户界面级均实现了各种不同国际、国内标准与协议的应用。四个功能应用系统产品分别是图书馆业务应用系统、区域资源合作共享应用系统、行政业务管理系统和计费与电子阅览室管理系统。可广泛适用于大、中、小各种类型的图书馆、信息中心、文献信息服务机构及地区性或行业性文献信息资源共享中心等的应用需求。

MELINETS II 采用 CLIENT/SERVER 或浏览器/应用服务器/数据库服务器三层网络体系结构模式，数据库平台采用 SYBASE/ORACLE 关系数据库管理系统，使用 POWERBUILDER、C、JAVA 等开发工具研制而成的。服务器端的设备可选用高档微机、专用服务器以及中、小型机，操作系统可选用 NT、UNIX、IBM、AIX 等；客户端的设备可选用 586 以上的微机，可运行于 WIN7/XP/VIAST/NT/2000 下。

MELINETS II 是发展创新的新一代图书馆自动化系统。它除了拥有以前细致的业务处理功能，更增加了移动图书馆、馆长决策、移动办公、学术论文提交、自助借还等系统和功能，为广大读者和图书馆馆员带来更多的方便。MELINETS II 全面支持分馆、虚拟馆、系部资料室与图书馆共用系统的要求，提高系统整体可管理性，并实现了分馆的独立采编，满足资源共享的需要。

主要特点：

① 先进的技术起点，规范的设计思路

② 支持多种数据接口，坚持接口的标准性与开放性

③ 采用先进的多分馆、虚拟馆接入模式

④ 支持移动办公，便于采购人员外出采购、在家办公以及分馆网上实时借还图书的需要

⑤ 为图书馆馆长打造的决策办公系统

⑥ 具备图书馆一卡通功能

⑦ 支持图书馆 24 小时的自助借还服务，支持图书盘点功能

⑧ 规范控制提高信息检索的查准率与查全率

⑨ 多项设置允许自定义，增强系统灵活性

⑩ 灵活多样的参数设置控制各个分馆之间合作的紧密度，保证系统运行的安全性

⑪ 友好的操作方式，使用更加方便

⑫ 崭新美观的界面风格

⑬ 采用先进的大型关系型数据库

⑭ INTERNET 网上应用，信息量大，更好地满足用户的需求

4.2.3　异构平台方案

自动化系统特别工作组按照如下条款对三个软件逐条进行比对：

（1）基本情况

① 用户普及度和用户规模，典型用户

② 成长性及响应能力，后续开发能力

③ 适用度。支持不同硬件、不同规模和不同 OS 平台

④ 公司的变化与未来趋势

（2）网络与平台

① 支持 Windows 和 Linux 操作系统平台

② 支持 Oracle 数据库

③ 支持 TCP/IP、NetBEUI 等通讯协议

④ 全面支持 Web service，多数采用 B/S 工作模式

（3）基本功能

① 集成图书馆全线业务流程管理

② 流程设计的合理性

③ 支持多个分馆和无限的藏书点

④ 检索系统支持网上预约、续借、异地委托借阅

⑤ 支持 Z39.50，支持 CALIS 的联合联机目录

⑥ 支持第三方自助式借阅终端

⑦ 灵活与高效的在线统计功能

⑧ 支持一卡通实现借阅服务解决方案

⑨ 特别业务模块：如外文编目、期刊记到与装订、电子图书的工作模式及其成熟度、丰富和方便的数据的批处理功能

（4）扩展性

① 与一卡通系统、RFID 自助系统的同步模式

② 外围软件的丰富程度

③ 区域共享软件包开发的可行性

④ 与其他机构的合作程度

（5）共享性

① 读者跨馆认证机制

② 对不同馆读者的重复证件的识别机制

③ 其他馆读者在本馆借阅的响应权限

④ 联合目录的形成机制和联合目录查询功能

⑤ 通借通还服务的流程设计与实用性

⑥ 各图书馆间的跨馆借阅的统计功能

⑦ 跨馆违章记录的管理功能

⑧ 物流记录的管理理：书刊流通划到、书刊接收、书刊回库、书刊验收、委托到书处理等事务管理

⑨ 跨馆结算功能

（6）缺陷与问题

① 存在的重大缺陷（不可改变）

② 存在的主要问题（需要做重要调整）

③ 存在的次要问题（能根据需要给予调整）

④ 升级预期

自动化系统特别工作组通过讨论、答辩、投票，最终选定两个系统：Libsys 系统和 Melinets 系统，由各馆自行决定，择期更换。

最终，福建师范大学图书馆、福建工程学院图书馆、福建中医药大学图书馆、福建农林大学图书馆选择 Libsys 系统。福州大学图书馆、福建医科大学图书馆、闽江学院图书馆、福建江夏学院图书馆选择 Melinets 系统，FULink 的资源整合、部署的信息服务应支持以上两个系统，形成异构平台建设方案。

4.3　网站建设

随着互联网行业的发展，Google、Baidu 等新兴互联网信息服务商不断向图书情报领域扩张，图书馆的传统服务领地正在不断地被蚕食。2005 年，OCLC 发布统计报告《大学生对图书馆和信息资源的认知》指出：89% 的大学生使用搜索引擎开始信息检索，只有 2% 的大学生从图书馆网站开始信息检索。

面对图书馆用户不断流失这一严峻的形势，图书馆门户网站建设还未引起业界足够的重视。图书馆门户建设还存在着设计简单、功能单一、用户体验差、个性不突出、缺乏主动服务、读者满意度低等问题，这些都最终导致图书馆花费大量经费购置的电子资源没有得到充分利用，图书馆提供的各项服务没有得到充分认可。

FULink 是以网络为主要服务渠道，FULink 网站作为大学城图书馆联盟对外服务的一扇窗口，如果建设不好就不能有效地提升 FULink 数字资源的利用效率和信息服务能力。为此，FULink 积极加强网站建设，推出了集整合检索、服务集成、学科导航、互动咨询和信息发布于一体的 FULink 网站。它不等同于一个简单的网站，它是一个以提升图书馆资源利用为核心、以强化读者服务为导向的综合信息平台。

4.3.1　网站首页

FULink 网站设计以绿色为主色调，突出了 FULink 做为一个图书馆联盟的合作理念。整个网站首页内容分为三大部分：第一部分为统一检索框，突出满足用户的文献检索需求；第二部分为服务导览，对 FULink 的资源、服务等进行导航设计，为用户提供清晰的资源和服务获取向导，便于用户快速获取自己所需要的资源或服务；第三部分，为成员馆 ICON 导航，用户可以快速点击进入感兴趣的图书馆主页。如图 4－4 所示。

图 4－4　FULink 网站首页

4.3.2　功能模块

FULink 网站主要有以下功能模块：

（1）信息发布系统。包含首页热点新闻管理，各专业工作组文件上传与下载等。

（2）用户管理。通过账号与密码来管理，可检索文献提供系统的后台数据，可配置的统计报表和使用报告。

（3）大学城馆际联合借阅。包含在线联合目录、联合借阅操作流程、申请入口、读者登录，以及各馆信息。

（4）馆际互借。全省各大学的共享系统，结合 CALIS 统一认证系统，使用 CALIS 馆际互借系统共享版。

（5）文献提供系统。简单查询置首页，点击进入高级检索功能。

4.3.3　网站栏目

详细栏目见图 4 – 5FULink 网站地图。

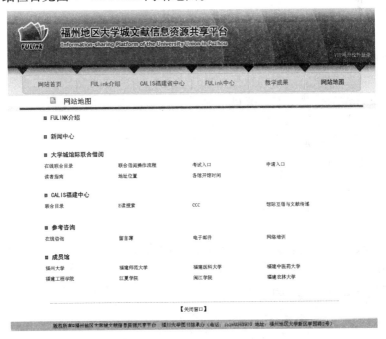

图 4 – 5　FULink 站点地图

第五章　FULink 资源共建

全文数据库是用户需求获得最终满足的文献信息资源。在大学城图书馆联盟中，有两种方式实现信息资源的共建共享。其一是联合采购引进资源，联盟本着"协调采购、减少重复、资源互补"的原则，"成员馆自筹经费为主，上级补贴为辅"的思路，针对联盟内教学科研的实际需要，通过联合采购方式大力引进国内外优质学术文献资源，缩小与国内外其他大学之间文献获取水平的差距。其二是联合建设特色资源，鼓励和支持各成员馆开展特色文献数据库、联合学者库、学位论文摘要数据库、零散电子全文资源管理系统的建设，并互相开放已解决版权的自建资源。

5.1　联合采购模式

数据库资源联合采购是指由若干图书馆自愿组成集团，共同推举谈判代表与数据库资源提供商谈判价格与使用条款，最终购买合同则由提供商与各成员馆签订，购买费用由各成员馆自行支付给提供商的一种新型的电子资源购买方式[①]。以图书馆联盟的形式联合采购数据库不仅是国际图书馆界适应网络环境的需要，实现资源共享、消除数字鸿沟的新举措，而且是一种非常有效和常用的采购模式。

图书馆联合采购的优势：

（1）联盟可以在与数据库提供商价格博弈中取得优势，节省合同谈判过程中耗费的时间、精力和资金，争取到更优惠的价格，减少腐败风险；

（2）便于以联盟名义要求数据库提供商改进工作，提供更好的服务及技术支持；

（3）促进联盟内各图书馆之间的宣传、培训、服务和使用数据库资源方

---

①　强自力. 电子资源的"国家采购"［J］. 图书情报工作，2003（4）：9－12

面的交流，有利于提高图书馆工作人员的业务水平①；

（4）可以缩小联盟内大中小型馆信息资源的差距，易于实现图书馆信息资源的共建共享，利于促进馆际合作；

（5）方便联盟对各成员馆数据库资源的了解，以提供资金补贴。

5.1.1　TALIS 买断模式

中文期刊方面，TALIS（天津市高等教育数字图书馆）已经以区域联盟买断形式先后购买了维普、万方、同方知网、人大复印报刊等。这些数据库收录的期刊基本覆盖了目前国内出版的主流期刊，对中文重点核心期刊的保障率已达到 100%。

外文期刊方面，TALIS 已经以区域联盟买断形式先后购买了 SpringerLink、WSN、Emerald、EBSCO 的 ASC 和 BSC 等外文电子期刊数据库。此外 TALIS 还买断了 SCI、CSA、CCC 等外文文摘索引库。调研结果表明 TALIS 订购的外文电子期刊平均可以为天津市重点建设学科提供 30.12% 的外文核心期刊保障；各校自行订购的外文电子期刊使重点学科的文献保障率平均提高了 6.22% 个百分点。

同时，TALIS 还买断了《超星数字图书馆》、《中国数字图书馆电子书》、《方正 Apabi 教参书》、《文渊阁四库全书》、《美星外文电子书》等中外文电子书资源。

TALIS 的地区集团联合采购模式②在高校电子资源的引进、建设方面发挥了巨大的作用，大大降低了各成员馆的购买成本，提升了图书馆电子资源的整体保障能力和服务水平，有力地支撑和促进了高校教学科研工作的开展，使经济效益及社会效益最大化。

5.1.2　JULAC 分摊模式

合作发展委员会（CDC）是 JULAC③ 的一个负责合作购买数字资料的专门机构，成立于 1999 年 5 月，起初只是特别工作小组，后逐渐发展成由两位

---

① 杨毅，周迪，刘玉兰. 集团采购——购买电子资源的有效方式 ［J］. 大学图书馆学报，2004（3）：6-9

② 熊军洁. TALIS 电子资源建设效益分析——以天津农学院为例 ［J］. 农业图书情报学刊，2011（12）：39-41

③ 陈宇青，彭仁贤. 21 世纪数字图书馆联盟：香港 JULAC（大学图书馆长联席会）实例 ［J］. 图书情报工作，2003（9）：6-10

JULAC 委员做主席，每个 JULAC 成员图书馆各派一名代表组成的委员会。该委员会没有运作资金，也没有专职管理人员，完全依靠其成员的努力开展工作。CDC 主要负责谈判方面的工作，其他问题如支付、解决存取数据等由每个成员图书馆自己处理。2007 年，CDC 为会员谈判购买的数字资源不到商家定价的 60%，经济效益相当可观。

2008 年 11 月，JULAC 同意 CDC 改名为 CONSORTIALL。CONSORTIALL 整合了 CDC、HKMAC、ERALL 三个有关图书馆资源合作采购的委员会，简化为一个委员会，委员角色不重复。它扩展了原来的职责范围，以增强议价能力、扩大联盟在市场上的知名度，争取为成员取得更大的折扣为己任。

CONSORTIALL 代表 JULAC 各成员馆与供应商联络、议价、商讨细节和提出采购建议。也负责与香港以外其他高校合作购买团体商讨合作协议。必须有两个或以上的成员馆参与采购，才可以组团。CONSORTIALL 最关注的是如何能够持续地为使用者提供主要的学术数字资源，要考虑的因素包括：永久使用权、内容托管安排、镜像网站、共享平台、持续费用、对图书馆馆藏及经费之影响、使用者的期望等。

5.1.3　CDL 的总分馆模式

加州大学（University of California，UC）共有 10 个校区。CDL（California Digital Library）启动于 1997 年[①]，最初是从学校的 UC Automation 分离出来的，现在是独立的部门。CDL 刚成立的时候，各校区图书馆担心机构重叠而不太认可，由于 CDL 出色的工作，比如电子资源采购可以节约 10 - 50% 的经费，各校区图书馆从中可以获取更多的利益，CDL 逐渐被接受并承认了。

CDL 的经费来源于三个方面：UC 大学预算中有一部分支持 CDL 运作；UC 大学规划中有一部分划归图书馆的经费，归 CDL 管理，但要对图书馆公开；来源于 10 个校区的其他经费。这些经费主要用于：数据库采购、联合编目、馆际互借、部分软件开发、部分服务器采购和维护和运行经费。

CDL 的任务是对图书馆服务的，居于后台，对最终用户推广资源和服务的事情是由各个校区图书馆来做。对 CDL 的评价，取决于各校区的图书馆馆长和高层管理人员，他们承认 CDL 的作用就是 CDL 存在的理由。

CDL 的馆藏发展与联合采购（Collection development）模式：

（1）资源的选择要求很严，买什么内容由各个校区推荐，然后由 CDL 挑

---

① California Digital Library . ［EB/OL］. ［2015 - 10 - 06］. http：//www. cdlib. org/

选做决定。

（2）如果 10 个校区都买，就由 CDL 出面。如果只有 3 - 5 个校区或者以下购买，CDL 就委托其中一家牵头。

（3）CDL 提供合同范本。

（4）大部分资源属于年度付费，少部分是永久性购买。属于永久性购买的资源，主要由 CDL 付费。

（5）各校区付费模式：根据各校区的经费预算，取一个平均百分比，UC Berkeley 总是最多的。然后在这个模式的基础上再调整。

5.2　FULink 联采模式

5.2.1　联采方法

FULink 从 2011 年开始组织数字资源联合采购，其方法大体如下：

（1）联合采购工作是通过与各数字资源厂商进行单一来源谈判的方式进行，数字资源厂商提供学术型数字资源产品，产品形态是远程资源或镜像站。

（2）联合采购的具体工作由数据库引进组牵头单位——福建师范大学图书馆组织实施。

（3）评估阶段：数据库引进组组织对有联合采购可能性的数字资源进行试用，并形成前评估报告。前评估报告包括以下几个方面：数字资源的内容与数量、数字资源的价格、采购方案以及相关设施的费用、数字资源检索系统与功能、存档与永久使用权情况、成员馆试用情况以及出版商服务情况等。

（4）采购程序：在接到 FULink4 所以上（含 4 所）成员馆数字资源采购委托后，即启动联合采购计划。首先，前期谈判由 8 所院校共同参加，确定数字资源采购方案及最高价格限价；随后，将拟联合采购的数字资源清单、前评估报告、数字资源采购方案以及最高价格限价上报福州地区大学新校区文献信息资源共建共享协调工作小组审核，批准后进入政府采购程序；政府采购业主代表原则上由牵头单位担任，业主专家根据实际情况从数据库引进组成员中产生。

（5）采购准则：数字资源采购过程中，DRAA 谈判过的数字资源以 DRAA 价格为准，此类数字资源价格不再另行谈判；参与联合采购（含 DRAA 谈判过）的中外数字资源中，如果该数字资源有 4 所以上高校签署购买协议，购买该数字资源，则该资源进入联合采购目录。联合采购目录内非 DRAA 资源由采购牵头单位组织谈判小组与资源提供方（资源厂商或代理商）谈判，确定最终采购价格。

（6）成员馆确认：最终采购价格确定后成员馆持所在单位负责人签字盖章的确认函向数据库引进组申报，该申报经数据库引进组审核，上报福州地区大学新校区文献信息资源共建共享协调工作小组确认后，该馆将享受联合采购的利益并承担联合采购的相关责任。

（7）组团通报：组团工作结束后，联合采购结果由数据库引进组、数字资源厂商或代理商共同签字后上报协调组备案，再由数据库引进组牵头单位和协调组共同向福州地区大学城 8 所高校图书馆公布，同时在福州地区大学城文献信息资源共享平台主页上发布。

（8）签署合同：由各馆分别与数字资源厂商或代理商签署数据库采购合同。

（9）经费补贴：

①各成员馆采购价格补贴：各参与联合采购的成员馆按照数据库引进组确认的联合采购目录内品种及采购价格进行采购的，享受采购经费补贴。若成员馆不采用数据库引进组确认的采购价格，对确定的联合采购目录名单内的品种进行第二次价格谈判，其采购则不享受采购经费补贴。

②经费补贴额度的计算：根据省教育厅当年下达的联合采购补贴经费除以各成员馆采购的数据库（联合采购目录内）之和的总价格，计算权值。各馆按各自采购的资源价格乘以权值，得出相应的补贴额。

（10）办理付款：根据联合采购合同要求，各单位在规定的时间内将应付款汇至数字资源厂商或代理商处，补贴部分由福建师范大学图书馆将教育厅拨给的补贴款转给数字资源厂商或代理商。

总而言之，FULink 制定了集团采购的基本原则，以及对成员馆、数据库商、代理商等要求。

（1）集团采购的基本原则

集团采购数据库以为教学科研服务的学术资源为主，以中文的网络或镜像资源为主：在资源分布上，要保障重点学科需要，兼顾其他学科分布情况；在类型分布上，要兼顾二次文献型数据库、电子期刊、电子图书、事实型数据库等完整体系的建设；在资源内容上，联盟集团采购的数据库不允许集团重复和内容重复，如数据库商销售的不同数据库之间有少量重复，应在数据库评估时说明重复的情况和大概比例。

（2）对成员馆的要求

① 委托谈判：各高校根据本校情况自愿参加联盟集团采购，凡参加的学校应与联盟秘书处签署委托协议，协议一经签署，即表示委托联盟代为进行集团谈判。

② 参加集团：成员馆自愿参加集团采购，向谈判组提交由本单位负责人签字盖章的确认函。一经确认，表示该馆同意参加集团，享受集团成员的利益，承担集团成员的责任，不做出任何有损集团利益的行为。

③ 退出集团：在合同签署前，成员馆可以退出集团，退出集团同样需要出具由单位负责人签字盖章的确认函；合同一经签署，成员馆不得退出集团。

④ 数据库价格：谈判组代表集团与数据库商谈判价格，价格对成员馆透明公开，参加集团采购的数据库将根据数据库的采购量享受教育厅的一定比例经费补贴。

⑤ 订购合同：成员馆合同由各成员馆自己签署，并各自承担合同中的法律责任和义务。依照法律规定，合同一经签署便具有法律效力，任何一方不得单方面擅自解除合同，由此引起的一切法律后果自行承担。

⑥ 按约付款：成员馆应按照所签署合同内容，按时、按金额付款。

⑦ 组团周期：组团工作一般每年只办理一次，当组团工作结束后，仍希望加入集团购买数据库的成员馆，需要与数据库商协商，代理商协助订购并通知谈判组和秘书处。

⑧ 联络信息：成员馆须明确本单位引进资源负责人和联系人，如遇信息（人员、E – mail 地址、电话）变更时，须及时通知联盟秘书处、数据库商和代理商。

⑨ 知识产权与合理使用：成员馆必须严格遵守合同中知识产权的有关规定，尊重并维护原作者和出版者的知识产权。严禁任何个人或单位恶意下载数据或将数据用于任何商业或其他营利性用途，严禁任何个人或单位私设代理提供非成员馆用户使用。

（3）对数据库商的要求

①数据库商应考虑中国作为发展中国家的现实，给予联盟成员馆最优惠的价格。

②数据库商应向集团用户提供不少于三个月的产品售前免费试用期。

③合同（含采购方案）基本要求：

a）合同中应对产品内容、产品价格（一年以上合同还应包括第二年以后的价格和价格涨幅（包括捆绑纸本期刊），如果无法确定第二年以后的价格或者价格涨幅，第二年需要再行签署合同或价格确认协议）和服务方案进行准确的描述；

b）合同中应对产品的备份存档和长期使用权进行明确说明；

c）合同中应对数据库商、代理商后续服务中的责任和义务予以明确；

d）合同的语言文本至少应包括中文和英文两种文本，且所有的语言文本都具有相同的法律效力；

e）合同中的适用法律应该为中国的相关法律；

f）合同中约定的仲裁机构应该是中国的仲裁机构；

g）合同应由数据库商与成员馆签署。

④数据库商须向成员馆提供良好的售后服务，包括：

a）提供没有语言障碍和时间差（包括节日）的专人服务和技术支持，如在中国设立办事处或专人等；

b）提供国际通用标准（COUNTER 标准）的使用统计报告；

c）按期（新用户至少两年一次；老用户每三到四年一次）走访用户；

d）对用户开展培训，特别是平台升级后要及时培训；

e）变更数据库信息要及时通报用户；

f）对于用户提出的问题要及时反馈；

g）提供与数据库配套的数据服务，如 MARC 格式的书目数据、用于电子资源导航的刊名数据等。

⑤如发现对数据库的违规使用，数据库商应知会图书馆，并停止违规 IP 的使用权限，但不能停止整个用户单位或其部分网段的使用权限。

⑥数据库商须向联盟秘书处提供的信息包括但不限于：

a）集团存档：数据库商提供集团备份的数据库在联盟秘书处所在单位保留存档；

b）数据库接口：集团采购的数据库应提供 OPEN URL 和 Meta Search 接口；

c）目次和摘要信息：集团采购的全文数据库应提供元数据，如：书目数据、MARC 数据、目次和文摘信息等，或数据同步更新的接口；

d）统计信息：根据联盟秘书处的要求填写数据库基本信息、组团信息、集团成员增减情况；符合国际通用标准（COUNTER 标准）的成员馆使用统计报告；

e）销售数据库的价格情况；

f）数据库的自评估报告。

（4）对代理商的要求

① 数据库内容审核：根据国家有关法规政策负责对数据库内容的审核。

② 数据库试用和评估：协助组织成员馆对数据库的试用，协助联盟秘书处和数据库谈判组对集团采购数据库的评估。

③ 协助组织集团，处理集团采购相关事宜。

④ 和数据库商、谈判组共同签署数据库集团采购方案。与成员馆签署进出口合同。

⑤ 办理付款：为参加集团采购的成员馆提供付款服务，明确汇率，按时代理付汇。

⑥ 售后服务：协助和敦促数据库商做好售后服务工作。

⑦ 信息发布：配合联盟秘书处发布订购通知、组团结果、成员馆使用统计等信息。

⑧ 信息采集：配合数据库商提供和填报数据库相关信息。

⑨ 培训工作：协助联盟和数据库商组织引进资源培训活动。

5.2.2　联采实践

（1）2011 年度数字资源联合采购情况

根据《福州地区大学城文献信息资源共享平台数字资源联合采购暂行办法》，引进数据库专业组分别于 2011 年 12 月 22 日和 2011 年 12 月 26 日召开了第一次和第二次数字资源联合采购谈判会议，福州地区大学新校区 8 所高校图书馆领导及成员共 12 名代表和 12 家资源提供方代表出席了会议。资源提供方代表分别来自重庆维普资讯有限公司、中经网数据有限公司、北京世纪读秀技术有限公司、北京世纪超星技术有限公司、北京万方数据股份有限公司 、清华同方光盘股份有限公司、北京方正阿帕比技术有限公司、北京银符信息技术有限公司、福建两岸信息技术有限公司、北京维思博文科技有限公司、北京中加国道科技有限责任公司、福州海量电子技术开发有限公司。两次会议通过几轮的谈判，12 家数字资源厂商或代理商与福州地区大学新校区 8 所高校达成采购协议，按协议规定采购数字资源的经费 70% 由各高校自行支付，剩余 30% 由福建省教育厅下拨的福州地区大学新校区文献信息资源共享数字资源联合采购专项补贴经费中支出。各高校按采购协议分别与数字资源厂商或代理商签署数据库采购合同。

2011 年度福州地区大学新校区 8 所高校数字资源联合采购合同金额总计 ￥8 736 277.00 元，各校自付金额总计 ￥6 115 393.90 元，大学城补贴款总计

￥2 620 883. 10 元。联合采购共节约经费￥2 028 123. 00 元，8 所高校共获赠电子图书 13344 册。

（2）2012 年度数字资源联合采购情况

2012 年 11 月 29 日 - 30 日，福州地区大学新校区文献信息资源共享平台引进数据库专业组在福建师范大学旗山校区图书馆举行了 2012 年数字资源联合采购招标谈判会。参加会议的有参与数字资源联合采购的 8 所高校馆领导及成员共 14 名代表和 15 家数字资源供应商代表，福建师范大学资产管理处及纪委相关人员监督了此次谈判。

根据榕图共［2012］8 号"福州地区大学城文献信息资源共享平台数字资源联合采购暂行办法"（以下简称联采暂行办法）的规定，与会代表详细讨论了今年福州地区大学城 8 所高校图书馆数字资源联合采购的具体实施细则，确定去年的订购价格就是今年谈判的最高限价。经过两天的谈判与协商，最终有："维普资讯有限公司、北京世纪超星信息技术发展有限责任公司、北京世纪读秀技术有限公司、北京世纪中数图科技发展有限公司、万方数据股份有限公司、中经网数据有限公司、广州公元软件科技有限公司、方正阿帕比技术有限公司、北京爱迪科森教育科技股份有限公司、北京北大英华科技有限公司、北京银符信息技术有限公司、北京智联起点信息技术有限公司、北京中加国道科技有限责任公司、福建两岸信息技术有限公司、同方知网技术有限公司"等 15 家数字资源供应商与福州地区大学城 8 所高校达成了采购协议。按协议规定采购数字资源的经费 77% 由各高校自行支付，剩余 23% 由福建省教育厅下拨的福州地区大学新校区文献信息资源共享数字资源联合采购专项补贴经费中支出。各高校按采购协议分别与数字资源厂商或代理商签署数据库采购合同。

2012 年度福州地区大学新校区 8 所高校数字资源联合采购供应商报价 1 412 万元，实际合同金额 1 130 万元，共节约经费 282 万元。教育厅支付大学城联合采购补贴款 260 万元，补贴比例达 23%。

（3）2013 年度数字资源联合采购情况

2013 年 12 月 9 - 10 日，福州地区大学城 8 所高校文献信息资源共享平台数据库引进组在福建师范大学旗山校区图书馆举行了两次数字资源联合采购谈判会议。参加数字资源联合采购的 8 所高校馆领导及成员 12 名代表出席了此次会议。参与此次数字资源联合采购的资源提供方有 17 家数据库厂商。根据《福州地区大学城文献信息资源共享平台数字资源联合采购暂行办法》，本着联合采购，资源共享，互惠互利的原则，全体成员详细讨论了福州地区大学城 8 所高校图书馆数字资源联合采购的具体方案，一致要求各个数据库厂商在原来价格与服务基础上，给此次参加数字资源联合采购的高校成员馆予以最大的价格优惠。经过几轮的谈判，最终同方知网技术有限公司、贵州超星信息技术有限公司、维普资讯有限公司、北京方正阿帕比技术有限公司、万方数据股份有限公司、北京银符信息技术有限公司、北京爱迪科森教育科技股份有限公司、中经网数据有限公司、福建两岸信息技术有限公司、北京中加国道科技有限责任公司、北京大数兴邦网络科技有限公司、北京国研网信息有限公司、福州麦达优阅数字技术有限公司、上海上业信息科技有限公司、北京智联起点信息技术有限公司等等 15 家厂商与福州地区大学城 8 所高校分别达成了采购协议，各高校可根据此协议分别与数字资源厂商或代理商签署数据库采购合同。Springer Link（含电子书）、SCI 系列数据库、Proquest 全文数据库、EI 数据库、SDOL 全文电子期刊数据库各高校依据 DRAA（高校图书馆数字资源采购联盟）谈判价格进行采购。联合采购的数字资源金额的 89% 由各高校自行支付，余下的 11% 由福建省教育厅下拨的福州地区大学城文献信息资源共享数字资源联合采购补贴专项经费中支出。

（4）2014 年度数字资源联合采购情况

2014 年 11 月 20 日至 21 日，福州地区大学城 8 所高校文献信息资源共享平台数据库引进组在福建师范大学旗山校区图书馆举行了 2014 年数字资源联合采购谈判会议。参加数字资源联合采购的 8 所高校馆领导及成员 13 名代表出席了此次会议。在 2013 年联合采购的基础上，大家继续本着合作采购，资源互惠的精神，与各数字资源厂商进行了深入细致的谈判，要求各数字资源厂商对其提供的数字资源产品能予以最大的优惠让利，并赠送相应的数据产品。参与此次数字资源联合采购的有 15 家数据库厂商。经过几轮的谈判，最终同方知网技术有限公司、贵州超星信息技术有限公司、北京大数兴邦网络科技有限公司、上海万方数据有限公司、重庆维普资讯有限公司、北京银符信息技术有限公司、北京方正阿帕比技术有限公司、北京国研网信息有限公司、杭州推知信息技术有限公司、北京智联起点信息技术有限公司、上海上业信息科技有限公司、北京爱迪科森教育科技股份有限公司、福州麦达优阅数字技术有限公司、福建两岸信息技术有限公司、北京中加国道科技有限责任公司等 15 家数据库厂商与福州地区大学城 8 所高校分别达成了采购协议，各高校可根据此协议分别与数字资源厂商或代理商签署数据库采购合同。SCI 系列数据库、Springer 数据库、IEL 数据库、PQDT 数据库、SDOL 数据库、

Nature 数据库各高校依据 DRAA（高校图书馆数字资源采购联盟）谈判价格进行采购。联合采购的数字资源金额的91%由各高校自行支付，余下的9%由福建省教育厅下拨的福州地区大学城文献信息资源共享数字资源联合采购补贴专项经费中支出。

2014 年度福州地区大学城八所高校数字资源联合采购合同金额总计￥21 428 685元，各校自付金额总计￥19 500 103.35 元，大学城补贴款总计￥1 928 581.65 元，此次联合采购共节约经费￥3 214 000.00 元。

5.2.3　联采检讨

FULink 数字资源联合采购的优势和效益表现在：

（1）集中各高校优势力量同资源提供方代表谈判，争取到各馆单独采购时难以实现的优惠价格；

（2）以集体的名义向资源提供方提出要求，获取良好的售后服务和技术支持。如：要求资源提供方保证按时更新数字资源内容，始终保持良好的数据质量和检索界面，提供及时的用户培训服务等等；

（3）引进数据库专业组组织对数字资源的共同调研、评估和筛选，确保采购数字资源的质量，同时也降低了采购失误的风险。

FULink 数字资源联合采购存在一些不足和有待解决的问题，具体分述如下：

（1）数字资源的定价主动权仍掌握在资源提供方手中，由于资源提供方或采用直销手段、或在一个区域仅设一个代理商，这种单一来源的供货方式，销售方缺乏竞争压力，导致他们形成价格垄断。联合采购中虽然 FULink 争取到一定的价格优惠，但整个谈判过程，8 所院校对采购定价没有足够的话语权。

（2）八个成员高校规模大小不一，各校财政实力以及对图书馆重视程度不同，使各馆的数字资源采购经费差距甚大，采购中大馆投入资金较多获得补贴相对也多，以致大小馆之间的采购经费悬殊更大。

（3）因各馆执行预算时间不尽相同，引进数据库专业组协调采购事宜费时颇多，而且采购谈判结束后，各馆还须自行安排政府招标工作，采购谈判结果须得到各校资产、财务、纪检等多部门的认可方能实施，所以完成数字资源采购过程漫长，这些均影响数字资源的采购效率。

（4）付款方面，由于各院校图书馆完成数字资源采购的时间不同，所以各馆数字资源验收和经费支付的时间先后不一、时差较大，使得教育厅补贴款无法在规定的时间内发放完毕。

（5）数据库重复购买问题。中文数据库因使用率高，价格较为合理，成为 8 所高校最主要的购买对象，各成员馆均购买了清华同方知网、维普、万方、读秀等数据库。造成资源重复购买，让本就紧张的经费没有得到最合理的分配，各成员馆从联合采购中节省了部分经费，但成员馆都把钱花费在购买相同的数字资源上，不仅造成严重的资源重复建设，而且使某一地区范围内的数字资源越来越单一化。

5.2.4　联采完善

（1）部分数据库的购买可考虑采用统一买断的方式。针对绝大多数高校图书馆都需要购买的数字资源，可以由政府出资购买，安装在统一的检索平台，各个成员馆通过访问这一平台即可获得利用该数字资源的权限，无需每个成员馆分别购买，分别安装。这样既减少了各馆采购的人力，节约了采购的成本，又节省了各馆安装这些数字资源所需配备的硬件设施。这种方式，一方面可以通过在联合采购的中心馆安装镜像版，解决数据的长期保存和永久使用的问题。另一方面，由于是政府出资购买，成员馆间价格分配的问题自然也就不存在，而以政府的力量严格控制数字资源的涨幅也比较容易。

（2）部分数据库的购买可考虑买断分摊费用的方式。如 DRAA 的 PQDT（ProQuest Dissertations & Theses）是美国 ProQuest 公司出版的博硕士论文数据库。该数据库是世界著名的学位论文数据库，也是目前世界上最大和最广泛使用的学位论文数据库。此数据库就采取买断分摊费用的方式，各成员馆共同使用，此种方式在各成员馆中受到推崇，真正提升了联盟采购的品质，既节省成本、避免浪费，又实现真正意义上的资源共享。

（3）扩宽采购资源的类型。吸取 DRAA 的数据库成功联采经验，扩宽联盟采购资源的领域。实现从数据库到光盘、电子图书、多媒体资料等数字资源的全面联盟采购，普通图书自主采购；外文书刊、工具书等协调采购；古籍、珍贵图书联盟采购的全面保障的灵活采购模式，以实现共享资源采购效益的最大化。

（4）规范电子资源的使用统计格式。数据库商提供的使用统计数据五花八门。如：电子期刊库全文使用统计，有的只有 PDF 全文使用量，有的是 HTML 加 PDF 构成全文使用量；电子图书有的是按页统计全文，有的按下载有关章节统计，有的是按一本书统计等等，成员馆很难根据已有统计数据核算成本。建立统一标准体系，来规范使用统计数据，是有待急需解决的问题。集团引进资源的评估是集团采购程序中不可缺少的一环，因为集团采购评估可以提供客观、科学的评估结果，能对未来的集团资源引进工作起到积极的促进作用。如果统计标准不统一，统计结果就会不同，将直接影响资源科学评估，为团购提供不真实的信息，达不到良好的引进效果。因此，必须规范统计标准。

（5）加强电子资源的宣传与培训力度。充分发挥资源的效益，提高其利用率，有赖于图书馆员对资源的内容、检索系统的功能和使用方法的熟悉与掌握，有赖于面向用户开展有效的宣传与培训，从而提高用户对引进资源的认知度和利用的技能。因此，通过集团谈判，要求数据库提供商组织资源的宣传与培训，积极探索建立引进资源宣传与培训的长效机制，有助于提高引进资源的利用率与效益。

（6）建立 FULink 效益评估体系。每一种电子资源的评估是区域性集团采购的重要基础，集团采购的评估组织的每一个成员，都需要对引进的电子资源有一定的评估，包括集团引进前的试用评估、引进后的效益分析以及后续的续订过程评估，但目前还没有一个完善的评估体系。

（7）建立联合采购管理平台。建设类似 DRAA 的网络平台集线上采购、使用统计、评价中心、培训中心为一体，功能丰富强大，其中统计功能最为细致，"统计对比分析"提供多成员馆、多数据库、统计项目间的组合分析；"基于数据库的统计"可查看单个数据库下所有统计信息，包括总体使用情况、成员馆使用情况；"单馆统计报告"用于查看成员馆所有数据库的使用情况。综合全面的统计功能也为成员馆进行联盟采购时提供决策参考，从而提升联盟采购的品质。

5.3　特色库建设

5.3.1　建设现状

电子资源联采可以扩大资源供给的广度，特色数据库的建设可以挖掘成员馆的资源供给深度，二者并行不悖。FULink 成员馆特色库建设情况见表 5－1。

表 5 – 1　FULink 成员馆特色库统计

序号	学科名称	数量	校外是否限制	数据库名称
1	福州大学	5	部分限制	催化化学特色数据库、建筑图文特色数据库、开放课程数据库、福州大学图书馆书后光盘数据库、福州大学学位论文全文数据库
2	福建师范大学	12	限制	本校硕博士论文全文数据库、馆藏本校前身校论文数据库、馆藏中文民国文献数据库、馆藏港澳台书目数据库、馆藏本校历届硕博士论文篇名数据库、馆藏《中华再造善本》书目数据库、福建师范大学自建民国图书数据库、福建师范大学教师著述数据库、馆藏福建省三十六种新编地方志人物传记目录、馆藏族谱目录数据库、福建师范大学自建民国外文图书数据库、民国时期福建教会大学特色文献数据库
3	福建农林大学	6	部分限制	亚热带果树病虫害数据库、福建省主要造林树种特色数据库、闽台茶文化特色数据库、金山书影（书评）、随书光盘、本校学位论文数据库
4	福建中医药大学	7	部分限制	馆藏古籍专题库、本校老师著作专题库、专业课程参考书专题库、中西医结合重点学科特色数据库、古籍工具书专题库、福建中医药大学博硕士论文库、闽港澳台中草药图谱数据库
5	福建医科大学	3	限制	福建医科大学学位论文、福建医科大学干细胞专题库、福建医科大学随书光盘库
6	福建工程学院	5	限制	学科信息参考、本校教师论文库、林纾文化研究专题库、教学参考书专题库、闽台建筑文化专题数据库
7	闽江学院	10	限制	闽都历史名人数据库、三坊七巷数据库、船政文化特色数据库、福州非物质文化遗产数据库、闽江学院学术成果库、海西地方财政数据库、海西服饰文化数据库、特色外文馆藏数据库、特色教材数据库、随书光盘数据库
8	福建江夏学院	0		无特色数据库

（1）数量分析

FULink8 个成员馆中，建有特色数据库的图书馆有 7 所，特色数据库的总数量达到 45 个。统计数据说明了 FULink 成员馆特色数据库建设已经具备一定的规模，取得了一定的成果；同时也说明 FULink 各成员馆已经意识到只有充分挖掘和开发自身的优势资源，才能形成资源亮点和特色。

（2）项目来源分析

特色数据库的建设需要政策和经费的支持。经统计，各馆建库项目来源有国家级、省级、校级合作、专业数据库商业公司、自建五类。其中通过中国高等教育文献保障系统（CALIS）认证的特色数据库项目有 3 项，见表 5 - 2。在中央财政支持地方院校专项资金中，有 6 个项目入围，而且资金比较充足，效果比较显著。由福建省高校图工委组织的福建省教育厅高校特色数据库首批建设项目，FULink 成员馆有 14 项个子项目入围，这极大促进了各高校特色数据库的建设与发展。此外，FULink 成员馆还开拓多种渠道进行项目建设，如与院系联合开发建设，与专业数据库公司如超星公司合作开发与共享等等，经费来源逐渐呈多元化的态势。

表 5 - 2　福建省获 CALIS 三期"专题特色数据库"立项资助项目

院校	特色库名称	资助类型
东南海疆研究数据库	厦门大学	一般资助
水产科技数据库	集美大学	一般资助
陈嘉庚研究数据库	集美大学	后期资助
福建省戏曲文献资料库	华侨大学	后期资助
化学催化专题数据库	福州大学	指导性项目
民国时期福建教会大学特色文献数据库	福建师范大学	指导性项目
闽方言文献特色数据库	漳州师范学院	指导性项目
闽台茶文化特色数据库	福建农林大学	指导性项目
闽台客家文献数据库	三明学院	指导性项目

（3）类型分析

FULink 成员馆所建特色数据库主要包括以下几种类型：馆藏特色数据库、地域特色数据库、学科特色数据库、学校特色数据库、人文特色数据库和其他特色数据库。

① 馆藏特色数据库

馆藏特色数据库是指其他图书馆所不具备或只有少数馆具备的特色馆藏，或散在各处、难以被利用的资源建立的数据库。调查结果显示，馆藏特色数据库主要是收集古籍、方志、族谱等馆藏文献资料。以福建师范大学图书馆为例，经过百年的建设、积累和沉淀，师大馆古籍收藏尤具特色，该馆利用这些珍贵的馆藏资源，建立了一批特色数据库，如图 5 - 1 所示。

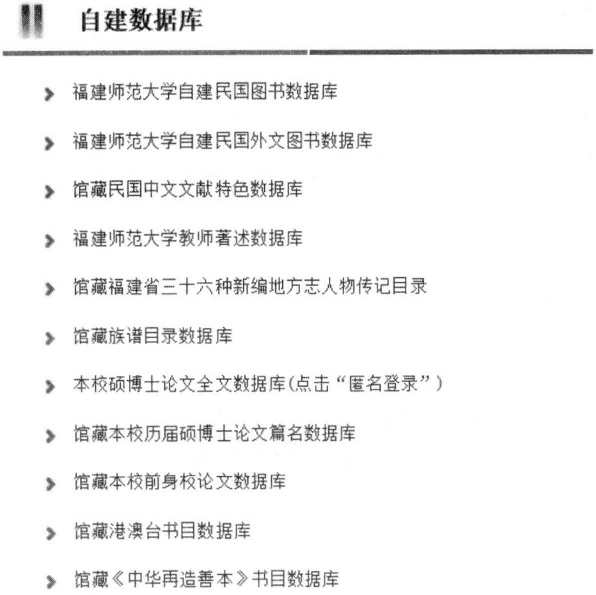

▌ 自建数据库

➤ 福建师范大学自建民国图书数据库

➤ 福建师范大学自建民国外文图书数据库

➤ 馆藏民国中文文献特色数据库

➤ 福建师范大学教师著述数据库

➤ 馆藏福建省三十六种新编地方志人物传记目录

➤ 馆藏族谱目录数据库

➤ 本校硕博士论文全文数据库(点击"匿名登录")

➤ 馆藏本校历届硕博士论文篇名数据库

➤ 馆藏本校前身校论文数据库

➤ 馆藏港澳台书目数据库

➤ 馆藏《中华再造善本》书目数据库

图 5 - 1　福建师范大学图书馆特色数据库

② 地域特色数据库

地域特色数据库反映历史传统文化和地域特色，反映了地方政治、经济和文化发展。以闽江学院图书馆为例，利用了自身的人才优势、资源优势和地域优势，全面收集闽都文化特色资源，挖掘福州文化特色，打造闽都文化品牌，分别建立了"闽都历史文化名人数据库"、"船政文化特色数据库"、"福州非物质文化遗产数据库"和"三坊七巷数据库"。

③ 学科特色数据库

学科特色数据库是指高校图书馆根据自身的服务任务及资源优势，结合本校科研教学特点，围绕明确的学科范围所建立的一种具有自身学科内容特色的数据库或具有交叉学科和前沿学科特色的数据库，包括各种学科导航库

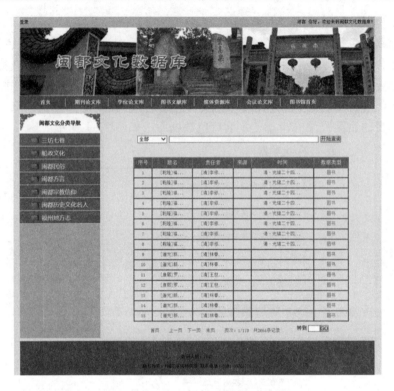

图 5 - 2　闽江学院图书馆特色数据库

和教学参考系统。如福州大学催化化学特色数据库、建筑图文特色数据库，福建农林大学亚热带果树病虫害数据库、福建省主要造林树种特色数据库，福建中医药大学的中西医结合重点学科特色数据库，见图 5 - 3。

④ 学校特色数据库

学校特色数据库，是各校特有的资源，如本校师生撰写的学术著作、论文，硕博学位论文，学校出版社出版的学术性文献，专家教授、国内外社会名流的演讲稿，学校校志、年鉴等，是学校教学和科研成果的重要体现。几乎所有的学校都积极建设此类特色数据库，如福州大学学位论文全文数据库，福建师范大学本校硕博士论文全文数据库、馆藏本校前身校论文数据库、馆藏本校历届硕博士论文篇名数据库、福建师范大学教师著述数据库，福建中医药大学博硕士论文库等。

⑤ 人文特色数据库

就是从名人与本校的关系或从历史文化关系入手，建立特色数据库，如

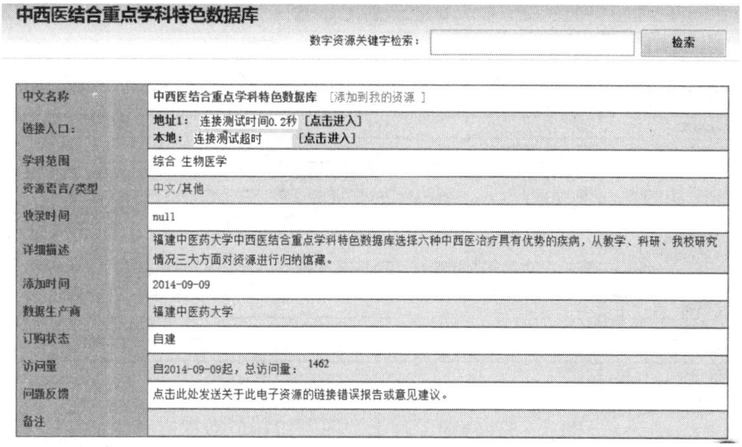

图 5-3　福建中医药大学图书馆特色数据库

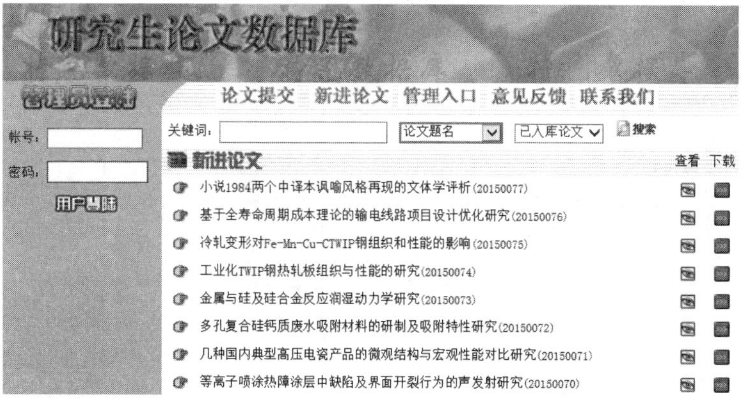

图 5-4　福州大学图书馆特色数据库

福建工程学院林纾文化研究专题库。福建工程学院的前身是"苍霞精舍"，林纾是其创始人之一，建设林纾文化研究专题库，就是为了纪念林纾，传承文化。

⑥ 其他特色数据库

除了上述 5 种以外的特色数据库都归为该类，主要包括图书馆建设的随书光盘数据库、教学参考书数据库等，如福州大学图书馆书后光盘数据库、开放课程数据库，福建医科大学图书馆随书光盘管理系统以及福建农林大学

林纾文化研究专题库

[更新时间：2014/1/10 15:42:56　访问数：544]

中文名称	**林纾文化研究专题库**　需要安装超星浏览器才能正常阅读点此下载
链接入口	中心网站：[点击进入]
学科范围	文学
资源语言/类型	中文/图书、期刊
资源简介	林纾为中国近代著名闽绅，在文学、文化方面有极深的造诣，对传播西方文学有着不可磨灭的功绩，是我国翻译外国文学名著的第一人，也是福建工程学院前身"苍霞精舍"的创始人之一。由于历史的原因，对林纾的研究尚未充分展开。为了纪念福州近代三巨人之一的林纾的文化功绩，更好地弘扬发展传统文化，2007年初福建工程学院成立了林纾文化研究所。 林纾文化研究所是福建工程学院专门设立的研究林纾和他的文化成就的校级学术机构，研究人员目前主要由文化传播系教师组成。
使用范围	校园网内使用
使用说明	ppt
数据生产商	福建工程学院
咨询反馈	ckzx@fjut.edu.cn

图 5 – 5　福建工程学院图书馆特色数据库

金山书影等等。

福建医科大学图书馆随书光盘管理系统

访问地址：

　　http://210.34.96.107:8000/

资源简介：

　　随书光盘库是指我馆收藏的纸质图书中随书附带光盘资料，读者可以利用该系统进行查询、下载光盘资料，也可以通过该系统对还未发布的光盘资料申请上传。

图 5 – 6　S 福建医科大学图书馆特色数据库

5.3.2　存在问题

（1）从内容上看，特色不突出，来源偏窄

"特色"是特色数据库的最大的特点，在 CALIS 三期专题特色数据库建设中，强调"独有资源和稀有资源的数字化建设，网络原生数字资源的挖掘和整理，学科特色、地方特色或民族特色鲜明的专题库建设"。

FULink 各成员馆已建成的特色数据库中真正有特色的数据库不多。随书光盘、学位论文、本校教师著述及教学参考书等特色数据库占接近一半的分量。独有资源的只有福建师范大学图书馆的 13 个数据库，但主要以目录形式出现，文献价值未充分体现。各馆已经有意识地建设有学科特色的专题库，如福州大学催化化学特色数据库、建筑图文特色数据库，福建农林大学亚热带果树病虫害数据库、福建省主要造林树种特色数据库，福建中医药大学的中西医结合重点学科特色数据库，福建医科大学的干细胞特色库等，但文献的数量、深度和来源等有待进一步扩展。人文特色和地域特色的特色数据库数量不多，且几乎没有更新，此乃一大缺憾。

（2）从技术上看，标准不统一，共享性差

各校采用不同的建库软件，如快威 DIPS、方正 DESI、超星特色数据库平台等，导致各校特色库建设标准各异，用户检索界面、检索语言、数据的标引、分编、检索点不统一，兼容性和互操作性差。各馆特色数据库栏目名称五花八门，有电子资源、数据中心、数字资源、特色数据库、本馆自建数字资源等等，所设置的位置在图书馆网站一级或者二级类目下。大多数特色数据库仅限于校园网内使用。这些缺点不但给大学城广大师生使用特色数字资源带来了诸多不便，而且极大地阻碍了文献资源的有效共享利用，形成了极大的浪费。

（3）从营销上看，维护不及时，互动性弱

在调研中发现，大多数特色数据库是通过项目申请方式获得资助，项目建成后一旦通过评估，基本上不再更新，便成"死库"。绝大多数特色数据库都是只单向的向用户提供，而没有提供任何交互式功能，用户无法对资源进行评价，也无法对自己感兴趣的资源进行个性化管理和利用。

5.3.3　建设对策

（1）构建 FULink 特色数据库共建共享保障体系

积极争取福建省教育厅支持，完善政策导向，建立 FULink 特色数据库共建共享保障体系。规定立项的项目类别和资助额度。对所立项的数据库项目，定期给予评估和验收。引进有资质与经验的 IT 企业参与特色数据库建设，尤其是数据库加工技术发展较成熟的专业公司，共同建设共同受益。寻找有专业素养的机构与学者参与特色数据库建设，起专业导向和质量控制之效果。如随书光盘、教学参考书、学位论文库、机构库等这类特色数据库建设，可以依托 FULink 平台，实现所有成员馆共建共享。

（2）架构特色数据库共享平台

首先必须协调管理、统一规划。FULink 可以担当此任，负责协调各校图书馆馆藏特色化和数字化建设。在资源保存上，可采用云计算技术解决方案，集合服务器集群，建立元数据仓储，实行存档备份、集中服务，满足共享需求。在网页设置上，专设数字资源类的特色数据库栏目，增加数据库的分类导航，实现跨库检索。在数据维护上，需要建立技术骨干队伍，专人负责平台常规数据更新和技术维护，保证数据安全稳定。

其次，应该加强具有地方特色、学科特色和馆藏特色的高校信息资源建设。要求各馆在建设特色数据库前，必须进行市场调查、科学论证和确定主题，所选择的主题要突出特色性。

（3）提升特色数据库利用率

此次调研发现，不少馆重建设、轻维护，数据库利用率极低。解决之道有二，其一是开展信息营销，采取各种方式对数据库进行积极地宣传和推广，使数据库得到最有效的利用，使其价值得到最大程度的实现。其二是改变服务观念。限制外网用户使用特色数据库资源不适应时代的发展需要，可以制定合理的使用规则，将资源分级共享。在保留数据库持有者权限的基础上，对成员馆尽量开放免费使用，对外网用户可部分开放，通过支付一定费用获取全文。

（4）加强版权保护意识

特色数据库建设中应提高建库人员的版权意识。要充分利用法定许可范畴内的合理使用制度应对海量版权著作的授权、版权作品的网络传播权等一系列问题。对必须取得授权许可的版权作品，直接与有关版权单位、个人签订授权许可合同，或通过著作权集体管理组织取得授权许可。应采用新型的技术保护措施，如采取权限设置或数字水印技术，防止各种盗版和非法复制行为。

第六章 电子资源整合与共享

6.1 电子资源整合

6.1.1 整合目的

信息技术的发展为图书馆服务带来巨大挑战和机遇。图书馆馆藏结构产生变革，纸质资源的利用率急剧下降，电子资源的数量和利用率急剧增长。搜索引擎、网络百科等网络工具异军突起，读者的信息获取途径和习惯发生着巨大变化。绝大多数读者获取信息入口已经从图书馆改为网络搜索引擎，他们已经习惯关键词式的检索与浏览的简单界面。如图 6-1。

📁我的图书馆　✏️我的著作引用情况　✉️快讯　📊统计指标　⚙️设置

◉ 搜索所有网页　○ 中文网页　○ 简体中文网页

站在巨人的肩膀上

图 6-1　Google Scholar 界面

　　随着图书馆电子资源持续不断地急剧增长，如何向读者提供针对电子资源整合的发现与获取方式，成为图书馆业界关注的热点。各个图书馆都订购数十个或者上百个电子资源数据库，如图6-2：清华大学图书馆数据库列表。出现了检索入口分散、数据格式各异、系统效率不一等问题，不仅增加了读者使用难度，而且也成为提高资源使用效率的瓶颈。

　　电子资源整合的最终目标是让读者能够通过良好用户体验的检索（简单/高级的、整合的、快速的、所有资源类型的）发现图书馆全部电子资源（不论本地/商业、纸本/电子、书目级/文章级），提供多种聚类方式的检索结果、电子全文（甚至纸本全文）的获取途径并尽可能帮助读者得到全文。见图6-3。

6.1.2　整合技术

　　纵观图书馆工作实践，整合分为以下几种层次。

　　（1）导航整合

　　主要有学科导航、电子期刊导航、数据库导航等类型。

　　①学科导航。指将分散的学科学术资源通过知识组织体系进行集成与整合，并对资源进行了更有针对性和更深入的揭示，提供多样化的知识导航和资源检索服务，引导专业用户方便有效地获取知识和信息，是一种重要的资源导航整合方式。如图6-4：清华大学图书馆的学科导航。

　　②电子期刊导航系统。将中外文电子期刊的网址或者检索入口整合在一起，建立电子期刊导航系统，按刊名的中外文名称或者学科属性浏览和检索，其功能主要是帮助图书馆用户了解图书馆的电子期刊，并利用浏览和检索功能帮助用户迅速找到电子期刊，并利用超链接提供检索入口，快速定位该电子期刊。见图6-5：北京大学图书馆电子期刊导航。

　　③数据库导航系统。是目前图书馆的主流馆藏数字资源导航系统，指将中外文数字资源的检索入口整合在一起，建立数字资源导航库，按资源名、关键词、资源标识等途径来浏览和检索，提供电子资源使用的注意事项。其功能主要是帮助图书馆用户了解图书馆的数字资源，并利用浏览和检索功能帮助用户迅速找到馆藏数字资源，并利用超链接提供检索入口，快速定位该数字资源。见图6-6：福州大学图书馆常用数据库导航。

　　（2）基于OPAC的资源整合

　　OPAC系统是读者最熟悉、最常用的检索工具之一，在OPAC系统中整合更多的资源和服务将会极大地提高图书馆数字资源的利用率。对MARC元数

图6-2 清华大学图书馆数据库列表

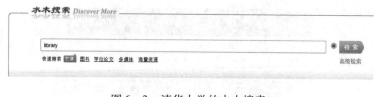

图 6-3 清华大学的水木搜索

图 6-4 清华大学图书馆学科导航

据格式进行了改造，主要是加入了一系列新的字段，尤其是 856 字段（电子资源定位与检索），使 MARC 也能揭示数字信息资源，从而使在 OPAC 系统中整合数字信息资源成为可能。许多图书馆在这方面进行了实践，将书后光盘和纸质图书对应的电子资源用 856 字段进行链接整合。见图 6-7：厦门大学图书馆 MARC 示例。

（3）电子资源的整合

电子资源的整合经历了两种技术的发展。

其一：依赖计算机能力和标准协议的元搜索（Metasearch）/技术型：元搜索/技术型是借助于计算机强大的处理能力，实时地对分布异构资源进行检索。元搜索充当一个中间代理的角色，接受用户的查询请求，然后基于对资

按英文（首字母）浏览电子期刊

<u>0-9</u> <u>A</u> <u>B</u> <u>C</u> <u>D</u> <u>E</u> <u>F</u> <u>G</u> <u>H</u> <u>I</u> <u>J</u> <u>K</u> <u>L</u> <u>M</u> <u>N</u> <u>O</u> <u>P</u> <u>Q</u> <u>R</u> <u>S</u> <u>T</u> <u>U</u> <u>V</u> <u>W</u> <u>X</u> <u>Y</u> <u>Z</u> <u>其它</u>

按中文（汉语拼音首字母）浏览

<u>A</u> <u>B</u> <u>C</u> <u>D</u> <u>E</u> <u>F</u> <u>G</u> <u>H</u> <u>J</u> <u>K</u> <u>L</u> <u>M</u> <u>N</u> <u>O</u> <u>P</u> <u>Q</u> <u>R</u> <u>S</u> <u>T</u> <u>W</u> <u>X</u> <u>Y</u> <u>Z</u>

按学科浏览电子期刊

- <u>医学与生物学</u>
- <u>历史与考古</u>
- <u>哲学与宗教</u>
- <u>商业与经济</u>
- <u>地球与环境科学</u>
- <u>工程与应用科学</u>
- <u>数学、物理与化学</u>
- <u>新闻与传播</u>
- <u>法律、政治与政府</u>
- <u>社会科学</u>
- <u>综合</u>
- <u>艺术与建筑</u>
- <u>语言与文学</u>
- <u>音乐、舞蹈、戏剧与电影</u>

图 6 - 5　北京大学图书馆电子期刊导航

源检索协议和平台的分析实现查询请求的变换，并行地发出查询请求。接收和分析资源平台的检索反馈，进行排序、查重合并、数据抽取、命中结果的呈现。元搜索（Metasearch）/技术型的代表有 Exlibris 公司的产品 Metalib 等。

其二：依赖元数据收集/聚合的元数据仓储/聚合型：元数据仓储/聚合型通过抽取、映射和导入等手段对分布异构资源的元数据（也可能包括对象数据）进行收集和聚合，安装在本地系统或者中心系统平台提供统一的检索和服务。该方式的优势是数据经过收集转换后不仅格式统一，而且结构清晰，可以按照需求建立各种分类体系，或者按照更高级的知识本体对数据进行组织和管理。元数据仓储/聚合型的典型代表有学术搜索引擎 Google Scholar，SerialsSolutions 公司的网络级发现服务 Summon，Exlibris 公司的数据服务 Primo Central，EBSCO 公司推出的 EBSCO Discovery Service 等。

电子资源整合检索问题的早期解决方案主要是元搜索/技术型。一方面，元搜索/技术型具有自身的优势：检索实时，在资源商支持网络信息检索标准和互操作协议的情况下，具有较高的检索效率和稳定性。另一方面，当时的学术网络信息环境发展伊始，各资源商着重于通过自身数据和平台提供服务，大多数无法接受将元数据整体提供给图书馆或系统商的要求。

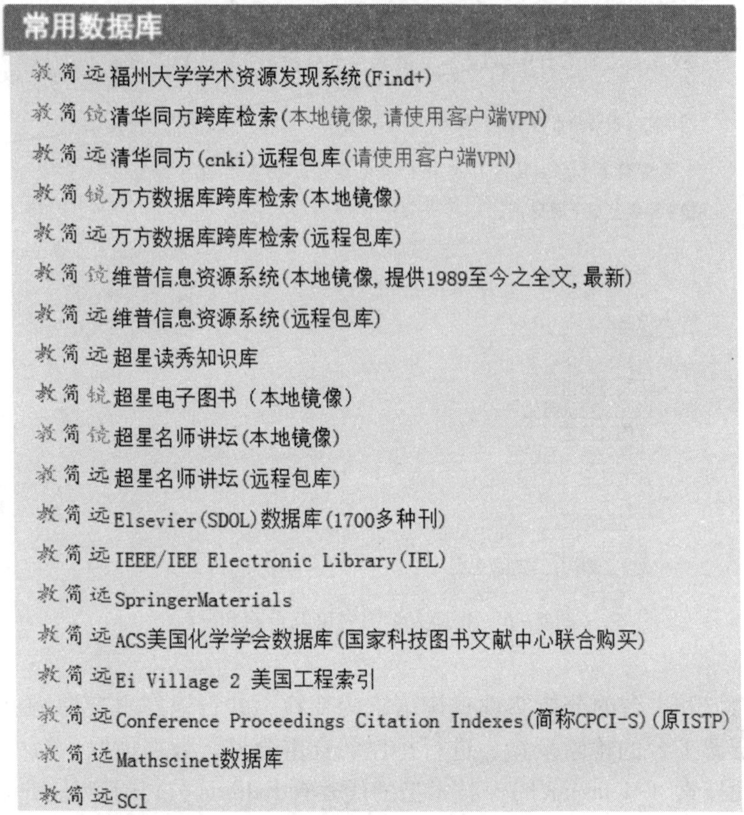

图6-6　福州大学图书馆常用数据库导航

　　虽然元搜索/技术型电子资源整合检索得到了大量应用，但其自身的一些缺点逐渐暴露出来，如搜索速度相对较慢，结果查重与规范化处理效果受限等。随着网络信息环境的日新月异和用户信息获取习惯的改变，这些缺点愈加凸显。这一时期搜索引擎Google进军学术领域，Google Scholar在界面简洁、响应速度快等方面大大提高了用户对电子资源检索与获取效率的期望和要求。此外，Open Access运动也愈演愈烈，公开分享成为互联网领域主导的潮流，不少作者在网上公开自己的文章，大部分资源商也将权限控制重点移至全文获取。在这种新的形势下，元数据仓储/聚合型的优点逐渐凸显出来：检索速度快、检索结果相关度好、规范性强，并且同时迎来了与资源商合作建立中心元数据索引的契机，因此近两年迅速成为业界关注的热点和发展趋势。

书目信息　机读格式(MARC)

机读格式显示(MARC)

```
000 01389cam0 2200361 450
001 0003694437
005 20150520102300.0
010 __ |a 978-7-121-24995-2 |d CNY39.80 (含光盘)
010 __ |a 978-7-89394-033-0 |b 光盘
099 __ |a CAL 012015029884
100 __ |a 20150325d2015 em y0chiy50 ea
101 0_ |a chi
102 __ |a CN |b 110000
105 __ |a a z 000yy
106 __ |a r
200 1_ |a Adobe Flash CS6课件制作案例教学经典教程 |A Adobe Flash CS6 ke jian zhi zuo an li jiao xue jing dian jiao cheng |f 史创明, 徐兆佳编著
210 __ |a 北京 |c 电子工业出版社 |d 2015
215 __ |a 10, 229页 |c 图 |d 26cm |e 光盘1片
300 __ |a 省级精品资源共享课程配套教材
330 __ |a 本书共10章，主要包括Flash课件中的元件、Flash课件中图形的绘制与编辑、Flash动画课件的制作过程、Flash lk动画课件、FLash课件的交互与导航、Flash文本课件、Flash声音与视频课件、在Flash课件中加载和控制外部内容等。每一章教学中都设计了一个经典的教学案例和模拟练习作品。
333 __ |a 普通高等教育"十二五"规划教材
606 0_ |a 多媒体课件 |A duo mei ti ke jian |x 动画制作软件 |x 高等学校 |j 教材
690 __ |a G436-43 |v 5
690 __ |a G436 |v 5
701 _0 |a 史创明 |A shi chuang ming |4 编著
701 _0 |a 徐兆佳 |A xu zhao jia |4 编著
801 _0 |a CN |b WUL |c 20150325
856 4_ |a http://210.34.4.10/cgi-bin/cd.sh?G436/464
905 __ |a XMU |d G436/464
920 __ |a 242010 |z 1
920 __ |a 232020 |z 1
920 __ |a 211030 |z 1
```

图 6－7　厦门大学图书馆 MARC 示例

6.1.3　整合需求

FULink 将电子资源整合项目命名为“文献提供系统”，项目需求如下：

（1）文献提供系统应有效地整合所有成员馆的中外文馆藏纸质资源、电子资源、各类型数据库、自建数据库等，建立元数据网络搜索引擎，实现成员馆间的资源“共知”，通过馆际互借、文献传递等服务功能，实现成员馆间的资源“共享”，为读者提供“找到、得到”的一站式服务系统平台。

（2）文献提供系统是对各类学术资源、数据库进行整合与收录，如同互联网搜索引擎的用户体验，能够同时搜索到中外文纸质馆藏、电子图书、电子期刊、会议论文、学位论文、报纸、专利、标准、视频、音频、图片、随书光盘、OA 资源、特色库等。收录的中外文献元数据应超过 2 亿条，并逐年递增。

（3）文献提供系统可建立统一认证门户，实现资源的统一检索、统一调度及协同文献传递，实现图书馆联盟间的资源整合、服务整合及读者整合等。同时各区域图书馆联盟间、各个资源门户间也可实现资源、服务共享。IP 控制与账号相结合

（4）文献提供系统就保证元数据收集的完整性、准确性，并及时更新元数据。

6.2　文献提供系统

6.2.1　功能要求

（1）元数据仓储

① 收集中外文献不重复元数据 2 亿条以上，内容包括中外文纸质、电子版本的书、报、刊、标准、专利、论文、视频、网页各种载体等；

② 提供随时的最新更新元数据访问，按周进行更新；

③ 资源检索系统输入界面集成在门户网站中；

④ 检索结果在门户页面中直接展现，图书检索结果必须显示图书封面图片；

⑤ 能够自动去除数据中的重复内容；

⑥ 元数据包括 openURL 链接源。

（2）元数据搜索

① 支持对文章题名、主题、作者、文摘进行分析型检索；

② 提供按年代、刊名、学科分类、核心刊收录聚合分类检索结果功能；

③ 支持相关文献并发检索功能，检索结果页面同时显示；

④ 提供中英文检索词在线翻译功能；

⑤ 系统为用户提供统一的检索界面和统一的检索语言；

⑥ 提供收藏建立个人图书馆功能。

（3）元数据资源调度

① 实现在检索结果的原文链接服务，提供基于 OpenURL 标准的多级调度系统；实现检索结果对纸本馆藏系统的准确链接；实现检索结果中外文数据库原文访问的准确链接；

② 统一认证：实现用户的统一管理，并通过接口开发与定制，将数字图书馆内其他应用系统集成到门户中；

③ 需要提供三类认证方式：IP 认证、账户密码认证、基于数字证书的认证；

④ 实现图书馆现有用户系统中的账号直接进行登录（例如 OPAC 系统中的借书证）。

（4）文献传递

① 搭建与 OPAC 系统、电子书系统、中外文数据库系统集成的文献传递

处理平台；

② 在中心系统中能够为各个成员馆分配管理员和馆际互借员，各成员馆馆际互借员自己管理用户和账户信息；

③ 文献提供系统实现了将文献传递模块与统一检索、读者认证结合在同一个平台上，每篇检索到的文章都会有馆藏图书馆信息，并且提供文献传递申请，文献提供系统的文献传递及管理平台实现的是准确的文献传递递送，读者的申请是准确的某篇文章，而传递申请表单平台将直接根据馆藏信息送达到有馆藏该篇文章的图书馆，避免了本馆参考咨询员中转处理的延误，极大的提供了文献传递的准确性及及时性；

④ 文献提供系统在技术上实现与 OPAC 系统、电子书系统、中文期刊、外文期刊、外文数据库系统集成，读者直接通过网上提交文献传递申请，并且可以实时查询申请处理情况，以在线文献传递方式通过所在成员馆获取文献传递网成员单位图书馆丰富的电子文献资源。该系统的服务内容包括：文献传递申请、文献传递管理。

6.2.2　技术要点

（1）总体描述

本平台需提供一套集成学术性搜索引擎、本地化集中式元数据仓储、云计算文献提供服务群相结合无用户并发数限制的完整系统。该系统必须收录海量的中外文文献资源尤其是英文全文学术电子期刊资源，并保证与其他相关文献提供服务系统和诸多本地文献资源管理系统的互操作。

（2）发布平台

● 统一检索，可以针对图书/期刊/学位论文/会议论文/报纸/视频等模块进行组合检索，并可以实现各模块独立检索。

● 门户支持 XML/XSL、ODL、HTML、JSP、Web Services 等整合模式。

● 通过资源调度 openURL 规则允许定义获取中外文原文资源链接在网页的调用位置和方式。

● 集成特色资源库资源在首页和导航中展示。

● 通过 css 与 div 方式更换页面风格，无需停止服务，不影响客户端使用。

● 提供远程资源 url 链接、本地资源在线上传管理等多个组件。

● 通过对中文图书全文检索组件，对网站中文图书内容实现全文检索导航功能。

- 通过对中文图书目次进行全文检索组件，对网站中文图书目次实现检索导航功能。
- 检索对图书/期刊/学位论文/会议论文/报纸/视频等模块中任何一种资源时，同时显示其他全部相关资源信息。
- 采用 web2.0 技术，友好的 Web 管理界面，集中管理、报表和允许远程配置。
- 支持多语种界面，完全支持 Unicode。
- 支持多线程、多工作站并发访问。
- 元数据仓储支持各种检索语法、字符集、记录格式（如 USMARC，CNMARC，Dubin Core 和 MAB）、数据格式（如 XML、HTML）和接口协议（如 Z39.50、HTTP）。
- 元数据支持自动去除数据中重复内容，并自动提取题名、刊名目录等关键字段。
- 元数据仓储遵循 OAI 和 METS 标准，能通过 OAI 收割 METS 对象。
- 系统检索基于中外文资源元数据的检索。
- 支持基于布尔表达式的逻辑检索。
- 支持全文检索和高级精确检索；支持各种外部文档格式数据的检索。
- 数据库需支持字段内容变长管理，支持外部文件管理，支持任意字段的精确、模糊、拼音、自然语言等多种方式检索。
- 通过 Z39.50 协议、ZING 协议和 XML Gateway 规范等的接口进行元数据搜索。
- 通过维护链接解析器依照规则动态生成开放链接的 URL。
- 对不同资源设立权重，根据客户端来源情况判断优先调度最快资源。
- 配置本地资源调度知识库，并计算出原文敏感超链接。
- 内置资源知识库，内置的中、外文数据库资源配置规则。
- 提供统一应用资源管理，提供应用模块授权和数据访问控制。
- 提供多种数据共享方式。
- 支持 SOAP 协议的任何开发工具调用。

（3）管理平台

- 在每个网页中嵌入流量统计及用户分析脚本，对用户行为进行分析。
- 通过统一认证后的用户信息，提供普通注册用户和 VIP 用户两种显示方式。
- 文献传递系统和元数据仓储的统一检索系统集成，申请传递的文献线索自动内嵌。

- 对于本馆资源之外资源可以实现所有整合的图书馆相互文献传递。
- 具有用户管理、事务管理、结算管理、统计报表、系统管理等基本功能。
- 提供文献传递功能及文献传递管理处理后台。
- 文献传递情况可以在个人信息中查看。
- 多角色内容发布管理，管理员允许对网页内容、图片等进行在线编辑发布。
- 自定义集成统一检索工具条在网页的位置，并且检索结果直接在当前网页中显示。
- 提供在线更新方式，不定期从中心服务站点更新组件和策略。
- 实现本馆用户和整合平台的统一认证，避免了用户要记录多套系统的用户。
- 文献传递系统应可嵌入在资源检索系统中，根据检索结果可直接发请求到文献传递系统。
- 中心系统中能够为各个成员馆分配管理员和馆际互借员。
- 各成员馆馆际互借员自己管理咨询员信息。
- 成员馆管理；参数配置（添加查询及修改信息）等系统功能。
- 馆际互借员工作量统计；用户申请统计；与其他馆馆际互借统计。
- 统计数据揭示字段：咨询标题、类型（图书、期刊或其他）、数据来源（数据库）、读者单位名称、提交时间等。
- 统计界面提供按"读者单位"、"邮箱"、"咨询标题"等字段检索。
- 馆际互借员工作量统计、用户申请统计、用户满足情况统计、其他馆馆际互借统计、结算等须按任意时间段年月日来进行统计核算。
- 认证用户可以从门户页面中直接进入文献传递系统。

（4）元数据

- 必需收集近 10 年以上的有效元数据。
- 元数据总量不重复不少于 2 亿条。
- 整合中文图书不少于 200 万种，整合外文图书不少于 20 万种。可以实现对图书进行封面显示、目录、版权页、并可以在线试读图书部分内容。
- 任何一个图书检索结果可以实现对 FULink 成员馆的馆藏分布数量状况进行聚合，点击后可以实现链接到各图书馆 OPAC 系统。
- 整合福州大学城共享域内各图书馆及厦门大学图书馆的馆藏、电子资源。

- 整合的其他图书馆数不少于 300 家。
- 涵盖不少于 260 个中外文数据库资源，提交数据库清单。
- 单库检索时间反馈为秒级；查全率应为 90% 以上。
- 期刊检索结果具有按照年代、学科、核心刊、刊种、来源等信息的聚类功能。
- 能通过对元数据的维护实现基础数据库应用的扩展。
- 检索结果按照相似度、全文提供、数据来源的重要性等信息进行排序，在遵循搜索引擎排序（Search Engine Sort）的基础上，又加以优化，实现不同用户排序不同。
- 支持检索结果的聚类缓存技术和数据库集成技术（Integrated Data Base）。
- 中文期刊和外文期刊分开检索，并且每篇期刊能够直接链接到来源库全文下载网页，对于同一篇文章同时多个数据商都有的情况，可以列出文章出自多个数据商来源。
- 快速检索帮助读者像利用搜索引擎一样检索学术资源。
- 多面搜索：检索任何一种资源时，同时显示其他相关资源信息。
- 通过对用户检索词的自然语义分析，调整分词体系达到精确检索和智能检索。
- 系统数据流支持数字、文本、图表、动画、音视频、附件等多媒体格式。
- 全文传递响应时间在 24 小时之内，其中中文图书文献传递需即时响应。
- 提供与 FULink 成员馆外其他图书馆的合作，保证文献传递满足率与服务质量。
- 数据整合方式必须以元数据方式整合。
- 中文全文远程获取的满足率达到或超过 95%；外文全文远程获取的满足率达到或超过 80%。

6.2.3 使用方法

（1）文献提供系统网址：访问 http：//www. FULink. edu. cn 进入信息检索平台，或者在各个成员馆的主页上寻找 FULink 检索框。

（2）选择文献类型，在搜索框中输入检索词，点击"中文搜索"或"外文搜索"按钮，将为您在海量的资源中查找相关文献。见图 6 - 8 文献提供系统检索框。

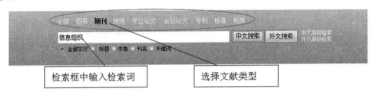

检索框中输入检索词　　　　选择文献类型

图 6 - 8　文献提供系统检索框

（3）浏览搜索结果。搜索结果可以按"知识"、"图书"、"期刊"、"学位论文"、"会议论文"、"报纸"、"视频"等聚类，每一类还有二级聚类，比如，"期"还可以再按"年代"、"刊名"、"学科"等聚类。见图 6 - 9 文献提供系统结果显示与聚类。

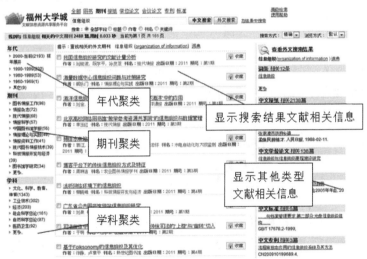

图 6 - 9　文献提供系统结果显示与聚类

（4）获取文献资源全文；在搜索结果页面选择需要的文献，进入详细页面，查看文献详细信息，见图 6 - 10 文献详细信息。

获取全文方式一：本馆电子全文可直接阅读。如果出现"全文链接"，可点击全文链接进入图书馆已购买数据库的详细页面，直接阅读或下载全文。见图 6 - 11 全文链接。

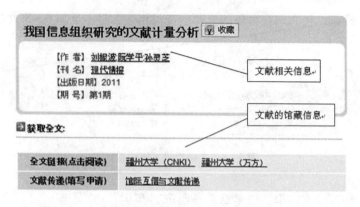

图 6-10   文献详细信息

图 6-11   全文链接

获取全文方式二：邮箱接收全文。有的文献本馆并没有全文，但是其他图书馆有该文献，点击"馆际互借与文献传递"。见图 6-12 文献传递链接点。

图 6-12   文献传递链接点

点击"文献传递链接点"后，出现文献传递申请表单，填写接收全文的Email 及验证码后点击"确认提交"。1-3 天内查看填写的邮箱，将会收到您所需文献或者反馈信息，点击直接阅读或下载。见图 6-13 文献传递表单。

提示：如果 72 小时内您没有收到邮件，请尝试以下方法：邮件可能被误识为垃圾邮件，请检查被过滤的邮件中是否有回复给您的邮件；请更换邮件地址再次提交参考咨询申请。

6.2.4   高级检索

（1）查全某个作者的所有著作

案例一：福州大学图书馆导读中心主办的第 246 期新知讲坛邀请了在谋

图 6 - 13 文献传递表单

略学领域久负盛名的柴宇球少将开讲以"知谋用谋"为题的讲座。能否在宣传中为柴少将做一个著述专题书目？怎么做？

检索方法：可以查百度百科：柴宇球（1952 年 -），江苏沭阳人，少将军衔。我国著名谋略学家、战略学家、领导学专家、军事专家，"谋略"学科构建者。教授、博士生导师。著有：《毛泽东大智谋》、《谋略论》、《谋略家》、《谋略库》、《军事领导学》、《陆军战略学》、《转型中的军事教育与训练》、《国脉 民魂 人本》、《智与谋—谋略学精要》等。也可以查各个图书馆的 OPAC，然后汇编。

最好的方法是：在 FULink 文献提供系统中以"柴宇球"进行检索，然后将结果导出，稍加整理就是一份很完整的专题书目，见图 6 - 14。

（2）查齐某个主题的各种文献

案例二：在 FULink 文献提供系统中能找出以"图书馆联盟"为主题的各种文献吗？

检索方法：在文献提供系统中输入检索词："图书馆联盟"及其同义词，可以找到图书、期刊论文、学位论文、会议论文、报纸文章等类型的中文文

图 6-14　柴宇球的专题书目检索方法

献。输入检索词："library consortia" 及其同义词，可以找到图书、期刊论文、学位论文、会议论文、报纸文章等类型的外文文献。见图 6-15。

图 6-15　"图书馆联盟"检索案例

（3）根据具体的文献线索获得全文

案例三："Gross Plastic Deformation of a Hemispherical Head With Cylindrical Nozzle：A Comparative Study" 这篇文章是 ASME 数据库的文章，可是却不能下载，why?（该留言发表于：2011-10-08 10：53：20）。

检索方法：由于图书馆只购买了 ASME 的期刊，回溯到 2000 年 1 月，其他的 ASME 产品如会议录、电子书等没有购买，这篇文献是会议录资料。建议通过 FULink 文献提供系统检索该题名，选择"外文检索"，然后点击"会议论文"，通过"邮件接收全文"。见图 6-16。

（4）特定期刊获取

案例四：因为研究需要使用美国 Mary Ann Liebert，Inc 出版的《Cyberpsychology，Behavior，and Social Networking》杂志，但是我校图书馆好像没有订阅其纸版或电子版的。因此想咨询一下如何获取该杂志文章?

检索方法：在文献提供系统中，选择"期刊"，点击"刊名"，输入刊

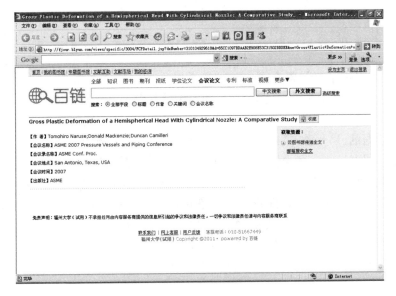

图 6 - 16　外文会议录的获取

名，选择"外文检索"，在结果聚类中选择"Cyberpsychology，Behavior，and
Social Networking"，就找到该刊所有的文章，可通过"邮件接收全文"获得
全文。见图 6 - 17。

图 6 - 17　特定期刊论文的获取

6.3　整合效果

"文献提供系统"整合了 FULink8 个成员馆中外文图书共 1 188.2 万册，中外文期刊达 13 284 份，还有 50 多种的中外文电子文献数据库。建成了集图书、期刊、报纸、学位论文、会议论文、专利、标准、视频等内容为一体的基于元数据的"一站式"统一检索平台。在保持原有数据库权限的基础上，实现了与图书馆现有各个资源进行调度链接，实现了各馆多种资源的统一揭示。在检索结果中直接向读者提供图书馆现有的各种原文获取途径，并且利用电子邮件可以实现各馆间资源的文献传递。同时通过这一平台还可以搜索到全国 700 多家图书馆各类资源，学术文献资源元数据达 4 亿多条。其中，中文图书 370 万条，中文期刊 7 600 万条，中文报纸 10 200 万条，中文学位论文 350 万条，外文图书 800 万种，外文期刊 14 500 万条，外文学位论文 100 万条等。

据调查，2011 年 11 月至 2013 年 4 月，FULink 文献提供系统共为 36 449 名用户提供了 354 982 条文献，挑选 1% 即 364 个电子邮箱地址发送调查问卷，以此获得用户的调查数据，得到 FULink 文献提供服务的感知服务质量符合度为 86，即用户实际感受的服务质量已经非常接近于用户的预期，表明 FULink 在很大程度上达到了用户的预期服务水平①。

6.3.1　统计

（1）各成员馆文献申请量汇总表

表 6.1　FULink 文献提供系统文献申请统计表（2011.11.8 – 2015.9.30）

读者单位	图书	期刊	学位论文	其他	合计
中心门户	698	3877	979	95	5652
福州大学	65955	472611	124898	27712	691476
福建师范大学	61359	226021	86867	16732	391113
福建医科大学	3388	92777	9612	3283	109126
福建中医药大学	15103	40479	5972	3512	65084

---

① 张聪，詹庆东. FULink 文献提供系统的感知服务质量研究 ［J］. 情报杂志，2013（10）：174 –177.

续表

读者单位	图书	期刊	学位论文	其他	合计
福建工程学院	2842	11481	3000	802	18143
福建江夏学院	6188	5370	1149	208	12916
闽江学院	3847	37860	14314	2415	58442
福建农林大学	27075	134328	41559	13098	216280
福建船政交通职业学院	91	1893	459	72	2515
武夷学院	1017	3166	1314	221	5718
福建教育学院	157	6445	360	100	7062
合计	187720	1036308	290483	68250	1583527

（2）年度曲线图

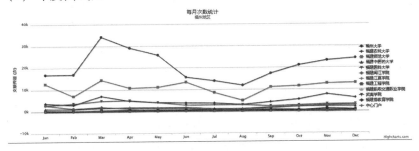

图 6 - 18　成员馆文献申请量 2014 年按月统计曲线图

图 6 - 18 可以看出成员馆文献申请量有明显的规律：每年寒假（一般在二月份）、暑假（七、八月份）时，申请量呈现低谷；每年研究生开题和本科生准备毕业论文时，一般在三、四月份，文献申请量呈现峰谷。

6.3.2　维保

（1）存在问题

① 元数据收割有所延迟。

② 元数据整合有些不准确。

③ 港台文献、外文文献等部分无法获取原文。

④ 未能实现准确检索，经常检索词拆散了检。

⑤ 元数据字段太少，影响聚类和精确检索。

（2）维保要求

①服务器及操作系统管理

- 文献提供服务系统各个应用及数据库服务器能实现冗余管理，保证单一服务器宕机情况下，文献提供服务平台仍能为用户提供服务。

- 文献提供服务系统各个应用及数据库服务器所安装的 centos 操作系统需配置合理的安全级别，减少不必要的端口的开放，增强系统安全。定期更新操作系统版本和安装系统漏洞补丁，保证系统的不因系统漏洞降低安全级别。

- 提供各个服务器所安装操作系统功能服务、第三方应用服务和文献提供系统配置服务的清单，以及这些服务所安装的路径和主要用途，为部署系统备份策略配置提供备份依据。

- 保证各成员馆为文献提供服务系统提供的文献传递与收割服务器系统安全；保证所安装的文献提供服务系统相关的应用能正常运作；做好远程管理账户与密码的保密工作，防止因账号、密码泄漏而照成系统安全问题；收割服务器对元数据的收割尽量放在用户访问低峰时段进行，并设置合理并发线程数量，防止被收割服务器出现过量访问被封锁、宕机等故障。

②系统功能完善与更新

- 开发更多的用户检索体验功能，进行平台功能升级，不断完善产品功能，达到让读者觉得该产品是其学习、科研不可或缺的好产品，提高读者的粘连度。加强程序测试，及时发现并更正程序中的 bug。对共享平台提出的功能完善要求，应在一个月内给予有效解决。

- 进一步完善网站访问用户分析脚本，对用户的系统类型及版本、浏览器类型及版本、访问来源、检索词等行为进行完整记录与行为分析，以便根据用户需求来进一步完善系统功能。

- 后台管理方面，提供明确的业务管理流程，对读者检索获取文献的过程达到可控制，可监测，其访问日志一目了然。对于读者进行文献传递的申请，后台可进一步获得该传递详细状态（类似网络购物中的快递信息），以便跟踪文献传递的整个过程；

- 提供完善的报表功能，报表数据真实可靠。生成的报表文件能直接导出为 Word、Excel 等常用格式。

- 对于用户注册管理功能仍需提供，但可以通过后台管理来设置是否开放注册申请功能，而不是通过直接更改代码屏蔽该功能。

- 管理后台提供对各个成员馆文献传递与收割服务器的应用检测功能，

提供故障报警功能。

● 应保证中文全文远程获取的满足率达到或超过95％；外文全文远程获取的满足率达到或超过80％。全文传递响应时间在24小时之内，其中中文图书文献传递需即时响应。

● 检索平台应适应多种类型（包括并不限于IE、Chrome浏览器、Firefox浏览器、360浏览器、QQ浏览器、百度浏览器、遨游浏览器等）、各种版本浏览器。

● 期刊检索结果具有按照年代、学科、核心刊、刊种、来源等信息的聚类功能。

● 数据库检索结果能够直接链接到来源库全文下载网页，对于同一篇文章同时多个数据商都有的情况，应列出文章出自多个数据商来源，还应提供文献传递的链接点。

③元数据及更新

● 应提交整合的数据库清单，整合的元数据种类与数量。

● 应在半月内提交上月份维保月报（其中一、二月和七、八月可合并）。内容包括：成员馆元数据收割情况、文献提供系统系统维护情况、维保要求的功能升级回复情况等。

● 应保证任何一个纸质图书检索结果可以实现成员馆的馆藏分布数量状况进行聚合，点击后可以实现链接到各图书馆OPAC系统。

● 元数据索引暂时取消空索引的定制需求，但须采用友好的提示界面，对检索的最新文章，成员馆自身的全文服务器无法获取为空链接的情况，需提示用户通过文献传递方式获取全文，从而方便用户获取全文，提高用户体验。

● 为缩短元数据索引更新周期，让用户获取最新元数据，提高用户使用系统的满意度，可暂时使用乙方提供的远程元数据索引库，但要求远程元数据索引的更新周期缩短到1周以内，且保证同步更新所有成员馆OPAC收割数据。

● 为保证在实际执行过程中因文献提供服务系统应用服务器（本地镜像）与乙方远程元数据索引服务器间网络中断情况下，仍能系统文献提供服务，须在甲方文献提供服务系统应用服务器后台提供自动或手动切换元数据索引库的功能。管理后台提供对乙方远程元数据索引服务器连通性自动检测功能，检测到无法连通时自动将元数据索引切换到本地镜像；或者提供配置修改方案，以便甲方技术人员进行手动切换，从而更好地保证网站的可访问性。

- 对于本地镜像需保证其能独立运作，每月定期更新期刊、图书、报纸、学位论文等元数据，整合所有成员馆 OPAC 收割数据。
- 对各成员馆 OPAC 数据收割建立完整的日志文件，包括并不限于收割时间、收割条数、是否收割成功等。
- 扩充现有的元数据索引字段数量，开发完善二次检索功能，更好地提高读者检索体验，提高读者检索的满意度，留住读者，获得更多用户的支持。加强自我测试，提升元数据质量，尤其是空链接和部分未显示全文链接及文献传递链接的元数据。

第七章 纸质资源和场所的共享

纸质资源的共享主要是通过馆际互借来实现，图书馆场所的共享是通过读者互访来实现。FULink 创造性地将两者共享整合在一起，提出"联合借阅系统"解决方案，通过网络申请获得多馆授权可进入目标图书馆，读者直接在目标图书馆接受场所服务，即"人动书不动"，充分利用地理位置相邻的优势，既可以共享纸质资源，还可以共享图书馆的场所服务。

7.1 案例分析

从 20 世纪 70 年代开始，香港 JULAC 联席会①的 3 个成员馆已开展了馆际互借的合作，当时各馆每星期三各自派员到 3 校中心点的香港理工学院互换 3 馆所需要的书籍及期刊论文的复印本，各馆所交换的资料数量大致相同。

到 1996 年，JULAC 各成员馆都参与了馆际互借的计划，当时互借的书籍及期刊数量每年都以几何级数增加，例如香港城市大学图书馆，1991 至 1992 学年透过馆际互借借入书籍共 356 本，期刊论文共 3，590 篇，总共处理 3，946 宗交易，到 1998 至 1999 学年借入书籍共 2，557 本，期刊论文共 11，180 篇，总共处理 13，737 项交易，7 年间一共上升了 248%。

2001 年 9 月开始选用 Online Computer Library Center（OCLC）的 InterLibrary Loan internet accessible database（ILLiad）系统，到 2003 年 9 月所有成员馆都选用 ILLiad 系统。根据港大图书馆 2003 年的统计，透过馆际互借获得书籍平均周转时间缩短至 3.29 日，期刊论文为 9.97 日，获得书籍较以往快 22.35%，期刊论文则快 42.8%，成绩相当理想。这一学年联席会 8 间成员馆透过新系统一共处理了 131 223 宗馆际互借的交易。

JULAC 成员馆中，教职员及研究生的图书馆互访相当频繁，2008 学年，各校新申请联校借阅证的入学教职员及研究生总和为 4 811 位，一年中持证者

---

① 廖柏成. 互通有无——浅谈香港高等院校馆际互借及读者互访的经验 [J]. 公共图书馆，2009（3）：76 - 79

进入其他图书馆为 74 655 人次，直接借用书籍有 90 701 本，足见读者互访的重要。

2015 年开始，JULAC 与 CALIS 本着自愿结合、友好合作、互惠互利的原则，在著作权法的保护框架内开展文献传递服务。每年免费提供 JULAC 8 所高校图书馆每家 100 篇的文献资源。文献范围包括 JULAC 8 所高校图书馆的馆藏，文献类型包括期刊论文、学位论文及图书章节（最多提供全书的10%）。文献以电子邮件方式传递。JULAC 成员馆在收到文献申请后五个工作日（不包括周六、日及中、港公众假期）内完成申请的处理①。

联席会成立至今已超过 40 年的光景，成功开展及完成的合作专案不胜枚举，馆际互借是比较成功的合作专案。JULAC 通过不断检讨及回应读者的诉求，以读者的需要放在首位，灵活运用资源，发挥合作精神，提供最佳服务。

7.1.1　用户需求

（1）不只教师需要馆际互借，所有的图书馆用户都有馆际互借的需求。

在 2002 年联席会属下的流通服务小组开设了专案组，探讨开展一种以读者为导向的馆际互借合作，计划开始构思时，考虑到以前只有教职员及研究生才可使用书籍及期刊的馆际互借服务，一般本科生都没有纳入服务范围内，而当时大学教育对本科生的学习及研究要求亦不断提高，本科生对资讯的渴求极为殷切，所以新计划不单包括本科生，副学士生及修读文凭课程的学生亦纳入为服务对象。

（2）不只教师和研究人员需要访问其他图书馆，本科生也有图书馆互访的需求。

本科生的读者希望可以到访其他大学图书馆的诉求。其中以大学三年级生的需求尤甚，他们均需要为毕业论文搜集资料及撰写报告做准备，他们的研究较多采用期刊论文作为参考资料，可惜期刊论文的章节细目都不能直接透过线上目录查询而获得，各同学有需要到访其他大学图书馆作进一步的资料搜集。

7.1.2　运作流程

（1）成员馆定时派员定点互换资料，每周一次。

---

① 高等教育数字图书馆．［EB/OL］．［2015 - 10 - 06］．http：//www. calis. edu. cn/educhina/viewnews. do？newsid = 15160

（2）随着需求增多，交换次数由每星期 1 次增加到每星期 5 次，书籍及期刊的运送改交由快递公司处理。

（3）急件处理方法：在处理一些紧急申请期刊论文时，当借出资料的图书馆收到请求后，会马上找出相关的期刊论文，并以传真的方式将期刊论文复印件传送至借入图书馆，借入馆便立即通知读者到图书馆领取有关资料。

（4）手工运作流程：首先要求读者到流通部或资讯参考服务部柜台领取申请表，将需要借用的书籍或期刊论文资料填上，再交回柜台，馆员收到申请表后，将资料输入互借系统，如果读者已清楚知道所需资料可以在那一间图书馆找到，馆员便可省却寻找有关资料的时间，否则每个申请都要花上若数分钟或更长的时间来处理，所有资料整理好后，馆员会打印当天的申请，然后以传真的方法将申请传递到相关图书馆再作跟进。当借出馆收到申请后，馆员会在书架上将书籍或期刊取下，并将有需要的期刊论文复印，书籍及复印好的论文会在互借系统加以登记后放进邮袋，而每家图书馆都有自己专用的邮袋，以减少送递错误，快递公司职员收集所有邮袋后再送到借入馆去。

（5）软件支持运作流程：首先，读者可以直接透过系统提出借书及期刊论文的要求及可以续借资料。其次，系统可以传递电子文件，将期刊论文的电子版本直接送到读者的电子邮箱内。最后，系统亦需要提供给读者及馆员系统通告、书目查询、使用统计及读者账户管理等功能。

7.1.3 流通规则

（1）借书册数与借书期限

为回应读者的需求，联席会属下的流通服务小组建议及落实于 2007 年 7 月增加了教职员及研究人员的借书量由 10 本增至 20 本，本科生仍维持借书量为 10 本，同年 11 月增加了读者续借次数，由 1 次增至两次，本科生借书经续借两次后最长借期为 45 日，教职员及研究人员经续借后最长借书期为 90 日。2005 至 2006 学年，透过港书网借用的书籍为 85，202 本，2006 至 2007 学年为 141 332 本，2007 至 2008 学年为 169 699 本，2008 至 2009 学年为 195 392 本，每学年都有着两位数字的升幅，足见计划之成功。

（2）借书范围

一些参考书籍、特藏书籍及视听资料等皆不会以馆际互借的方式借出，如果需要相关的资料，研究生及老师们必需亲身到有关的图书馆来查阅。

（3）互访证件申请

在 70 年代香港大学图书馆、香港中文大学图书馆及理工学院图书馆已经让三校教学人员、行政人员及研究人员互访各馆，他们必需在自己所属院校申请证件，各申请人只获得联校阅览证，并没有借书的权利，取得证件后方可到访其他图书馆。

（4）联校借书证

直到90年代，联席会各成员经检讨后，进一步合作，除了教学、行政及研究人员可以互访各馆外，硕士及博士研究生皆获得联校借书证，享有各馆借书的权利，这一项措施不单丰富了有关读者寻找资料的空间，而且对各院校学者的交流带来极大的便利。

7.1.4　软件支持

（1）各馆自编馆际互借软件

在2002年以前，联席会8个成员馆都用不同的馆际互借系统，当中7个成员馆的系统是自行研发，如港大图书馆就以 FoxPro 来编写其馆际互借系统，最后1个成员是选用商业软件，由于各个系统都没有统一的通讯协定，各馆交换资料只能依靠传真通信，造成馆际互借资料需要重复输入，延误了每宗交易的周转时间。

（2）合作研究馆际互借系统

为了进一步提升效率，浸大图书馆、中大图书馆及港大图书馆于2001年开始研究馆际互借系统上的进一步合作。对新系统要求，首要是不论读者及图书馆员都感到易于应用，读者可以直接透过系统提出借书及期刊论文的要求及可以续借资料，其次，系统可以传递电子文件，将期刊论文的电子版本直接送到读者的电子邮箱内，最后系统亦需要提供给读者及馆员系统通告、书目查询、使用统计及读者账户管理等功能。

（3）选择商用馆际互借系统

经过3所成员馆的馆员讨论及试用后，于2001年9月选用 Online Computer Library Center（OCLC）的 InterLibrary Loan internet accessible database（ILLiad）系统。经讨论后，以读者主导的互借系统是发展的大方向，各成员皆要求系统可以接受读者直接预约书籍，并且可以自行查询读者所属图书馆是否已藏有要求借用的书籍，以及可处理借还书纪录，最重要是系统可以支援查询及显示中日韩文字。经筛选后，选用了尹威第的 INN - Reach 系统，INN - Reach 除了符合所有要求外，各馆本身的图书馆系统亦是尹威第公司的产品，因此，在系统的兼容上 INN - Reach 占了绝对的优势。在2004年1月至9月，港大图书馆、城大图书馆及岭大图书馆进行了预备试验。经测试后，各馆对系统各方面的运作都感到满意，最重要是系统不单提升了处理互借的交易量，更在周转时间上大有改进，绝大部份书籍在两个工作日内交到读者手里，读者对这项新服务非常满意，并要求更多图书馆加入合作计划①。

7.1.5 国内案例

（1）海南案例：2001 年，海南省高校图书馆依托中国教育科研网（CER-NET），在国内最早创建了省域高校图书馆网络环境下分布式馆际互借服务模式。该服务模式的主要特点是：成员馆使用统一的文献管理系统和馆际互借服务系统（ILAS）；书目数据库分布式、查询检索广播式；各校师生平等地享有馆际互借权利；一卡通用、通还通借；网络借阅和现场借阅两便；实体文献和网络传送并举②。

（2）BALIS 案例：BALIS 馆际互借于 2007 年 11 月正式启动，采取集中式门户平台与分布式服务相结合的运营模式，是国内首家基于商业物流的返还式馆际互借模式。它通过 BALIS 专门开发的馆际互借统一门户，完成北京地区高校馆际互借的读者身份认证，建立馆际互借虚拟联合目录；通过分布式、异构统一检索技术，实现对虚拟馆际互借联合目录的检索，进而在检索的基础上完成馆际互借的事务处理③。

（3）天津案例：天津高校馆际互借服务始于 2003 年 4 月，它的运行基础是基于统一图书馆管理系统（Unicom）的联合自动化平台。天津 17 所高等院校共同使用一台数据服务器和统一的 Web 联合目录检索服务器，即无论在硬件还是在软件上都共同使用一套图书馆自动化系统，各个成员馆在这个系统内实行网上联合编目共建一个数据库，共享文献馆藏信息。由于是在一套系统内进行管理，馆际互借服务与普通的本馆流通可以达到无差别运行，只是通过馆际互借的文献变成了系统内的异地借还④。

（4）南京案例："南京城东高校图书馆联合体"于 2005 年 12 月启动，

---

① Hong Kong Academic Library Link OPAC Main Menu. ［EB/OL］. ［2015 - 10 - 06］. http：//hkall. hku. hk/

② 黄玉华. 海南高校图书馆际互借可持续发展探析［J］. 大学图书馆学报，2008（2）：83 - 86

③ 赵晓晔，李高虎. 基干虚拟联合目录的 BALIS "馆际互借"新型应用与实践［J］. 现代图书情报技术，2009（7/8）：117 - 121

④ 张惠君. 异构环境下区域馆际互借的思考与探索［J］. 图书情报工作，2011，55（3）：74 - 77，124

2009 年 9 月共享平台正式运行。南航、南农、南理三所高校图书馆联合体校际图书通借通还工作，任何一馆的读者，通过三校建成的"联合体资源共享平台"（资源统一检索和服务平台），即可实现异地资源服务本地化：通过软件平台统一响应（统一的图书管理系统汇文系统）、物流平台统一配送的方式，读者在本校图书馆即可办理异地馆图书的借还工作。目前，南林和南体也先后加入联合体①。

7.2　第一期联合借阅系统

FULink 成员馆集中在福州地区大学城及其周边，城内高校相邻，有多路公交车往返，交通方便，这是实现"联合借阅系统"的优势所在。在 FULink 成员馆采用不同的图书馆管理系统，读者库和书库无法共享的条件下如何实现"联合借阅"？第一期联合借阅系统采用的方式是：读者提出申请，借出馆工作人员手工添加借入馆申请办理馆际互借的读者信息到借出馆读者库中，将外校读者当做本校特殊读者实现图书的借还。为此，还要做好制定"统一条形码编码规则"、"联合借阅规则"等前期准备。

7.2.1　统一条形码编码规则

为了做好福州地区大学城文献信息资源共建共享工作，制定了图书条形码编码规则，FULink 共享平台各成员图书馆自 2012 年 1 月 1 日起，对新购进的图书采用图书条形码统一编码规则。

（1）福州地区大学城各图书馆图书条形码统一采用编码规则如下：

① 位长为 14 位；

② 条形码均采用数字；

③ 取号规则：学校代码（2 位）＋文献类型代码（1 位，自定义）＋图书流水号（10 位，自定义）＋校验位（1 位）

④ 条形码使用 128 码；

⑤ 校验位生成方法：纯数字条码采用模 10 校验。

其中，各高校代码：11 - 福州大学、12 - 福建师范大学、13 - 福建医科大学、14 - 福建中医药大学、15 - 福建工程学院、16 - 江夏学院、17 - 闽江

---

① 赵曼娟. 高校区域教学联合体新型馆际互借服务模式探析——以"南京城东高校图书馆文献资源共享联合体"馆际互借为例［J］. 图书馆学研究，2012（12）：56 - 59，65

学院、18 - 福建农林大学

（2）条形码校验位生成方法

采用中华人民共和国文化行业标准图书馆行业条码 WH0501—1995 标准中的校验位计算方法。条码位数从左向右数起，单数为第 1、3、5、7 等位，双数位为第 2、4、6、8 等位。条码的最后一位为校验位。纯数字条码采用模10 校验，计算方法如下：见图 7 - 1。

① 单数位分别乘 2，双数位值不变。

② 单数位乘 2 后，如果积大于或等于 10 则十位与个位进行相加。

③ 求所有位的数值之和。

④ 所有位的数值之和除以模 10 取其余数。

⑤ 用模 10 减去余数，就是校验位的数值；当用模 10 减 0 时，校验位的值为 0。

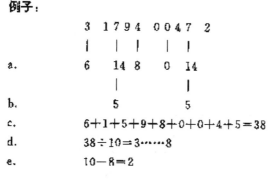

图 7 - 1 条形码校验位生成方法

例子中条码最后一位 2 为校验位。

7.2.2 制定联合借阅规则

为了做好福州大学城有关高校之间文献信息资源的共享工作，在福州大学、福建师范大学、福建医科大学、福建中医药大学、福建工程学院、江夏学院、闽江学院和福建农林大学等 8 所高校各图书馆之间实现纸质文献的联合借阅，保证纸质文献区域流通工作的规范有序，制定了联合借阅规则。

第一条 读者对象：以上 8 所高校持有"福州大学城校园一卡通"的师生读者都可申请进入福州大学城各高校图书馆借阅图书文献。

第二条 申请办法：持"福州大学城校园一卡通"，到本人所在校图书馆按有关规定申请注册；读者可按照自己意愿申请一所或多所图书馆；读者必须通过本馆的在线考试系统的考试，七个工作日后可获得借书权限。

第三条 各成员馆应指定专人负责联合借阅工作，每周四上午发送、接收并处理来自本校或其他学校的申请注册读者的汇总信息。

第四条 凡已获准进入区域流通的读者，按照大学城各共享成员馆的规定，在本校以外共享成员馆享受以下权限：

（1）持本人"福州大学城校园一卡通"可进入各成员馆阅览图书，借阅成员馆对外开放的所有纸质图书文献。

（2）可借阅图书2册，借期1个月。读者借还书需到图书出借馆办理借还手续。

（3）超期罚款的数量应根据图书出借馆对本校师生读者的规则等同办理；

（4）读者丢失、损毁图书，由此给图书出借馆造成的财产损失，由借阅者本人负责，并按出借馆的标准进行经济赔偿；

（5）读者如有超期、欠款等违反图书出借馆规章制度的行为，由读者所在校图书馆协助出借馆催还。

（6）读者须妥善保管"一卡通"，一旦丢失，应及时向申请共享成员馆挂失，挂失前所借图书由读者本人负责。

第五条 凡获准进入区域流通的读者在办理离校手续时，必须先到出借馆清还图书；读者所在校馆应在核实后方能允许其办理离校手续。

第六条 凡未还清共享成员馆图书就离校的，给图书出借馆造成的财产损失，由读者所在校图书馆负责，按出借馆的标准进行经济赔偿。因图书出借馆的失误造成图书丢失的，由出借馆承担责任。

第七条 本规则从发布之日起实施，各共享成员馆共同遵守。各高校可结合本校实际制定具体实施细则。

7.2.3 联合借阅支持系统

（1）"联合借阅支持系统"源起

在实践中，如何将"借出馆工作人员手工添加借入馆申请办理馆际互借的读者信息到借出馆读者库中"这一过程简化、计算机化？福州大学图书馆戴晓翔老师编制了"馆际互借支持系统"即"福州地区大学城纸质文献联合借阅申请系统"①。

未使用该系统前，读者需要填写纸质申请单，工作人员再录入生成电子文档，并发邮件给其他七所高校，同时接收其他七所高校发来的数据，合并并提取出有申请本校馆际互借的数据导入到本馆的系统里。在录入的过程中，没有系统纠错控制，难免出现错误，并出现重复发送数据的现象。

该系统简化了流程，读者直接通过该系统提交申请后，到本校图书馆进行审核，审核通过后，借出馆会查看到相关信息，将申请的读者信息下载追加到本校的"图书资源管理系统"的用户信息库中去。

（2）"联合借阅支持系统"框架图

系统总体架构如图7-2所示。

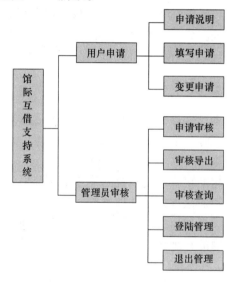

图7-2　联合借阅支持系统框架图

架构说明：

①用户依照"申请说明"在系统的"填写申请"模块提交办理"大学城统一图书证"申请信息，申请结束时，系统会提供给用户一个"申请流水号"，该流水号只有用户本人知道，作为用户申请的验证码，它和用户的本校

---

① 戴晓翔. 大学城环境下图书馆"馆际互借"支持系统研究［J］. 图书馆学研究，2013（5）：87-91.

借书证号配合来确认申请的有效性。基于此，用户可凭本人的"图书证号"和"申请流水号"在支持系统的"变更申请"模块中修改本人的申请信息，也必须凭此两个号码到本校的图书馆办理"申请审核"手续。

②通过网上申请成功的读者便可到本校的图书馆，向管理员提供"图书证"和网上申请时获得"申请流水号"，管理员便可根据这两个信息查询到该用户的唯一申请单，进行审核，填写大学城统一证号、证件有效期，最后打印出一份纸质申请表，由读者所在学校图书馆存档。

③借出馆的工作人员可在该系统中查询到有申请本校馆际互借的读者，直接下载成 Excel 文档，追加到本校的"图书管理系统"的用户信息库中去。

（3）系统反馈

2011 年下半年，该系统在 4 所高校试运行，得到各校管理员的好评，于 2012 年初正式在福州地区大学新校区 8 所高校运行。半年的时间，在该平台上申请的读者有 1 600 多人，受理完成的读者有近 900 人。

7.2.4 问题与建议

FULink 联合借阅系统实施了近一年，流通服务运行平稳，潜在需求旺盛。如要深入开展该服务受到管理及技术的制约。

（1）存在统计困难、检索不便、多头管理。

（2）借阅期限、超期罚款、借阅范围等各馆未统一，导致学生无所适从。

（3）申请联合借阅的读者如何办理离校，亟待制订统一规则。

（4）联合借阅的读者如何进入目标馆的门禁未得到妥善解决。

（5）参加区域流通的每个馆都要求申请共享的读者参加所申请馆的在线考试，重复考试增加了共享推广的难度，也浪费更多读者的时间。

这些问题有的需要各馆协作统一一套规则，有的需要编制一套自动化管理系统来管理。

7.3 第二期联合借阅系统

在当前信息化程度相当高的图书馆，实现"馆际互借"比较理想的方案就是，各高校图书馆之间的"图书资源管理系统"实现对接，直接实现图书馆之间的图书资源信息库互通共享、师生信息库实现互通共享。

7.3.1　系统调研

为更好地开展福州地区大学城文献信息资源共建共享工作，尽快部署福州地区大学城联合借阅系统，受协调小组委托，"福州地区大学城联合借阅系统实施调研工作组"一行 12 人（含技术人员和流通一线人员）于 2012 年 3 月 26 日～31 日考察了北京创讯公司、南京汇文公司有关联合借阅的相关产品，走访了北京邮电大学、北京科技大学、中国人民大学、北京理工大学、北京大学、北京航空航天大学、南京大学、南京农业大学、南京理工大学等图书馆，对联合借阅系统的建设方案进行了调研。

调研中，调研小组主要围绕联合借阅系统建设可能采用的"单一平台系统"和"多平台系统"两套方案实施的可能性、优缺点等进行考察。前者主要以南京汇文公司的产品为重点考察对象，后者以北京创讯公司的产品为重点考察对象。

7.3.2　系统比较

（1）两个方案的可实施性分析

就福州地区大学城目前的运行模式、功能需求而言，两套系统经过适当修改以后均符合要求，可供选用。

其中北京创讯公司的产品对各馆现有的系统改动量较小，平台可立即进行建设，投入使用；南京汇文公司的产品改动量较大，且需要参与馆全部更换汇文图书馆管理系统后才能投入使用。

（2）两个方案的优缺点分析

多平台系统的优点是：可满足现有的互借需求，兼容性较强，不要求成员馆采用统一的图书馆管理系统，且目前有多家的平台可供选择，利于联盟今后的发展；缺点是：系统整体功能将受限于 SIP2 接口所能获取的信息，如需更精细的功能需求，需要图书馆管理系统软件商的配合。

单一平台系统的优点是：读者证件管理更灵活，可以满足未来更精细的功能需求；缺点是：需要所有参与馆都选用汇文图书馆管理系统，不利于联盟今后的发展。目前只能四个馆实施。

（3）两个方案的费用比较

表 7 - 1　两种方案费用对照表：

		多平台系统	单一平台系统
软件费	中心平台（UNIX）		20 万元
	分馆平台（WINDOWS）	20 万元	2.5 万元 * 8 = 20 万元
	联合目录（UNIX）		8 万元
	接口费	10.4 万元	无
小计：		30.4 万元	48 万元
硬件费	中心平台	12 万元（一台服务器）	24 万元（二台服务器）
合计：		42.4 万元	72 万元
另外			
	年更新费	2 万元	7 万元
	系统更换费	无（若有新增管理系统，接口费 0.5 万元）	17 万元/每馆

（4）网络环境比较

调查组认为两套系统对大学城区的网络环境均要求较高。

借书操作期间：多平台系统要求两点联通，单一平台系统要求三点联通。

检索联合目录期间：两套系统均要求所有的图书馆应处于网络联通状态。

（5）必须具备的功能

调查组认为中心系统要有读者中心库，必须要有"读者申请"、"申请的验证、授权"、"读者、图书统计功能或排行列表"等功能。同时，应提供各馆门禁问题的解决方案。

（6）详细参数比较

调查组在走访已实施联合借阅的图书馆并与同行交流、讨论后认为，应参考北京和南京等多个共享平台联合借阅系统的经验，在现有运行模式、功能需求的基础上，进行了需求与两个系统功能的详细比对，供协调小组从系统功能、售后服务、实施价格等多方面决策参考。

表7-2 联合借阅系统运行环境情况

	多平台系统	单一平台系统
联合借阅系统运行平台	UNIX 或 Windows 系统均可以	
后台数据库	联合借阅系统均采用 Oracle 数据库；	
硬件要求	一台或两台中心服务器，各馆一台同步服务器	两台中心服务器，各馆一台代理服务器
	中心服务系统可采用 PC 服务器或小型机 同步服务器可采用 PC 机	中心服务系统可采用 PC 服务器或小型机 代理服务器可采用 PC 机或 PC 服务器；
对各图书馆管理系统的要求	支持 SIP2 协议	均采用汇文系统

表7-3 联合借阅系统运行情况及公司状况

	北京创讯	江苏汇文
系统运行时间	2008 年至今	2010 年至今
案例数量	北京地区高校共 70 多所 山西省高校九所	南京市高校三所 南京市公共馆三所
支持的运行模式	均支持物流委托、直接自取、混合三种模式	
公司规模	23 人。	26 人
相关产品应用规模	上百家应用单位	530 家用户

表7-4 功能及技术要求的实现情况

	现有流程需求	北京创讯	江苏汇文
读者申请	读者个人提出申请，并可以选择开通哪几个馆	符合功能要求。读者在系统中填写个人信息向自己所在图书馆提出注册申请，并选择自己开通哪几个图书馆的馆际互借，也可以全部图书馆都开通，图书馆审批后读者可以使用账号其他完成馆际互借.	符合功能要求。一：读者开通馆际借阅有两种方式，1：批量，由读者所在馆选择开通全部或者部分读者类型的读者，2：单独，读者自行到所在馆申请开通。 二：馆与馆之间可以选择是否开放馆际借阅，既每个馆可以选择针对哪些其他馆开放。

续表

	现有流程需求	北京创讯	江苏汇文
申请的验证、授权方式	能成批导入或对单个读者进行验证、授权	符合功能要求。图书馆管理员在系统中查看到读者新注册账号信息，并对这个读者进行验证和授权．管理员也可以把本校读者的信息保存在文件中，系统对这个文件中的读者信息进行批量导入。	未满足功能要求。批量开通不需要申请和授权，单独开通只需要读者实时申请开通即可。馆际借阅时读者实时验证，除了可验证读者状态，读者在本馆和中心的超期，违章，罚款都可进行验证。
中心读者库	中心要有中心读者库，能用该库进行读者入馆认证	符合功能要求。有中心读者库，包含所有成员馆学校的读者信息．通过馆代码来区分不同学校的读者	未满足功能要求。将增加该功能要求（没有中心读者库，借还直接调用借入馆信息）
IC 卡机器码	中心读者库还应包含 IC 卡机器码数据，方便日后各种调用	符合功能要求。目前是条码，已有 IC 卡机器码字段。可以实现读者注册时可以填写 IC 卡机器码，管理员验证读者时可以填写或修改维护 IC 卡机器码，读者批量导入时可以按文件导入。	未满足功能要求。将增加该功能要求（没有中心读者库）
中心读者库读者状态信息	中心读者库读者状态信息能实时与借入馆同步	未满足功能要求。计划实现互借服务，定时扫描本地数据读者信息（SIP2 协议），根据扫描结果（可借阅/不可借阅）更新互借中心读者信息。	未满足功能要求。将增加该功能要求。（没有中心读者库借还直接调用借入馆信息）
借书	借书应能判断读者证件状态并能根据联合借阅规则做出判断（如是否超借阅册数、是否欠款、是否有超期书等）并将借书信息实时写入中心及借出馆数据库	符合功能要求，借书包括 2 层判断：首先判断中心数据证件状态、借阅册数等信息；然后通过 sip2 协议由本地自动化系统完成本地信息的状态判断。借书成功后，同时写入本地数据库（SIP2 协议）和中心数据库。	符合功能要求，除了可根据中心借阅规则和信息来加判断外，还可以选择是否判断本馆相关信息，并且除了所有馆都需要按照中心规则来做判断之外，本馆也可以根据本馆要求，设定针对其他不同馆设定不同的规则。
还书	还书应能根据借阅规则做出违章处理，并将还书信息能实时写入中心及借出馆数据库	符合功能要求。 正常还书： 首先验证中心借阅数据，可归还则通过 SIP2 协议本地自动化系统做归还操作，成功后，同时写入中心库和本地库。 本地归还，中心未归还异常还书： 计划实现通过同步进程，对比馆际互借中心库已借出未归还数据和本地数据（SIP2 协议），如状态不同，根据本地信息更新馆际互借信息。	符合功能要求，馆际之间包含有超期罚款，违章处理，遗失赔偿等功能，读者是实时验证，然后同步到中心，所以读者挂失，有效期等都在本馆操作即可。

续表

	现有流程需求	北京创讯	江苏汇文
证件处理：挂失、罚款、证件有效期	有挂失、罚款功能，证件有效期要比借入馆提前2个月	符合功能要求。读者可以在中心系统自行挂失。在中心系统处理罚款事务。管理员可以在系统中查看到过期归还图书，并对违章进行罚款。证件有效期在读者申请时设置。	符合功能要求，馆际之间包含有超期罚款，违章处理，遗失赔偿等功能，读者是实时验证，然后同步到中心，所以读者挂失，有效期等都在本馆操作即可。
读者离校	有欠账离校读者信息查询、导出等功能或其他相关功能	未满足功能要求。在系统中可以查询离校读者的未归还图书信息，可以增加功能：本地馆设置虚拟馆藏数据，读者发生互借操作后，互借服务同步功能发送相应操作指令，在本地完成对虚拟馆藏的同等操作。在本地自动化系统能直观反映读者借阅信息。	符合功能要求，一：读者在本馆离校注销时实时判断是否在中心有在借图书，超期欠款等信息，二，可在中心通过查询功能把本馆有在借图书，超期欠款，违章欠款等的读者信息检索出来打印或者导出。
中心与本地数据	由于网络等问题，确保中心与本地数据一致的同步处理方法	符合功能要求。借出馆与中心的借还采用事务一致性，任何一方因为网络问题，都采用事务回退的方法保持一致。借入馆与中心采用异步同步方式保持一致。	符合功能要求，任何一个数据操作都有相应的数据同步处理，数据以本地为主，如果网络有问题，会保存成本地临时数据，定时多次同步到中心。
读者、图书分类统计等借还信息统计	对按馆、图书借入借出数量与比例、读者数量与比例等栏目统计，及根据时间段汇总各个学校的借入借出记录统计	符合功能要求。统计中包括按时间段对借出和借入图书数量进行统计，可根据需要另行定制其他统计。	符合功能要求，包括馆之间借阅汇总统计，工作量统计，经费结算统计等。
查询	能根据指定读者、时间、学校、书刊等条件、显示详细的借入借出记录	符合功能要求。以读者，时间，学校等条件对借出和借入图书信息进行查询，可根据需要另行定制其他统计。	符合功能要求，包括按照读者查询，按照书刊查询，馆之间借阅明细查询。
联合目录	实时或能指定时间间隔更新的联合目录	符合功能要求。实时，直接各图书馆 OPAC 网页抓取	符合功能要求，书目数据汇总，并且定时更新，复本数据实时调用。

续表

	现有流程需求	北京创讯	江苏汇文
邮件服务	催还, 借还等信息提醒	符合功能要求。可查询显示出需要催还的图书和读者信息, 发送邮件进行催还, 可根据需要定制其他统计。	符合功能要求,
系统管理	提供对系统各类参数 (包括学校、读者、工作人员、口令权限、借阅规则等) 的动态管理, 及对各类记录的维护。	符合功能要求。系统管理员对学校、读者、工作人员、口令权限等的动态管理, 及对各类记录的维护。	符合功能要求, 包括图书馆, 参与的校区, 参与的馆藏地, 参与的读者, 借阅规则, 工作人员等参数设置,
读者个人信息处理	读者能对密码、邮箱等信息进行修改	符合功能要求。读者登录系统后可以对个人信息进行维护	符合功能要求, 读者通过本馆OPAC 修改密码和邮箱等信息即可, 中心读者信息实时同步。
	能进行暂停共享服务的操作	符合功能要求。读者个人是挂失, 成员馆是暂停共享	未满足功能要求。希望能提供更多信息以便确定是否有该功能
短信服务	催还, 借还等信息提醒	符合功能要求。有相关的短信平台	符合功能要求, 可实现读者到期前催还提醒, 超期催还, 借阅信息查询等功能。
对通道机的支持 (今后门禁对接可能需要接口费)	刷条码或者一卡通 (中心系统应提供相应接口标准供通道机读取数据)	未满足功能要求。中心系统提供相关视图或接口。	未满足功能要求。将增加该功能要求。

7.3.3 系统设计

针对大学城校区较为集中、图书管理系统并不统一的特点, 综合考虑了前期准备工作、系统架构、联合目录等方面的因素, FULink 选择 "多平台系统", 部署了 "支持异构自动化系统的联合借阅系统"。该系统平台基于 SIP2 协议, 采用中心转发机制, 实现与异构自动化业务系统的统一借还, 并提供虚拟联合目录的统一检索, 集证件管理、借还、查询、统计功能于一体①。

---

① 戴晓翔. 福州地区大学城图书馆联盟纸质文献资源共享策略 [J]. 情报探索, 2015 (9): 61 –63 +67.

（1）联合借阅系统的工作原理

SIP2 是 Standard Interchange Protocol V2.00 的简写，由 3M 公司制定，是图书馆自动借还设备与流通管理系统之间的数据传输协议。目前大部分图书馆管理系统都提供支持 SIP2 协议的接口。联合借阅系统基于 SIP2 协议，采用中心转发机制，实现与异构自动化系统的统一借还。各成员馆不论采用何种图书馆自动化业务系统，只要购买该业务系统开发的自动借还设备的接口软件，就可以接入联合借阅系统中，而不需要另外专门开发接入接口软件。工作原理如图 7 - 3。

图 7 - 3　SIP2 协议接口工作原理

（2）联合借阅系统的运行模式

联合借阅系统搭建集中式门户平台，基于 SIP2 协议，采用中心转发机制，实现与异构自动化系统的统一借还。中心门户平台采用 B/S 体系构架，服务器放在中心馆福州大学图书馆，各成员馆直接通过 Internet 联入中心系统，进行借还操作。联合借阅系统的运行模式如图 7 - 4。

（3）联合借阅系统的策略设计

①读者验证

中心服务器中有申请联合借阅权限的读者数据库，但在借书事务时，中心在验证中心读者库该读者的证件有效性的同时，仍然通过该借入馆的 SIP2 协议接口软件验证自动化系统中该读者的证件状态。证件是否可用，以读者所在馆即借入馆数据为准。

②通过策略实现借还业务

在联合借阅平台上进行借书操作时，在借入馆和借出馆的各自的业务系统以及中心平台上都有借书记录。在借出馆的业务系统里是以借入馆的虚拟证借实体书，这样，借出馆该书的状态就是真实的情况，不影响该馆的 OPAC 查询结果。在借入馆的业务系统里是该读者的实际证号借该馆的虚拟书，标记该读者在联合借阅平台上有借书，办理离校时，就不需要再到联合借阅平台上离校了。而在中心数据库中，是以该读者借实体书，即在联合借阅平台

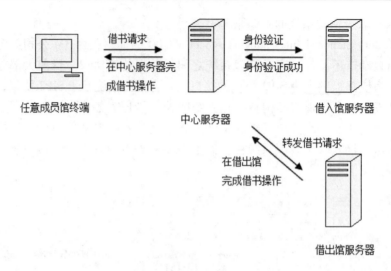

图7-4　联合借阅系统的运行模式

上可以查询到是具体哪位读者借了哪个馆的什么书。所有数据以中心数据为准。还书类似。

③定时同步

三处借书操作起到不同的作用，设计虽然周密，但也有风险。因为要中心与借入馆、中心与借出馆都进行借书操作，就必须保证这三方的网络通讯正常，在实际的操作中，就有遇到至少一方网络不通的情况，这样就可能出现数据不一致的地方。因利用的自助借还机的接口软件，所以读者在借出馆的业务系统里还书也是可以的。但因为跳过了中心操作界面，所以三处还书的操作只进行了一处，也造成了数据不一致。定时同步就解决了这个问题，以中心数据为准，进行借入馆和借出馆数据的同步操作。

④支持脱机借还

网络是实现联合借阅的关键，但大学城网络不通、连接超时现象时有发生，在这种情况下，脱机借还就必不可少了，在网络重新连上后，可进行手工同步，或每日的定时同步来同步借还数据。

⑤超期罚款处理

在自助借还机上是无法进行超期罚款的，所以设计该系统时，考虑只在中心进行罚款处理，而借入馆和借出馆的业务系统中不进行超期罚款，把各馆业务系统的借期设计为10年，而中心的借期是按正常的设定，这样就避免了业务系统的超期现象，有超期的，直接在中心进行处理。

7.3.4　技术要点

（1）系统功能需求

①读者申请开通联合借阅

● 读者信息注册：读者在中心系统网站中填写个人信息进行注册申请（读者信息提供个人填写和管理员批量导入两种方式），并选择自己开通哪几个图书馆的馆际互借，参加联合借阅的考试。

● 管理员审核、授权：读者填写申请并考试通过后，管理员在中心系统网站中进行审核，添加必备信息，如证件到期时间、IC 卡序列号等信息。

● 开通联合借阅后，读者可以自行在中心系统网站上增加、取消互借馆（取消的前提是与该馆没有欠书或欠款）

②借书：借书时应能到借入馆判断读者证件状态并根据联合借阅规则做出判断是否可以借书，并将借书信息实时写入中心系统、借入馆及借出馆数据库。

③还书：还书时应能根据借阅规则系统自动或由管理员手动做出违章处理，并将还书信息能实时写入中心、借入馆及借出馆数据库。

④证件管理

● 挂失：读者和管理员均可以进行挂失操作，要有操作日志。

● 读者个人信息维护：读者能对密码、邮箱等信息进行修改；在中心系统网站上增加、取消互借馆（取消的前提是与该馆没有欠书或欠款）；密码修改、信息修改、互借馆维护要有分别详细的操作日志。

● 补证（借入馆管理员操作）：由借入馆管理员操作，要有操作日志。

● 证件有效期修改（借入馆管理员操作）：由借入馆管理员操作，要有操作日志。

● 停借、停借原因（可由各馆管理员操作）：可由各馆管理员进行停借操作，并在备注项里填写停借原因，要有操作日志。

● 信息修改（借入馆管理员操作）：由借入馆管理员操作，除了读者的个人信息，还有读者的其他基本信息，如 IC 卡序列号等。

● 证件删除（借入馆管理员操作）（可对证件有效期限超期的证件进行删除）：管理员包括借入馆管理员和借出馆管理员，应严格区分权限。

⑤罚款处理

● 交纳：还书后由系统自动或管理员手动进行罚款处理；支持欠款还书，

可以日后补交欠款。

• 赦免：还书后直接赦免欠款；累积日后一起赦免欠款；按条件批量赦免；赦免欠款只有借出馆管理员有权限赦免。

• 欠款：还书后由系统自动或管理员手动进行欠款处理。

• 污损丢书等罚款：在中心系统中人工输入罚款金额，并填写罚款原因写入中心数据库。

⑥催还图书

• 按条件催还图书，提供邮件催还、短信催还服务，由读者自行订制。

• 提供提前还书提醒服务，具有定时处理的功能。

⑦中心系统

• 查询：具备借阅查询：提供综合各馆馆藏情况的联合目录；证件查询：含证件详细信息查询、所借图书查询、欠款查询；罚款查询：提供按读者、图书、成员馆等条件查询。

• 日志：记录的是真实证件和真实图书信息。权限要分清，成员馆只能查与本馆相关的信息，中心管理员具有最大权限、可查所有馆信息。具备流通日志：提供按时间段、读者、图书、成员馆等条件查询流通情况；罚款日志：提供按时间段、读者、图书、成员馆等条件查询。

• 统计（权限要分清，成员馆只能查与本馆相关的信息，中心管理员具有最大权限、可查所有馆信息）。具备流通统计：提供按时间段、图书分类、借入馆、借出馆等进行统计；罚款统计：提供按时间段、读者、图书、成员馆等条件进行统计；读者统计：提供按时间段、借入馆、借出馆的人次和册数等进行统计。

⑧系统维护

• 参数设置：包括联合借阅规则设置：联合借阅里有超期的情况下，是否可借图书；联合借阅里有欠款的情况下，是否可借图书；可进行借阅册数的设置；可借天数的设置。罚款规则：管理员交纳罚款的权限设置，罚款金额（污损金额等）的设置。

• 管理员维护权限：管理员的增、删、改；权限设置（权限要分清，成员馆只能查与本馆相关的信息，中心管理员具有最大权限、可查所有馆信息）；密码修改

⑨数据一致性：通过同步进程，对比馆际互借中心库已借出未归还数据和借出馆数据（SIP2协议），如状态不同，根据借出馆信息更新馆际互借信息。

（2）系统结构需求

① 应具备中心读者数据库。

② 中心系统记录的必须是真实证件和真实图书信息。

（3）其他功能

① 提供各馆基于 OPAC 的联合目录检索。

② 支持邮件服务：自动发送催还，借还等信息提醒。

③ 支持短信服务：自动发送催还，借还等信息提醒。

④ 支持门禁通道机的使用：提供中心系统数据库的相关视图或接口。

⑤ 提供与一卡通的读者证件同步功能。

⑥ 需支持与福州地区大学城八所高校图书馆目前所使用的各自动化系统的数据交互，即支持与多个图书馆管理自动化系统的数据交互。

7.3.5　利弊分析

多平台系统运行一年多，利弊参半。好处如下：

（1）兼容性较强

兼容性较强。通过 SIP2 协议的接口与各成员馆的自动化业务系统进行无缝连接，不需要成员馆更换原有系统而采用统一的图书馆自动化系统，利于联盟今后的发展。

（2）平台搭建好后，可以直接投入使用

前期不需要进行书目数据、读者数据整合，读者只需在中心平台上进行申请操作，即可到所申请成员馆去借书。中心不需要建书目库，不存在图书条码重复问题，不需要处理旧的图书条码。中心有读者数据库，但有馆代码字段，馆代码和读者卡序列号作为检索条件，也不会出现重号问题。当然，我们对新增图书条码和证件号进行了统一规范，利于识别。

（3）工作人员操作简单

工作人员操作简单。虽然是三处借还操作，但对于工作人员来说是完全透明的，他不需要了解复杂的内部流程。

2015 年 5 月 12 日～13 日，由网上服务组牵头，通用技术组一起联合到大学城联合借阅 8 所成员馆进行调研。调研过程中，发现这段时间各馆反映馆际互借平台上借阅不畅的问题主要集中在以下几个方面：

（1）参数设置问题，主要包括端口参数、管理人员参数、联合借阅读者在本馆参数。在测试中，江夏学院图书馆的端口参数中一数字 6004 变成 6005 导致网络联接不上；福建医科大学图书馆主要负责联合借阅的管理员在联合借阅平台的信息参数设置错误，导致该管理员经手的联合借阅无法成功；福建工程学院图书馆本地借阅系统中对联合借阅读者的有效期设置为 2015 年 1 月（除福大读者为 2023 年外），导致其他联合借阅的读者借阅时都不在有效期内，无法借阅；福建中医药大学图书馆本地管理系统中福建师范大学图书馆读者被注销，福建师范大学图书馆读者在福建中医药大学图书馆无法借阅；福建中医药大学图书馆联合借阅的读者在所在馆可借图书借满后，到其他联合馆无法借阅。

（2）设备问题，主要是读卡器。本次测试中，读卡器无法有效运行的包括福建师范大学图书馆、福建工程学院图书馆、福建农林大学图书馆。另，福建医科大学图书馆的读卡器没有设置反转，读取的数据出借；江夏学院图书馆的读卡器在读卡时没有注意键盘上大小写数据读取出错。

（3）申请联合借阅读者信息问题。联合借阅平台上的中心数据与本馆数据不匹配、联合借阅读者的有效期设置有问题。福建医科大学图书馆申请的联合借阅读者在所在馆内的卡信息没有输入或者输入的信息错误，导致读者到其他联合馆无法借阅。测试中，有多个馆提供的测试读者的有效期已经过了，导致无法借阅。

（4）网络问题。闽江学院图书馆和江夏学院图书馆的对外网络禁用，导致 SIP2 无法连接，联合借阅不能使用；福建农林大学图书馆的网络不稳定，测试中等待时长最长超过 2 分钟。

（5）标识问题。在调研的 8 所成员馆里，服务台联合借阅的标识中，福州大学图书馆闽江学院图书馆明显，其他馆标识不明显甚至无标识。

综上。原先大家认为的主因（网络问题）反而是次要因素，主要原因还在于系统参数的设置、数据的精确性，相信经过系统培训、制作使用说明书会得到相当程度的解决。

第八章　跨越时空的共享：
移动图书馆联盟

与实体图书馆相比，数字图书馆是一座永不关闭的图书馆，它跨越了时间的限制，用户可随时打开数字图书馆的大门。因著作权的保护，数字图书馆只能在限定的空间范围内使用，一般是限定在校园网内，部分用户可通过VPN等技术手段实现校园网外访问。随着移动互联网的兴起，用户迫切需要能随时随地、跨越时空地使用数字图书馆。为此，FULink 构建了移动图书馆联盟，通过身份认证后用户可无缝访问 FULink 信息资源。

学者梁欣认为①："高校移动图书馆联盟是高校图书馆为了实现读者任何时间、地点都能无限制地获取信息资源的目标，以无线网络技术为知识资源推送手段，以合作方成员自有资源与网络资源为知识仓库，以实现资源共享、互惠互利为目的，与移动运营商、数据库开发商、网络信息技术公司等网络运营商、服务商、开发商以商业化运作的形式组织起来的、受共同认可的协议和合同制约的联合体。"FULink 移动图书馆联盟验证了此番论断，由 FU-Link 出资，各成员图书馆出资源，超星公司提供技术支持，为大学城广大师生员工提供移动信息服务。

8.1　用户调查

8.1.1　手机用户特点

（1）手机上网人数。2015 年 1 月，中国互联网络信息中心（CNNIC）发布《第 35 次中国互联网络发展状况统计报告》，截至 2014 年 12 月，中国网民规模达 6.49 亿，其中手机网民规模达 5.57 亿。中国网民通过台式电脑和笔记本电脑接入互联网的比例分别为 70.8% 和 43.2%；手机上网使用率为

---

① 梁欣. 移动图书馆联盟：高校图书馆信息资源共享未来的发展趋势［J］. 情报资料工作，2012（2）：65–69.

85.8%；平板电脑上网使用率达到34.8%；电视上网使用率为15.6% 。

图8-1　互联网络接入设备使用情况

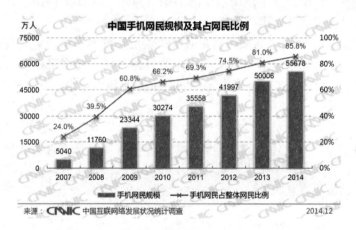

图8-2　中国手机网民规模及其占网民比例

（2）Wi-Fi接入情况。在家里使用电脑接入互联网的城镇网民中，家庭Wi-Fi的普及情况已达到很高水平，比例为81.1%。家庭Wi-Fi的使用对家庭中高龄成员上网具有较强带动作用，推动城市互联网普及率的进一步提升。

（3）网络分享特点。互联网降低了沟通和交易的成本，也营造了互惠分享的网络空间。本次调查显示，2014年，有60.0%的网民对于在互联网上分享行为持积极态度，其中非常愿意的占13.0%，比较愿意的占47.0% 。借助网络空间，网民在信息和资源方面互惠分享，不仅降低了交易成本，也创造了新的价值。与"数字移民（Digital Immigrants）"相比，"数字原住民（Digital Native）"互惠分享的意愿更加强烈。调查显示，10－29 岁的年轻人相对于其他群体更乐于在互联网上分享，尤其是 10－19 岁的人群，有 65.9% 的网民表示比较愿意或非常愿意在网上分享。随着未来这个群体逐步成为社会的中坚力量，互联网对互惠、分享、合作和创新的推动作用将表现得更加明显。

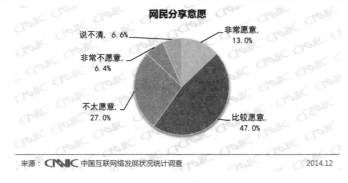

图 8－3　网民分享意愿

　　（4）网络评论特点。"去中心化"是互联网的基本属性之一，网络空间给广大网民提供了平等表达自己意见的"新公共领域"。调查显示，有 43.8% 的网民表示喜欢在互联网上发表评论，其中非常喜欢的占 6.7%，比较喜欢的占 37.1%。网络空间已经成为人们发表言论的重要场所。与其他群体相比，青少年群体的网络舆论表达意愿更强烈，尤其是 10～19 岁网民网上发言积极性最高，有 50.2% 的比例；其次是 20～29 岁的网民群体，有 46.6% 的比例。青少年处于思想意识形成期，言论表达的积极性较高，网络空间给了青少年群体更大的自由表达空间，有利于培养独立的个性。

　　（5）网络依赖特点。随着各类互联网应用的快速发展，互联网越来越成为网民日常工作、生活、学习中必不可少的组成部分，人们对网络的依赖程度越来越高。本次调查显示 53.1% 的网民认为自身依赖互联网，其中非常依赖的占 12.5%，比较依赖的占 40.6%。学历程度越高的网民对互联网的依赖比例越大。小学及以下网民中有 44.9% 的人比较或非常依赖互联网，大学本科及以上的网民中这一比例达到 63.9%。网民对互联网依赖的比例随学历增长而增长，说明互联网已经成为社会精英、白领阶层的工作、生活和娱乐的"基础元素"。

　　（6）网络文学。截至 2014 年 12 月，我国网络文学用户规模为 2.94 亿，

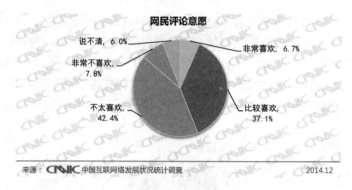

图 8 - 4　网民评论意愿

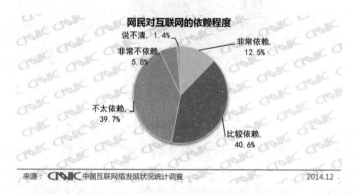

图 8 - 5　网民对互联网的依赖程度

较 2013 年底增长 1944 万人，年增长率为 7.1%。网络文学使用率为 45.3%，较 2013 年底增长了 0.9 个百分点。网络文学自出现以来，以其低门槛和内容的非传统性，迅速获得了广大网民的认同并蓬勃发展，目前已经有了一条相当成熟的产业链。由热门网络文学作品培养大量用户、制造口碑，再通过影视剧改编、游戏改编、实体书出版等连带产生一系列衍生产品，实现了文学、游戏、影视、动漫等产业的交叉融合，不断在原有内容上创造出更多价值。而随着智能手机的快速普及与 3G、4G 网络的迅速发展，网民可以通过移动设备随时随地进行阅读，使得网民的碎片化阅读需求被大大满足，极大地冲击了传统阅读市场。

（7）手机视频。手机超越 PC，成为收看网络视频节目的第一终端。从网络视频用户终端设备的使用情况来看，71.9% 的用户选择用手机收看网络视频，手机成为网络视频的第一终端，其次是台式电脑/笔记本电脑，视频用户的使用率为71.2%，平板电脑、电视的使用率都在23%左右，是移动端、PC端主要收看设备的补充。随着网络环境的不断升级，再加之在移动端看视频能填补用户碎片时间，随时随地唾手可得的优势，移动视频用户飞速增长。从终端设备的使用趋势来看，用户在PC端收看网络视频节目的比例在持续下降，移动端的比例则在持续上升。

（8）手机应用。当前，智能手机功能越来越强大，移动上网应用出现创新热潮，手机价格不断走低，对于庞大的流动人口和农村人口来说，使用手机接入互联网是更为廉价和便捷的方式。这些因素降低了移动智能终端的使用门槛，促成了普通手机用户向手机上网用户的转化。详细的手机应用服务见图8-6，其中手机视频呈快速增长态势。

应用	2014年		2013年		全年增长率
	用户规模（万）	网民使用率	用户规模（万）	网民使用率	
手机即时通信	50762	91.2%	43079	86.1%	17.8%
手机搜索	42914	77.1%	36503	73.0%	17.6%
手机网络新闻	41539	74.6%	36651	73.3%	13.3%
手机网络音乐	36642	65.8%	29104	58.2%	25.9%
手机网络视频	31280	56.2%	24669	49.3%	26.8%
手机网络游戏	24823	44.6%	21535	43.1%	15.3%
手机网络购物	23609	42.4%	14440	28.9%	63.5%
手机网络文学	22626	40.6%	20228	40.5%	11.9%
手机网上支付	21739	39.0%	12548	25.1%	73.2%
手机网上银行	19813	35.6%	11713	23.4%	69.2%
手机微博	17083	30.7%	19645	39.3%	-13.0%
手机邮件	14040	25.2%	12714	25.4%	10.4%
手机旅行预订	13422	24.1%	4557	9.1%	194.6%
手机团购	11872	21.3%	8146	16.3%	45.7%
手机论坛/bbs	7571	13.6%	5535	11.1%	36.8%

图8-6　手机网民应用使用率

作为移动数字图书馆系统重要组成的移动终端，包含了各种类型的手机、以IPAD为代表的平板电脑和以KINDLE为代表的具备上网功能的电子图书阅读器，正不断地向大屏、触控、智能、多功能发展。相应地，移动数字图书馆就可以因应技术的发展，开发出更新更强的功能以满足用户的需求。

（9）小结。手机上网用户已经超过电脑上网用户，WIFI的普及越来越高，手机的应用越来越广，手机阅读的习惯已经养成。这些都表明数字图书馆的入口已经呈现手机和电脑并重的局面，移动图书馆联盟存在着扎实的用户基础。

8.1.2　用户需求调查

（1）技术人员视角

根据学者杨九龙的调查①，从技术人员视角推测移动数字图书馆的需求可列为：纸书的查询和预约等、电子资源的检索、电子图书的阅读、图书馆的通知和网站，用户的反馈。见图8－7：用户需求调查（技术人员视角）

希望获得的图书馆资源和服务	用户数	所占比例（%）
馆藏书目查询	42	87.5
电子资源检索，文摘浏览	28	66.7
电子资源全文阅读	27	56.3
短信提醒服务	40	83.3
纸本图书在线预约	35	72.9
图书馆公告新闻查看	15	31.3
图书馆相关信息浏览	20	41.7
建议或留言	5	10.4
其他	2	4.2

图8－7　用户需求调查（技术人员视角）

（2）用户视角

根据北京航空航天大学图书馆的统计，从用户视角，移动数字图书馆的需求主要有数字资源的检索与阅读、电子图书的在线阅读、纸书的检索与相关操作。见图8－8：用户需求调查（读者视角）

（3）用户需求调查小结

多项调查显示移动图书馆项目的详细需求有以下几点：

① 对本馆馆藏的电子资源进行统一检索。

② 在线查看馆藏电子资源的全文。

③ 对馆藏 OPAC 资源进行统一检索。

④ 查询自己的当前借阅信息和历史借阅等个人信息，并能进行相应的操

---

① 杨九龙，何森. 技术人员视角下移动数字图书馆建设的调查与分析［J］. 图书馆论坛，2011（5）：59－62.

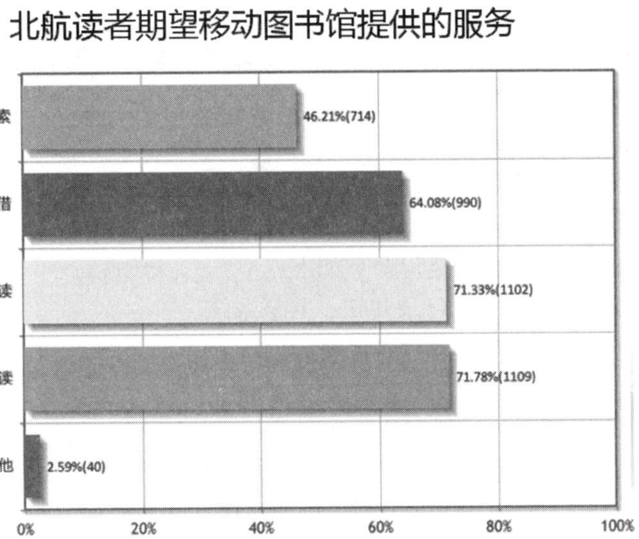

北航读者期望移动图书馆提供的服务

图 8 - 8　用户需求调查（读者视角）

作如预约、续借等。

⑤ 查看图书馆公布的各种信息，新闻、服务时间、借阅规则、到馆路线、公告等。

⑥ 系统能够使读者方便在手机及手持设备上使用，针对不同的设备具有多种页面输出。

⑦ 系统有方便的后台对用户进行管理，可以批量和单独开通、关闭账号。

8.2　功能设计

移动数字图书馆的用户需求是明确的，为用户提供服务的基础是图书馆所拥有的纸质和数字资源，以及图书馆员这一人力资源。各馆的资源总是有限的，而用户的需求是无限。如何解决这个矛盾，可以通过区域联盟的组织形式和云平台的技术模式来解决。

8.2.1　移动数字图书馆联盟

（1）移动数字图书馆联盟建设要点

移动图书馆联盟的出现，对于移动数字图书馆的发展具有划时代的意义。它需要解决以下几个问题：

① 内容提供的瓶颈问题与版权问题。

② 提供整套的移动数字图书馆系统解决方案，包括不同文档的阅读转换、读者终端权限控制等。

③ 获得稳定的财政支持，具备可持续发展。

④ 合理的管理体制、运行机制；均衡的利益平衡机制。

⑤ 科学的信息资源共享模式等。

FULink 移动联盟的建设要点如下：

① 共建联盟的联合目录共知、共享系统。

② 建立单馆资源移动服务系统。

③ 共建移动数字图书馆联盟服务系统。

（2）移动图书馆项目的详细需求

① 读者能够通过手机及手持设备查看图书馆公布的各种信息：图书馆介绍、机构介绍、新闻、服务时间、借阅规则、到馆路线、公告等。

② 读者能够通过手机及手持设备对纸书的馆藏及借阅信息的查询：馆藏 OPAC 资源进行统一检索、查询 OPAC 的借阅信息。

③ 读者能够通过手机及手持设备对电子资源的馆藏及借阅信息的查询：读者能够通过手机及手持设备对本馆馆藏的电子资源进行统一检索、能够通过手机及手持设备在线访问馆藏电子资源。

④ 读者能够在馆外访问图书馆内的所有数据库资源：系统的权限管理限定能够使用移动图书馆系统的读者为图书馆授权的用户，不允许非法访问或者散播使用权限。

⑤ 读者能够利用各种手机及手持设备对移动图书馆进行访问：系统支持苹果系统、Android 系统、塞班等操作系统，只要能够访问互联网的手机均可以试用移动图书馆。

⑥ 技术强大的移动图书馆后台管理功能：系统应有方便的后台对用户进行管理、能够方便地查询读者的使用情况。

⑦ 设计精美的个性化风格设计：为图书馆量身定制开发，与图书馆网站保持一致的 UI 风格。

8.2.2 移动数字图书馆云平台

"福州地区大学城文献信息资源共享平台"的移动数字图书馆联盟云平台结构图见图 8-9。

（1）基础层：包括两个部分，硬件基础包含 Web 应用服务器、数据库服

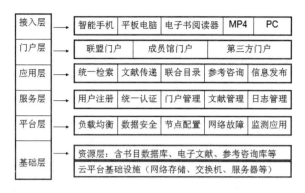

图 8 – 9　移动数字图书馆联盟云平台结构图

务器、负载均衡服务器等共 24 台服务器、存储 30T；资源包括本地镜像资源，远程可访问资源，其种类包括纸质图书、电子图书、电子期刊、会议论文、学位论文、报纸、专利、标准、互联网免费资源等。

（2）平台层：主要涉及平台的服务器、存储、交换机等平台的运维。

（3）服务层：主要涉及与用户服务有关的一系列功能，如用户注册、统一认证、文献管理、日志管理等。

（4）应用层：统一检索、文献传递、联合目录、参考咨询、信息发布是其主要功能。

（5）门户层：包含共享平台的门户、成员馆自己的门户入口等。

（6）接入层：手机、iPad、Mp3/Mp4、PSP 等手持移动终端设备，笔记本电脑和 PC 都可以是接入层设备。

8.2.3　平台功能设计

福州地区大学城移动数字图书馆联盟以手机、平板电脑等移动设备为载体、以资源共建共享为手段，结合云技术，建设一套基于元数据的信息资源整合为基础，以适应移动终端一站式信息搜索应用为核心，以云共享服务为保障，通过手机、iPad、Mp3/Mp4、PSP 等手持移动终端设备，为图书馆用户提供搜索和阅读数字信息资源，自助查询和完成借阅业务，为实现数字图书馆最初的梦想：任何人、在任何时间、任何地点获取所需要的任何知识构建现代图书馆信息移动服务平台。

（1）与传统服务集成：实现 OPAC 的移动检索与自助服务

① OPAC 是用户检索和使用图书馆信息资源的主入口，可以查询图书

馆藏纸书的详细情况，使读者能够完成在各种终端设备上的查询、浏览馆藏、预约、续借及接收通知等功能。

②个人信息查询能显示历史借阅情况、归还日期、预约、欠费等信息，方便读者进行管理，通过读者身份统一认证进行登录。

③热门推荐及热门借阅：通过推荐方式分享优质资源，形成读者与图书馆之间的互动。系统根据点击借阅量，定期统计出每本图资源的使用情况，并将结果反馈给读者，这种统计信息也可以作为图书馆新资源采购方向的参考。

④读者荐购：对于检索不到的图书馆资源，读者可做荐购处理。

（2）与数字服务集成：实现电子资源的一站式移动检索与阅读服务

系统应用元数据整合技术对本馆的中外文图书、期刊、报纸、学位论文、标准、专利等各类文献进行全面整合，在移动数字图书馆联盟平台上实现资源的一站式搜索、导航和全文获取服务，为用户提供便捷的检索体验。

（3）与共享服务集成：实现馆外资源的联合移动检索与共享服务

本平台不仅可以搜索到图书馆所有的文献资料，还实现检索大学城内其他八所图书馆馆藏书目系统、电子书系统、中文期刊、外文期刊、外文数据库，对检索到的文献读者直接通过网上提交文献传递申请，并且可以实时查询申请处理情况，以在线文献传递方式通过所在成员馆获取文献传递网成员单位图书馆丰富的电子文献资源。

（4）与个性服务集成：实现信息交互与个性化定制服务

①教参资源：教参资源是学科、课程服务的必要基础。教参资源建设在提高教学质量和教学水平中发挥着重要作用。共享平台可为大学城师生提供全面、优质的教学参考资源。

②馆务服务：在移动数字图书馆上将实现与图书馆常规业务的实际对接，提供在线参考咨询和对外信息发布服务。包括：

● 在线咨询：通过在移动数字图书馆上搭建在线咨询服务模块，解答读者遇到的与图书馆资源及其利用、文献查找、图书馆服务有关的各种问题。

● 信息发布：信息发布平台通过对图书馆公开信息的通告和个人借阅信息通知，最大程度让用户方便地了解学校最新动态信息，实现对图书馆资源更好的使用。系统管理员可根据不同身份的用户，分组推送不同内容的信息来实现最精确的推送。如预约到资源提醒、借阅到期前提醒、借阅超期催还、借资源成功提醒、还资源成功提醒、学校/图书馆公告等。

8.3　使用方法

8.3.1　移动 FULink 客户端

（1）下载客户端。使用移动数字图书馆联盟需要在手机端下载相关移动应用，读者通过手机浏览器，输入网址 http：//www. FULink. edu. cn/wap. aspx 或者扫描二维码来下载"移动 FULink"应用，如图 8 - 10，当前最新为 2.0 版本。注意：客户端的下载需要 24.8MB 流量。

安卓下载　　　　　　IOS下载

图 8 - 10　移动 FULink 二维码

（2）选择软件。进入手机操作系统选择页面，可以根据手机系统的不同进行选择。如果你的手机为安卓（Android）系统，则直接点击 Android 版本下载链接，将应用下载到手机并安装。如果你的手机为苹果系统，则点击 IOS 版本进入苹果商店下载应用软件并安装。

（3）安装软件。下载完成后，根据应用提示进行安装，安装完成后在手机中点击"移动 FULink"图标，即可打开该应用。

8.3.2　用户登录

（1）进入手机客户端首页，点击左上角"个人中心"图标进入个人中心，打开个人中心菜单。

（2）点击"尚未登录"；进入选择地区界面，选择"福建"；点击进入院校选择页面，选择相应的单位"福州大学"。

（3）输入借阅证号及密码点击登录，即可成功进入移动图书馆。登录账号即为图书馆书目检索系统的账号密码。

图 8 - 11　软件版本

（4）登录成功后，会提示你完善个人信息，要求必须输入你的手机号和邮箱。

（5）输入信息后点击确定，在界面右上角会显示你的姓名和邮箱如图 8 - 12 所示。

8.3.3　馆藏书目查询

（1）馆藏查询

① 点击首页"馆藏查询"，打开馆藏书目查询页面。

② 输入想要查询的图书信息，点击搜索。

③ 在检索结果页面选择要查询的图书。

④ 查看馆藏信息。

（2）借阅信息与借阅图书续借

在个人中心中点击借阅信息，即可查看图书的借阅情况。选择想要续借的图书，点击续借按钮，即可成功进行续借。

（3）条码扫描查询图书信息

图 8 – 12 登录成功示意图

可以通过条码扫描的方式查询馆藏，点击首页左下角"扫一扫"进入扫描状态，对准图书的条码如图 8 – 13 所示，即可查看图书的馆藏状态。也可手动输入 ISBN 号进行查询。

8.3.4 学术资源查询

（1）学术资源查询
① 进入学术资源栏目，在首页选择"图书频道"。
② 输入检索词进行检索，检索方式采用的是精确匹配，得到检索结果页面。
③ 查看图书详细信息。
（2）获取全文方式
① 点击"全文阅读"，以图片格式查看图书原貌。
② 点击"下载"，下载完毕后，可以离线阅读图书。
③ 文献传递部分页到邮箱，选择要传递图书页码，点击提交即可获得图

图 8 – 13　条码扫描

书文献传递信息。查看图书的全国馆藏信息。

8.3.5　阅读视听空间

（1）读报

为用户提供个人报纸阅读空间，可订阅自己感兴趣的电子报纸。如图 8 – 14 所示。

（2）视频、有声读物

为用户提供视听空间，如图 8 – 15 所示。

（3）公开课

网络精选公开课程推荐列表，包含课程简介，课程信息展示，课程下载管理，如图 8 – 16 所示。

8.3.6　我的订阅

① 点击首页中"添加订阅"或者右下角的加号订阅图标，进入内容中

图 8 – 14　电子报纸

图 8 – 15　视频

心，读者可以订阅自己感兴趣的新闻频道或报纸视频等。

　　② 订阅一个频道，例如教育类频道。

　　③ 进入"教育精选"频道后，在点击右下角的" ＋"即可。

　　④ 若需取消已经订阅的频道，可以返回首页，长按图标，待图标上出现

图 8 - 16 公开课

叉子点击即可删除。

8.3.7 个人中心

① 单击首页左上角图标进入个人中心页面。

② 用户信息编辑：可根据实际情况进行用户信息修改。

③ 我的收藏：点击"我的收藏"，读者可以查看自己收藏的新闻资讯。

④ 扫描历史：点击"自描历史"读者可以查看自己扫描图书的记记录。

⑤ 借阅信息：点击"借阅信息"，读者可以查看自己借阅馆藏图书的相关信息。

⑥ 离线下载：点击"设置" – >"离线下载设置"，读者可以对订阅的各个频道进行下载的设定。还可对系统的离线管理、风格、亮度进行设置和查看。

8.3.8　联合借阅

（1）联合检索功能可以一站式地检索到大学城其他学校的馆藏图书资源。如图8-17所示，在福州大学检索含"图书馆"的图书信息时，大学城其他学校的馆藏信息也能检索出来。

图8-17　联合目录

（2）在"个人中心"可以查到"联合借阅"中在其他图书馆的借阅记录，如图8-18。

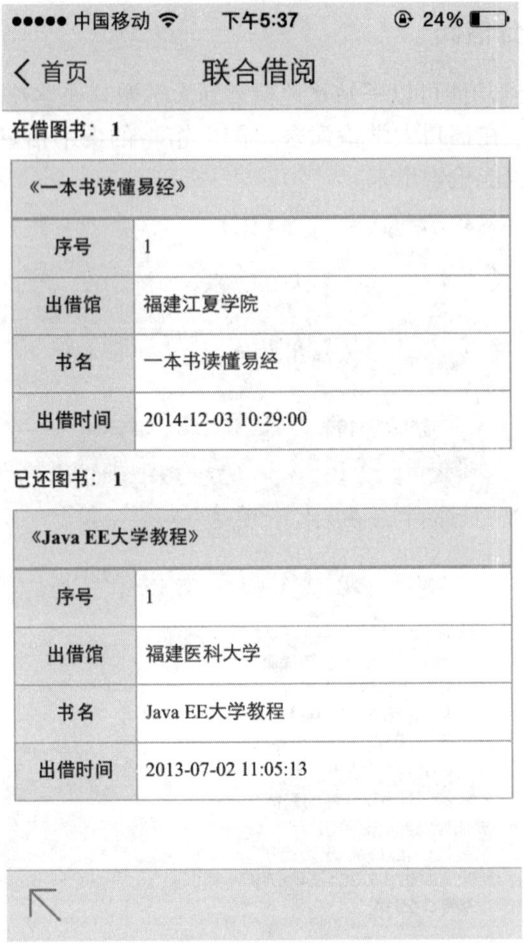

图 8 – 18　联合借阅的借阅记录

8.4　可用性测试

8.4.1　测试目的

（1）发现产品在界面设计与交互过程中用户可能存在的疑问或操作错误；

（2）分析出现问题的原因，并根据用户的心理模型和操作习惯提出相应的改进建议。

8.4.2　测试方法

采用认知过程走查法（Cognitive Walkthrough，CW）来评估移动 FULink 界面设计存在的可用性问题。认知过程走查法是通过分析用户的心理加工过程来评价用户界面的一种方法。分析者首先选择典型的操作任务，并为每一任务设定一个或多个正确的操作流程，然后走查用户在完成任务的过程中可能会出现什么方面的问题并提供解释。

8.4.3　问题及建议

（1）资源分类互有交叠，栏目功能定位不清晰。

问题描述："学术资源"里有图书、期刊、报纸、视频、论文，而这些资源在更上一级栏目里也有独立出来（除了期刊和论文外），那么学术资源里的这些资源与一级栏目里的那些资源是什么关系？见图 8 – 19。一个好的 app 设计，不能给用户呈现复杂的、不易理解的信息结构。此外，这种现象也会造成每个栏目的功能定位不清楚，也不便于用户记忆和使用。

修改建议：重新厘清各个栏目的功能区分，并根据功能重新修改栏目名字。见图 8 – 20。

① 将"馆藏查询"栏目名改为"馆藏借阅"，将个人中心的"我的借阅"调整到"馆藏借阅"中，让相同功能的合并在一起。这部分的功能定位于本校图书馆纸质图书的检索与借阅信息查询。

② 把"学术资源"界定为查找科研文献的信息，主要包括学术期刊、硕博士论文和会议论文。其余资源均跳出这个类别，与其他资源整合。

③ 把"图书"改为"电子图书"，以示与馆藏借阅功能的区分。这个部分整合了原"学术资源"中的"图书"和"章节"。

④ 把"报纸"改为"报刊浏览"，其功能相当于图书馆的阅览室，包括报纸和刊物的阅读。这里的刊物与学术资源中的刊物有所区别，这里主要是大众类、新闻类、科普类等非学术性杂志，学术资源中的期刊主要定位为学术性。

⑤ 把"视频"改为"公开课"，更体现视频的特点以及对用户的吸引性。

（2）图书馆藏信息呈现方式未优化

问题描述：比如检索《工程心理学》，图书馆显示有此书 3 本，其中外借 1 本，尚有 2 本可借。目前的界面是将 3 本书分别用三个表格独立显示其完整

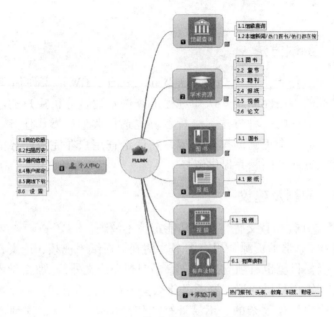

图 8－19　修改前的信息架构图

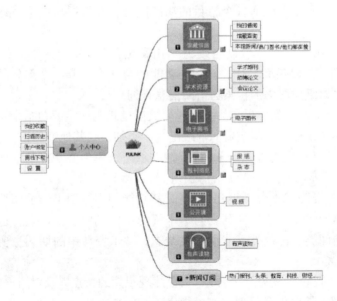

图 8－20　修改后的信息架构图

的图书信息，显示方式过于复杂，而且提供了很多用户不需要的信息（如登录号，条形码），用户需要花较多时间才能理解全部信息并找到自己所需要的。如图 8 - 21 所示。

 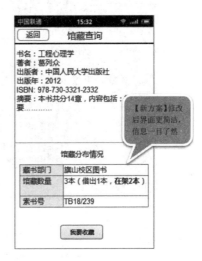

图 8 - 21　馆藏查询界面

（3）文献类型的设置不合理

问题描述：在学术资源里提供的文献类型选择太多，有些是相似或有重复的，比如图书和章节，期刊和论文。有些文献与本栏目的定位"学术资源"关系不密切，比如报纸、视频。

修改建议：比如图书和章节，建议合并；期刊和论文建议合并，并突出学术性的杂志，不要放入大众、娱乐、科普和新闻类杂志。视频也建议不要放到学术资源里，因为都是在线课程性质的，与学术研究关系不密切，建议不放在本栏目里。

（4）未登录状态下交互方式不友好

问题描述：用户未登录状态下，无法看到"馆藏查询"和学术资源里的内容，连里面是什么样子，会提供信息以方式操作等用户没有登录完全不知道。这种设计对于用户而言不够友好。如果用户不知道里面有什么东西，他为什么要去登录呢？以及你如何让用户理解登录行为是必要的？

修改建议：让未登录状态的用户能够点开这两个栏目的界面，并提供基本的操作，直到最核心的功能时再提醒用户登录。用户知道这个功能的具体含义后也会有动机去登录。

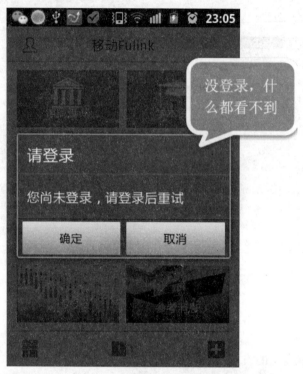

图 8 – 22　未登录状态下交互方式不友好

第九章　随书光盘的网络共享

单馆书后光盘（随书光盘）的管理有三种模式：光盘随书流通、光盘单独流通、光盘文件网络管理与下载，这三种模式在 FULink 成员馆中都有应用。随着书配盘比例越来越高，光盘数量越来越多，光盘单体容量越来越大，加工工作量越来越大，读者对服务实时性的要求越来越高，对硬件及带宽要求越来越高，单馆随书光盘服务模式的弊端日渐凸显。多馆联合的光盘管理与下载服务模式应运而生，它也特别适用于图书馆联盟。多个商业公司提供了多套系统可供选择，多个图书馆联盟已经或者正在部署随书光盘管理系统，都说明了随书光盘网络共享的合理性。FULink 已经探索出一种符合地区特色的多馆随书光盘共享服务模式，它避免成员馆的重复加工、重复存储空间，利用现有的网络实现三级供给，尽量规避知识产权问题，依托商业公司外包实现随书光盘的书目链接、智能调度、快速下载、高度共享。

9.1　环境扫描

9.1.1　服务现状

在联盟随书光盘共享服务还没开通前，各成员馆结合馆情提供随书光盘服务，具体服务情况见表 9 – 1①。目前 8 馆的光盘总数量为 138 190 张，按目前福州大学图书馆单盘平均容量 0.8G 计算约需要 112T 存储空间；去重后 8 馆的光盘总数量为 55 223 张，约需要 44T 存储空间。

---

① 陈秀萍，刘田，吴建洪，傅建秀，张苏颖，陈春婵. 福州大学城高校图书馆随书光盘服务调研分析［J］. 情报探索，2013（9）：131 – 134.

表 9-1 FULink 成员馆光盘服务一览表

项目 学校	光盘数量（张）	预估需要存储 空间（T）	管理模式	可检索
福州大学	31, 707	25	自建数据库、书盘分离	是
福建师范大学	13, 601	11	自建数据库、书盘分离	是
福建医科大学	11, 666	10	自建数据库、书盘分离	是
福建农林大学	29, 956	24	自建、商用结合、书盘分离	是
福建工程学院	22, 980	18	商用软件、书盘一起流通	是
福建江夏学院	8, 182	7	未建数据库、书盘分离单独外借	否
闽江学院	12, 868	11	商用软件、书盘分离	是
福建中医学院	7, 230	6	商用软件、书盘分离	否

9.1.2 网络状况

随书光盘单体文件大，对网络带宽要求服务较高，网络带宽是随书光盘服务的重要基础，直接决定服务质量和用户体验。为了解各成员馆的网络情况，FULink 通用技术组组织了一次测试，测试标本为一个位于福州大学图书馆内的共享中心机房服务器上的一个 350MB 的光盘文件，在各成员馆以 WEB 方式下载，测试结果如表 9-2 所示。

表 9-2 FULink 成员馆网络现状

学校 项目	福建师范 大学	福建医科 大学	福建中医 药大学	福建工程 学院	江夏学院	闽江学院	福建农林 大学	厦门大学
下载速度	4.68MB/s	777KB/s	70MB/s	27.88KB/s	636KB	200kb/s	597KB/s	2.8MB/s
下载时间	（1分 15秒）	（7分 41秒）	（5秒）	（3小时）	（9分 24秒）	（31分）	（9分 37秒）	（2分 9秒）

由于网络接入节点和接入带宽的差异，各成员馆的下载速度差异较大。教育网在福建省有两个节点，分别位于福州大学和厦门大学，目前除福州大学外7所高校都从福州大学节点接入教育网。而随着新成员的扩展，特别是福州地区以外的图书馆的加入，网络环境将更复杂，差异将更明显。

9.2 功能设计

9.2.1 现有模式

近年来，国内各图书馆联盟都结合自身实际情况推出随书光盘共享服务。由于建设时间、联盟组织方式、网络拓扑等的差异，各图书馆联盟的随书光盘服务模式各异。以江苏省高校图书馆文献资源保障体系①、广州高校图书馆联盟②和北京地区高校图书馆文献资源保障体系三个联盟为案例，从服务平台、光盘管理与存储和光盘下载与利用等角度进行对比分析，各模式的功能参数对比见表9-3。

表9-3 三种随书光盘共享模式比较

对比项		广州	北京	江苏
服务平台	建设时间	2011年	2010年	2011年
	成员馆数	86	45	88
	服务厂商	广州联图	杭州麦达	畅想之星
	合作方式	服务提供商提供平台和光盘加工服务	服务提供商提供平台和光盘加工服务	联合开发、联合运营
光盘管理与存储	存储方式	云存储、1个区域分中心存储、各成员馆自设缓存服务器	云存储、2个本地分中心、各成员馆自设缓存服务器	云存储、1个区域分中心存储、各成员馆自设缓存服务器
	存量光盘	约7万	约6万	约6万
	光盘加工	服务商加工	服务商加工、各馆可自行加工	服务商加工
	统计分析	有	有	有
	版权保护	IP访问控制	IP访问控制	IP访问控制
	光盘剔旧	按时间、使用频率自动剔除	按时间、使用情况自动剔除	按使用年限剔旧

① 王利蕊. 论高校图书馆非书资源共享系统的建设与管理——以 JALIS 随书光盘共享服务系统为例 [J]. 图书馆理论与实践, 2013 (8): 89-91.

② 温明章. 基于云计算的非书资源应用分析——以广州高校图书馆联盟为例 [J]. 图书馆学刊, 2012 (12): 112-114.

续表

对比项		广州	北京	江苏
光盘下载与利用	整盘下载	支持	支持	支持
	按需下载	支持、无需安装插件	不支持	支持、需安装软件
	光盘申请	无光盘可申请	无光盘可申请	无光盘可申请
	上传通知	自动邮件通知	不支持	不支持
	读者交互	表单咨询	表单咨询	表单咨询

9.2.2　总结与启示

表9-3所示三种模式的随书光盘共享服务都已经运行了一段时间，其特点归纳如下：

（1）服务提供商构建云服务模式。在实际运行中各成员馆的网络出口带宽各异，云服务无法满足所有成员馆读者的实时下载需求。所以，三个图书馆联盟都采用云服务—区域分中心—成员馆（加速服务器）三级架构。在这种架构下，各成员馆可以根据本馆读者下载特点选择是否部署加速服务器以及部署多大缓存存储容量。

（2）服务外包是主流。服务提供商除了有完善的云服务平台外，还要求有较大的存量光盘，对所有成员馆已有光盘有较高的覆盖率，并提供增量光盘的加工服务。

（3）整盘下载是主流。当前单体光盘容量在几百M到几千M之间，对网络带宽有较高要求。图书馆有教育网出口，也有电信、联通、铁通等运营商出口，而且出口带宽差异很大，有些成员馆所在学校甚至还收取流量费，这就要求服务提供商的云服务具备相应的网络出口。

（4）用户体验是关键。让读者能浏览光盘目录，查看文件内容，并选择自己感兴趣的内容下载。支持该功能的技术路线有镜像虚拟盘和WEB在线浏览两种方式，镜像虚拟盘需要安装软件，而WEB在线浏览无须安装任何插件，无疑是较好的选择。

（5）信息交互是必备功能。读者申请光盘后不必不断地上线查询，光盘加工上传后由系统自动给读者发送邮件通知，读者接到通知后再下载即可。

（6）统计分析功能是基础功能。各成员馆的缓存服务器空间有限，有必要对缓存服务器进行文件剔旧，根据读者利用特点，按照光盘年限和利用率的组合策略进行剔旧是比较科学的做法，这要求平台具备完善的统计分析功能。

9.2.3　FULink 模式

借鉴以上三种随书光盘共享模式经验，结合 FULink 实际情况，设计 FU-Link 随书光盘服务模式框架图①如图 9 – 1 所示。

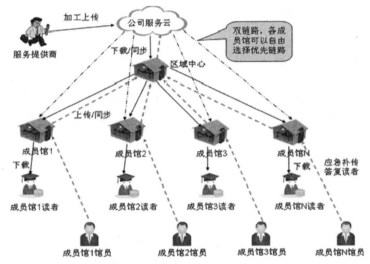

图 9 – 1　FULink 随书光盘共享模式图

（1）服务商采用云架构为各成员馆提供服务，为保证下载速度，必须配备教育网、电信、联通、铁通等网络出口。区域中心自动定时从服务云下载新光盘，各成员馆可根据自己的网络状况配置优先从服务云还是从区域中心下载光盘，如未配置，系统自动选择最优路径下载。

（2）目前成员馆基本都分布在福州，而且他们的教育网出口都接入福州大学教育网节点，因此目前配置一个区域分中心就足够。随着以后联盟在全省的扩展，如有必要可以考虑双中心架构，既在福州大学教育网节点和厦门大学教育网节点各部署一个区域分中心。

（3）各成员馆的加速服务器保存近 2 ~ 3 年的本馆光盘，标配为 4T ~ 6T,

---

① 林艺山. 图书馆联盟随书光盘资源共建共享服务模式研究——以福州大学城图书馆联盟为例 [J]. 情报探索，2015，07：97 – 99

各成员馆可结合馆情配置，个别馆甚至可以暂时不配置。

（4）区域分中心部署一套光盘管理下载系统，统一管理所有成员馆的光盘元数据，读者可以在该平台下载本馆光盘。为保证用户习惯的延续性和书盘管理的统一性，系统必须能跟各成员馆的 OPAC 无缝对接，以保证读者服务品质。

9.3　项目实施

9.3.1　技术要求

（1）系统支持集中模式和分发模式，集中模式可以集中存储光盘资源，提供统一下载和在线打开服务，分发模式可以实现资源的分布式存储并能与各馆的 OPAC 结合提供服务；

（2）系统支持【公司资源中心】→【区域资源分中心】→【成员馆】三级体系架构，可以动态增、删、配置【成员馆】信息；

（3）【区域资源分中心】和【成员馆】可以从【公司资源中心】收割光盘资源；

（4）系统可自定义数据和光盘资源的收割时间段与规则；

（5）【成员馆】可自定义数据收割路径，即可以设置为优先从【公司资源中心】收割数据和光盘资源，也可以设置为优先从【区域资源分中心】收割数据和光盘资源；

（6）各【成员馆】系统应具备旧数据自动剔除功能，并可自定义数据剔除规则；

（7）系统能与各【成员馆】的 OPAC 无缝隙对接，读者通过各成员馆的 OPAC 便可以查找与下载本馆的光盘资源；

（8）提供一套独立运行的【区域资源分中心】随书光盘管理系统用以保留所有【成员馆】的已购光盘，【成员馆】的读者可以直接下载该本馆已购买的图书的光盘，也可以获取【区域资源分中心】的光盘资源；

（9）系统应提供光盘在线浏览功能，读者可以在线浏览光盘所有目录及内容；

（10）系统支持按需下载功能，读者可以下载光盘中的任意文件；

（11）系统支持光盘资源整盘下载；

（12）可以自定义用户下载路径，读者优先从本馆下载光盘资源，如本馆未保存该光盘资源，则可按最优路径下载；

（13）提供用户下载流量控制功能，能控制用户同时下载光盘数量和下载速度；

（14）提供公司、读者、各【成员馆】间的双向信息沟通渠道，如读者可以申请光盘资源和留言，光盘上线后能自动通知读者，同时公司和成员馆可以对留言进行回复；

（15）可以配置用户访问下载权限，如系统提供 IP 认证功能，保证资源合法访问；

（16）系统提供完善的数据统计功能，如能分单位统计存量光盘、待加工光盘、已加工光盘的情况，能按年、月、日统计各单位的光盘请求和下载情况，能统计数据和光盘资源收割记录；

（17）提供光盘加工和管理工具，支持普通数据光盘、VCD、DVD、CD等光盘加工，支持大文件（超过 4G）ISO 文件的加工；

（18）系统具备书目扩展功能：系统实现随书光盘对应图书的封面、作者简介、内容简介、目录、Tag 标签等功能；

（19）投标公司应拥有一个以上教育网出口的光盘数据中心和一个以上电信或联通等网络出口的光盘数据中心；

（20）公司在项目实施后立即对【成员馆】的所有随书光盘进行回溯；

（21）投标公司应承诺服务期内每年各馆新购书的随书光盘在图书进入流通前制作并上传好以供下载；

（22）对于读者请求的光盘，公司必须保证在一周内上传完毕，如公司没有该光盘资源，公司必须派人到该【成员馆】提供上门加工服务，并加工上传完毕；

（23）提供免费的技术支持和服务，公司应提供免费的上门安装与实施服务和软件升级服务；对于【区域资源分中心】和【成员馆】提出的各种问题，公司需在当即响应，如 4 小时内无法解决问题，公司须上门服务。

9.3.2　使用说明

（1）OPAC 中检索随书光盘

联图 XOPAC（eXtend OPAC，图书书目强化数据服务系统）采用最先进的云计算和 Web2.0 技术，实现对图书馆现有 OPAC（Online Public Access Catalogue，即联机公共目录检索系统）的智能扩展。通过在图书馆现有 OPAC 中动态显示图书封面、作者简介、内容简介、目录、随书光盘、网络书评

（读者可添加）等信息，彻底解决图书馆现有 OPAC 图书书目描述信息少，对馆藏图书揭示不充分的问题。通过全面、准确揭示馆藏图书，提高读者检索和甄选图书的准确性，方便读者利用图书，提高馆藏图书使用率。

在"书目查询"中，点击一本书的"详细信息"，就可以了解这个功能的内容，见图 9-2 北邮系统 OPAC，图 9-3 汇文系统 OPAC。

图 9-2　北邮系统 OPAC（福建医科大学图书馆）

图 9-3　汇文系统 OPAC（福建工程学院图书馆）

点击"内容简介"后面的"更多"链接，可以看到完整的图书内容介绍信息，见图 9-4。

（2）随书光盘的揭示与使用

某书有随书光盘，而且可以下载光盘内容，则出现"随书光盘下载"链

图9-4　图书内容介绍

接，如图9-5所示。点击"随书光盘下载"链接，进入光盘详细信息显示页面，在光盘详细信息中提供在线下载功能：

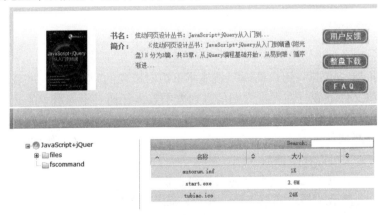

图9-5　随书光盘下载信息

①整盘下载。点击整盘下载的链接可将您选定的光盘内容下载到本地，下载完后可在本地使用，见图9-6。

②浏览光盘信息列表。在整盘下载链接的下方可以浏览到光盘详细的列

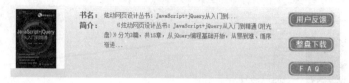

图 9 - 6 整盘下载

表信息，见 9 - 7。

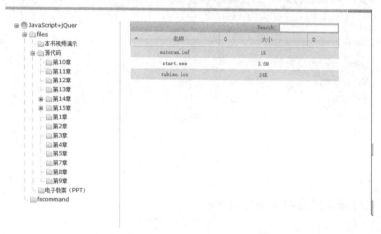

图 9 - 7 光盘详细内容

③ 报错。点击"用户反馈"就能将下载时出现的问题反馈。见图 9 - 8。

④ 单文件下载。在光盘详细信息列表中点击任何一个光盘中的文件链接，就可以实现单个文件下载。见图 9 - 9。

⑤ 在线播放。点击光盘信息列表中单个文件的查看链接可以查看 gif 等图片，播放链接可以在线播放 MP3、MP4 等音视频文件。见图 9 - 10。

⑥ 请求上传。如果某书有随书光盘，但光盘内容尚未上传，则在书目详细信息中会显示"请求随书光盘"链接，如图 9 - 11、9 - 12 所示。

点击"请求随书光盘"链接进入请求页面，保存提交请求

9.3.3 加速服务

2014 年 3 月 26 日，FULink 通用服务支撑专业工作组第十三次（2014 年第一次）扩大会议讨论了随书光盘服务面临的一些问题，会议从各馆具体应用出发，列举了 ASUS RS700 - E - 非书资源云服务高级服务器性能情况及多

图 9 - 8　用户反馈

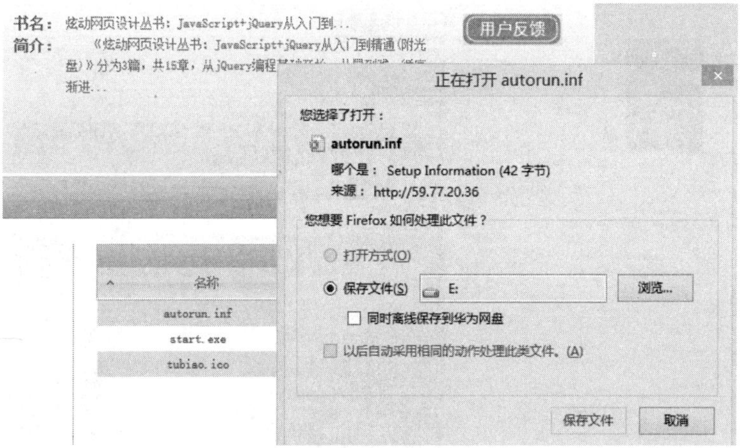

图 9 - 9　单个文件下载

Search:		
名称	大小	
1. wmv	26.5M	播放
10. wmv	91.8M	播放
11. wmv	91.4M	播放
12. wmv	157.9M	播放
13. wmv	79.6M	播放
14. wmv	60.5M	播放
15. wmv	39.3M	播放
2. wmv	46.4M	播放
3. wmv	47.8M	播放
4. wmv	50.9M	播放
5. wmv	25.1M	播放
6. wmv	10.3M	播放
7. wmv	95.5M	播放
8. wmv	79.4M	播放
9. wmv	84.3M	播放
Thumbs. db	67K	

图 9 – 10　在线播放

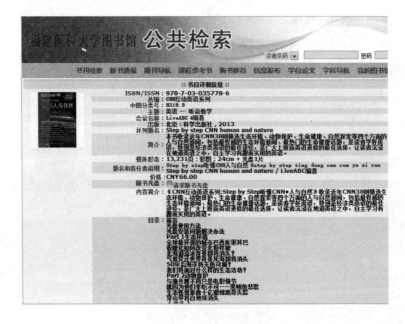

图 9 – 11　请求随书光盘

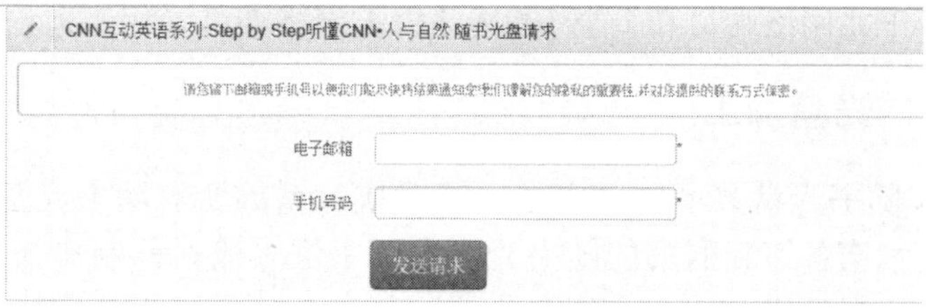

图 9 - 12　请求随书光盘界面

款相应设备情况，从性价比、应用系统安装等方面考虑，建议并推荐各成员馆在架构光盘管理与下载系统的加速服务器时可以考虑采购 ASUS RS700 - E - 非书资源云服务高级服务器，参数如下：

（1）品牌机型：华硕 ASUS RS700 1U 标准型机架式服务器（1U 高效节能机架式无线材设计）；

（2）CPU：双路至强，标配 2 个四核八线程 Intel ® XEON（至强）2.2GHz 处理器；

（3）内存：12 个内存插槽，DDR3 1600 RECC 原厂安装内存，内存标配 16GB；

（4）存储：4 个 3.5 热插拔硬盘位，支持 RAID 磁盘阵列，支持 RAID0，RAID1，RAID5；采用希捷企业级硬盘，硬盘标配 4 个 3TB（可根据实际具体馆藏需要最多配置 4 个 3T 硬盘）；

（5）网络：2 x Intel ® 82574L 千兆服务器网卡 + 1 x 千兆管理网络接口；

（6）远程管理：带远程管理 iKVM 模块（KVM - over - IP）；

（7）I/O 扩展槽：3 + 1，支持 3 个 PCI - Express2.0 x16 扩充插槽与 1 个 PIKE 插槽；

（8）电源：770W 1 + 1 冗余电源（热抽换冗余电源）；

（9）故障诊断：CPU、内存与风扇模块均搭载出错诊断 LED，能准确提醒管理人员进行维护；

（10）合规性认证：BSMI，CCC，CE，C - Tick，FCC（Class A），TUV，UL；

（11）尺寸：686mm ＊ 444mm ＊ 43.4mm；

（12）随机预装系统：主流最新版本企业级服务器 Centos Linux 操作系统，及联图非书资源云服务管理系统软件，上架即可直接使用；

（13）IP 配置：须配置 2 个公网 IP 地址（其中 1 个 IP 不得做带宽限制），

及占用 2 个千兆网络端口和 1 个 100M 或以上网络端口（用于远程管理）。

9.3.4　光盘加工

FULink 随书光盘共享项目实施后需对成员馆的所有随书光盘进行回溯；服务供应商承诺各馆新购书的随书光盘在图书进入流通前制作并上传好以供下载；对于读者请求的光盘，服务供应商保证在一周内上传完毕，如公司没有该光盘资源，公司必须派人到该成员馆提供上门加工服务，并加工上传完毕。因应以上需求，服务供应商在福州大学图书馆建立一个随书光盘加工点。组建一个学生加工团队，由该学生团队负责光盘对比、加工、上传工作，服务供应商进行业务指导。

9.3.5　服务维保

（1）维护内容

① 服务提供商应在半月内提交上月份维保月报（其中一、二月和七、八月可合并）。内容包括：数据访问、下载、请求等。

② 服务提供商应每月提交大学城书后光盘中心和各成员单位的资源占用情况。

③ 服务提供商负责各成员单位的书后光盘回溯加工及资源入库。

④ 服务提供商应保证书后光盘可以实现 11 个馆的馆藏能聚合到光盘中心服务器，并可通过各图书馆 OPAC 系统直接查询访问到书后光盘。

⑤ 服务提供商应承诺各成员馆每年所购新书的随书光盘在图书进入流通前制作并上传成功以供下载。

⑥ 服务提供商承诺读者请求的光盘在一周内上传完毕，如中标公司出现光盘缺盘或损坏情况，必须派人到成员馆提供上门加工服务，确保每张请求光盘在两周内制作上传完成。

⑦ 服务提供商应保证书后光盘远程获取的满足率达到或超过 95%。

⑧ 大学城光盘中心或各成员馆馆内本地系统（含存储）出现故障完全瘫痪时，覆盖所有馆藏的读者服务可以无缝隙恢复（"读者服务"功能包括非书资源请求、查看、检索、浏览、收听、点播、单个文件及整盘下载、反馈等服务恢复时间不大于 1 分钟）。

（2）功能升级

① 检索平台应兼容市面常见的各种版本浏览器（如 IE、Chrome 浏览器、Firefox 浏览器、360 浏览器、QQ 浏览器、百度浏览器、遨游浏览器等）。

② 可实时查询指定时间段内平台运行情况的统计分析报告，如区域分中心使用统计分析报告、成员馆访问情况统计分析报告、成员馆光盘下载情况统计分析报告、成员馆光盘满足率统计分析报告、成员馆待上传光盘统计分析报告、成员馆访问情况统计分析报告、成员馆加速服务器统计分析情况报告。

③ 提供完善的报表功能，报表数据真实可靠。后台统计中口径不一的现象应检查并改正。

④ 进一步完善网站访问用户分析脚本，应收集、记录大学城中心及各成员馆加速服务器的流量访问情况。

⑤ 提供期刊光盘管理功能建议及系统开发准备，并在下一维护年度开始时可以正式提供给各成员馆使用。

⑥ 服务提供商应承诺对共享平台提出的功能修改及时给予响应，根据用户需求来进一步完善系统功能。

⑦ 提供公司、读者、各成员馆间的双向信息沟通渠道，如读者申请光盘资源或留言后，光盘上线后能自动邮件通知读者，超过指定时间还未上线需邮件通知读者并说明原因。

第十章　FULink 信息营销

信息营销作为市场营销中的一个概念和方法，主要指信息服务机构对其信息产品（商品）与服务进行分析、调研、计划、组织、分销，实现与用户的价值交换，满足用户信息需求的一系列过程①。大学城图书馆联盟信息营销是一种外部营销，是联盟利用各种技术与手段向成员馆及信息用户提供信息产品与信息服务，满足用户的信息需求，实现联盟信息传递与交流的功能并获得一定效益的过程。其本质是发现用户、设计信息产品、满足信息需求和实现联盟的核心价值。这一过程起于大学城图书馆联盟对用户潜在的信息需求的市场调查和分析，止于满足目标用户的具体信息服务需求，实现彼此的价值交换。在价值交换过程中，联盟方能最大程度地实现信息资源和服务的内在价值，树立联盟品牌形象；用户方能获得信息资源和服务的使用价值，促进自我成长②。

FULink 通过对用户信息需求的调研，设计了"文献提供系统"、"联合借阅系统"、"移动 FULink"、"随书光盘下载系统"等信息服务项目，得到了广大用户的欢迎。FULink 开展了各种各样的营销实践，尽可能多地向用户宣传推广联盟的品牌。FULink 试图营建一个信息营销体系，全方位发挥联盟本身的价值。

10.1　FULink 信息营销实践

10.1.1　LOGO 设计大赛

为进一步推动"福州大学城文献信息资源共享服务平台"网站的发展，

---

①　刘昆雄，胡昌平．论图书馆信息营销的管理学特性［J］．图书情报工作，2007，51（1）：64 – 67

②　詹庆东．图书馆联盟营销体系建设探究［J］．图书馆，2015（4）：80 – 84.

提升网站整体形象，便于广泛推广，面向大学城 8 所高校师生举办标志设计大赛。

（1）征稿要求

①体现"联合、共享"的理念，充分反映"福州大学城文献信息资源共享服务平台"作为大学城信息资源共享的特点，外观配色协调，符合 LOGO 长宽比例；

②标志设计要求可包含"FULink"中前 1－3 个字母，进行抽象化处理；也可按照自己对服务平台的理解进行设计；

③要求参赛者向我们提供设计原件的电子版本，电子版设计图稿图案不小于 1200×1200 像素，文件格式可采用 jpg、psd、ai，分辨率 300dpi，注明标准比例和标准色，并同时提供 JPG 格式较小尺寸样稿文件一份；

④要求附有设计意义的文字描述，并注明作者的单位、姓名及联系方式；

⑤参赛作品须为参赛者自行设计或制作，大赛组委会不负责参赛者对参赛作品拥有权的核实，若发生相关知识产权纠纷，由参赛者自行承担相应法律责任；

⑥最终评出的一等奖获奖作品经修改后成为 FULink 唯一指定 LOGO。

（2）活动结果

2011 年 6 月面向大学城 8 所高校师生征集参赛作品，共收到 90 位设计者的 112 幅参赛作品。经过专家小组初选及协调工作小组最终评选，评出一等奖 1 名（奖金 1 000 元），二等奖 1 名（奖金 500 元），三等奖 1 名（奖金 300 元），优秀奖 2 名（奖金 100 元），优秀提名奖 4 名。最终对福建农林大学程娇华老师的 012－3 号作品进行修改并定为 FULink 的 LOGO。见图 10－1—图 10－9。

图 10－1　012－3 作品

图 10－2　033－3 作品

图 10 - 3　040 - 3 作品

图 10 - 4　010 - 1 作品

图 10 - 5　033 - 2 作品

图 10 - 6　011 - 2 作品

图 10 - 7　044 作品

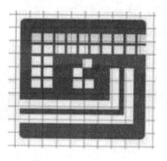

图 10 - 8　020 作品

图 10 - 9　061 作品

10.1.2　FULink 开通仪式

2011 年 11 月 9 日，福州地区大学新校区文献信息资源共享平台启用仪式在福州大学图书馆博学厅顺利举行，它标志着福州地区大学新校区文献信息资源共建共享工作取得了重大进展，实现了 8 所高校间的数字文献的传递服务和纸质文献的联合借阅。福建省教育厅纪委魏纬书记、福州地区大学新校区 8 所高校的校领导和福州地区大学新校区文献信息资源共建共享协调小组全体成员等各界人士 200 多人出席了启用仪式。多家新闻媒体做了宣传报导。见图 10 – 10 – – – – 图 10 – 12

图 10 – 10　高校领导出席 FULink 启用仪式

10.1.3　FULink 知识竞赛

（1）活动目的

2011 年 11 月 9 日，随着福州地区大学城文献信息资源共建共享平台 FULink 的正式启动，8 所高校共享丰富海量的文献信息资源已成为现实。此后，各校也相继开展了各类宣传推广活动，FULink 平台已慢慢被学生所了解和认识；目前在各个高校开展的新生入馆教育活动中，许多新生也对 FULink 平台表现出极大的关注。然而，许多学生对平台的认识和了解仍停留在表面，还不够深入，尤其是对平台的使用和检索缺乏一定的实战。为更好地提高平台在学生中的的影响力，提高大学城师生对文献信息资源共享的认知度，目前急需加大平台的宣传和推广力度，除了各类纸质媒介的宣传，更需要举办一些学生能够参与的活动，通过互动促进学生对平台的兴趣，进一步促进各学校师生享用文献信息资源共享成果。

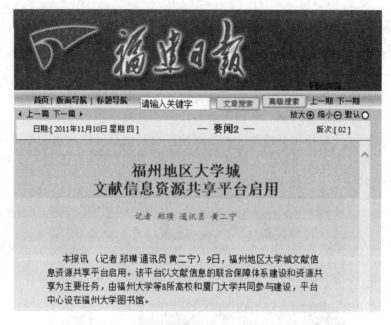

图 10 – 11　《福建日报》报道 FULink 启用仪式

福州地区大学城文献信息资源共享平台正式启用　　　字号 大 小

2011年11月11日08:16　来源：　科学时报　作者：黄二宁　　　　欢迎发表评论

将本文转发至：　　　　　　　　　　　　　　　　纠错　收藏

本报讯

　　近日，"福州地区大学城文献信息资源共享平台"启用仪式在福州大学新校区举行。平台启用后，将进一步推进各高校之间信息资源的共建共享，更好地服务于各高校的教学科研工作。

　　据悉，福州地区大学城文献信息资源共享平台建设是福州地区大学新校区教学资源共建共享的一个项目，该项目由福建地区8所高校和厦门大学共同参与建设，平台中心设在福州大学图书馆。该平台以文献信息的联合保障体系建设和资源共享为主要任务，为大学城共享域内的广大师生提供校际间的文献提供、文献传递、馆际互借、联合借阅等高水平便捷的信息资源"一站式"服务。（黄二宁）

　　《科学时报》（2011-11-11 B4 大学周刊）

图 10 – 12　《科学时报》报道 FULink 启用仪式

　　由超星公司赞助并协助举办的 FULink 知识竞赛加大了 FULink 平台的推广。通过平台检索技能竞赛，促进师生对平台的了解，掌握平台的使用方法。

同时通过用户对平台的深入体验，发现并搜集平台的不足及函需改进之处，结合用户的建议，进一步优化平台。

（2）竞赛规则

● 知识竞答环节之必答题。共 40 题。本环节比赛中，各代表队按抽签方式选择题号，每对需回答 5 道题，每题 10 分，答对 1 题加 10 分，答错不扣分。

● 知识竞答环节之抢答题。共 20 题。本环节由主持人先展示题目 10 秒，主持人说"开始"后才可开始抢答，否则算抢答犯规。抢答犯规的题目不作废，其他队可以重新抢答。抢答题回答时限 5 秒。每小题 10 分，回答错误或抢答犯规每小题扣 10 分。

● 检索实战环节之必答题。共 8 题。本环节比赛中，各代表队自选题号检索实战，限时 2 分钟，答对者加 20 分，答错不扣分。本环节需评委判定。

● 主观阐述环节。本环节由各队就 FULink 平台的使用感受，阐述自己观点。内容包括：平台使用技巧推介以及对平台的可行性建议等方面。为保证比赛的公正性，避免因答题顺序带来的影响。在主持人说"开始"后各队在题板上写上提纲。之后统一停笔。由分数最高方开始就提纲内容阐述观点。此环节由评委打分。阐述的观点被评委认同给 5 分，以此类推。提纲上没有的观点不给分。

● 检索实战环节之风险题。共 8 题。本环节设置 40 分、30 分、20 分、10 分题型。由前一环节得分最高者选择题组，以此类推；各组选好题目后，由主持人说"开始"后统一启动检索。限时 5 分钟。答对按该题的分值得分，答不出、答不全或答错按该题的分值扣分。

（3）活动现场

2012 年 11 月 8 日下午，福州地区大学城文献信息资源共享平台 FULink 知识竞赛在福州大学图书馆博学厅隆重举行，福建省教育厅刘会勇副处长、福州地区大学新校区文献信息资源共建共享协调工作小组全体成员、福州大学相关部处领导，以及 8 所高校参赛队员和 8 所高校拉拉队代表共计 300 多人参加了此次活动。

福州地区大学新校区文献信息资源共建共享协调工作小组组长、福州大学副校长王健在开幕式上发表讲话，指出实现福州地区大学城文献信息资源的共建共享，意义重大，有利于推进各相关高校的教育教学改革，推进资源共享，加强开放合作，实现优势互补，提高办学效益，增强人才培养竞争力，促进区域高等教育的可持续发展，在资源共建与共享中提高资源利用率。

　　此次 FULink 平台知识竞赛由福州地区大学城 8 所高校各组一队参加，每队 3 人。比赛由"必答题"、"抢答题"、"检索题"、"阐述题"、"风险题"五部分组成。整个比赛过程竞争激烈，8 所高校代表队实力雄厚，分数一度不相上下。知识竞答时，经常出现主持人题目刚念完，选手答案也脱口而出的现象；检索实战时，只见场上选手十指如飞，答题又快又好；主观阐述题时，各选手侃侃而谈，条理清晰，主题突出；风险题时，各队自信满满，勇于挑战。拉拉队员们也不甘示弱，你方唱罢我方登场，既鼓舞了己方士气，也活跃了全场气氛。会场两个大 LED 屏不时刷新手机微博互动信息，精彩语言不断呈现。不定时的抽奖环节更是让现场一片欢声语。

　　经过三个小时的激烈竞赛，最终，福建师范大学代表队以 185 分的优异成绩获得了比赛冠军，福建工程学院代表队和福建中医药大学代表队分获第二名和第三名，其他代表队获得优胜奖。以福建省教育厅高教处刘会勇副处长带队的颁奖嘉宾为获奖队伍颁发了奖杯、获奖证书和奖金。至此，福州地区大学城文献信息资源共享平台知识竞赛圆满落下帷幕。相关活动照片见图 10 – 13 ～ 图 10 – 15。

图 10 – 13　知识竞赛现场图

　　（4）活动效果

　　从图 10 – 16 可以看出，8 月前，用户对 FULink 平台的文献传递服务不太了解，使用量一直较低。9 – 10 月为活动筹备期，各校举办校内选拔和培训，

图 10 – 14　福州大学拉拉队

图 10 – 15　福建师范大学代表队

FULink 文献传递相比上半年使用量大增。11 月以后，文献传递使用量大幅增长。可见在该活动中，读者因参与竞赛，为收集和整理对平台建设的建议和意见，充分、广泛地利用了平台。这不仅让读者了解了平台，同时因为读者个人也参与了平台的建设，增强了读者对该平台的忠诚度。通过此次活动，可以看到知识竞赛活动有利于短时间内提升用户使用量。

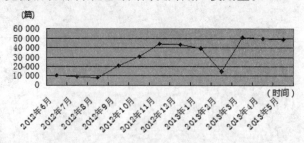

图 10-16　知识竞赛前后用户文献传递量统计图

本次活动仍然有新闻稿件见于纸媒与网媒，见图 10-17。

福州地区大学城实现文献信息资源共享

2012年11月08日 16:11　　　　　　　　　　稿件来源:福建新闻网

福建新闻网福州11月8日电(叶志雄)2012年11月8日下午，福州地区大学城文献信息资源共享平台知识竞赛在福州大学图书馆隆重举行，来自福州地区大学城8所高校的选手们参加了比赛。

据福州大学副校长王健介绍，福州地区大学城文献信息资源共享平台于2011年11月9日开通。目前，共享平台主网站整合了福州地区大学城8所高校图书馆现有资源，包括1188万册中外文图书，13000多份中外文期刊，以及50多种的中外文电子文献数据库，建成了集图书、期刊、报纸、学位论文、会议论文、专利、标准、视频等内容为一体的"一站式"统一检索平台，实现了各馆多种资源的统一揭示和共享。

福州地区大学城文献信息资源共建共享平台大大扩展了信息资源提供的范围和数量，极大地提升图书馆文献保障率，为福州地区主要高校的学科建设和教学科研提供了更好的服务和保障。据不完全统计，2011年，8所高校馆际间借阅纸质图书4691册，接纳校外读者3519人，到2012年10月，8所高校的师生通过共享平台获得期刊论文和学位文论等电子文献资料的有123952篇。2011年度福州地区大学城新校区八所高校数字资源联合采购共节约资源采购经费203万元，八所高校共获赠电子图书13344册，推广应用效果明显。

图 10-17　福建新闻网报道 FULink 知识竞赛

10.1.4　海峡两岸图书馆合作发展论坛

2013 年 4 月 2 日~7 日，海峡两岸高校图书馆合作发展论坛暨闽台高校图书馆交流会在福州举行。活动由协调工作小组主办，活动的主题是高校图书馆数字化建设与资源共享及闽台高校图书馆合作发展。会议探讨与交流福建省与台湾高校图书馆在数字化建设与资源共享方面的成果与经验，搭建闽台高校图书馆间的交流平台，促进两岸各高校间的深入合作，更好地为闽台两地的学术界提供文献信息服务。

海峡两岸高校图书馆合作发展论坛由福州大学图书馆承办。出席此次活动的领导和嘉宾有台湾高校图书馆代表团林光美一行 7 人、福建省教育厅刘会勇副处长、福州地区大学新校区文献信息资源共建共享协调小组全体成员以及来自全省近 40 所高校图书馆的同仁，共计 200 余人。

开幕式由福州大学图书馆汤德平馆长主持，福州大学王健副校长致欢迎词，王副校长向台湾客人介绍了福州大学的发展历程和福州地区大学新校区文献信息资源共建共享协调小组工作进展情况；刘会勇副处长代表福建省教育厅热烈欢迎台湾客人的来访，着重讲解了福建省教育事业发展的现状；林光美馆长代表台湾高校图书馆代表团感谢我方的盛情邀请，对我省教育事业的发展表示祝贺，希望双方能更紧密的合作，共同促进闽台高校图书馆的发展。汤德平馆长代表共享平台协调工作小组向与会人员介绍了 FULink 共享平台的建设和服务情况。

台湾专家们在大会上展开了一系列学术报告。包括林光美《台湾地区图书馆的资源共享——动力与策略》；项洁《结合史料数字化与数字出版》；吴文雄《校园文化资产应用与产业活化》；柯皓仁《资源发现服务之选择评估》；陈光华《大数据时代学术图书馆的创新服务——资料使用》；蔡炯民《数字典藏与公共使用》；余显强《提升文章可视与可及性的学术分享和管理机制》。专家们从各个层面讲解了台湾高校图书馆的发展状况，将先进的理论和观念引入进来，带给大家一场学术盛宴。参加活动的图书馆人员一致认为专家们的讲座对自己启发很大，让大家熟悉了台湾图书馆的发展情况，为闽台高校图书馆的进一步合作与发展奠定了坚实基础。

闽台高校图书馆交流会 3 日在福州地区 8 所高校图书馆分别举行。台湾专家分成两组，到 8 所高校图书馆进行了考察，并在福州大学图书馆、福建师范大学图书馆、福建中医药大学图书馆和福建农林大学图书馆召开了面对面学术交流会。台湾专家们和各馆工作人员进行了深入交流，针对双方感兴趣的图书馆各项技术、管理及文化建设等主题进行了座谈。通过研讨交流，双方获益良多，获知了闽台双方图书馆的发展现状，获取了双方的先进技术，增强了双方合作交流的意愿。活动照片见图 10 – 18 ~ 图 10 – 19。

图 10 – 18　闽台专家交流

图 10 – 19　论坛主会场

10.1.5　万方杯知识竞赛

为了进步一步培养大学生的信息素养，经福州地区大学城信息资源共享平台协调小组会议研究，决定于 2014 年 9 至 11 月，面向共享平台成员馆所在高校（福州大学、福建师范大学、福建医科大学、福建中医药大学、福建工程学院、闽江学院、江夏学院、福建农林大学、武夷学院、福建船政职业技术学院）的学生举办"万方杯"数字资源检索竞赛。

（1）初赛安排

①. 初赛时间：2014 年 9 月 15 日至 10 月 14 日

②. 参赛方式：参赛选手通过校图书馆主页上的"万方数据知识服务平台"进行预赛。校园网内任何终端在线答题

③. 比赛内容：万方数据知识服务平台上各数据库（以实践操作题为主）

④. 奖项设置：校内初赛将决出 20 名优胜奖，奖品为小米移动电源；同时将从参赛人员中选出 3 位读者组成代表队，参加校际决赛。

⑤. 参赛方法：在线注册、登陆、进入考场。每人可参赛 2 次。

⑥. 点击链接地址参加比赛：http：//59.77.229.17/examv5/或者扫描招贴画二维码进入。见图 10 – 20。

（2）决赛赛制流程及说明

①主持人开场：介绍嘉宾及参赛队，各参赛队喊口号亮相。

②竞赛环节

• 必答题：共 30 题，每队 3 题，每题 10 分，答对一题加 10 分，答错不扣分。本环节由各代表队按抽签方式选择题号。每队需回答 3 道题，由一位队员回答，其他队员可补充；每队回答一道题的时间不得超过 1 分钟；该环节以不定项选择或填空题为主，出题范围为：检索的基本知识、万方、FU-Link 的基本内容。

• 抢答题：共 20 题，每题 10 分。本环节由主持人先展示题目 10 秒，主持人说"开始"后才可开始答题抢答，否则算抢答犯规。抢答后 5 秒必须完成答题。否则视为抢答无效，抢答犯规的题目不作废，其他队可以重新抢答。每小题 10 分。回答错误不扣分，该题进入新一轮的抢答，回答时限 5 秒；此环节结束主持人公布现场总分排名；本环节的题型有不定项选择题、填空题，出题范围包括使用 FULink、万方数据库检索后才能回答实践操作的题目。每题每队仅有一次抢答机会。

• 风险题：共 10 题，每题 10 分。本环节依然进行抢答，抢答错误倒扣

图 10 - 20 初赛招贴画

10 分。由主持人说"开始"后统一启动检索。限时 3 分钟。答错倒扣 10 分。此环节结束主持人公布现场总分排名。

- 读者互动环节：每一个赛制结束后，进行读者互动环节，时间十分钟，第一部分展示各馆拍摄的馆内照片，让读者互动回答，答对有奖品；第二部分微博墙互动，并抽选幸运微博账号。
- 现场公布最终成绩排名。并由组委会评出一个最佳组织奖。
- 颁奖。

（3）活动现场

为更好地提高数据库资源的利用率，经过 5 个多月的筹备，各学院通过初赛、预赛，2014 年 11 月 13 日，福州地区大学城文献信息资源共享平台"万方杯"检索决赛在福州大学图书馆博学厅隆重举行。福建省教育厅高教处王飓处长，福州大学范更华副校长，福州地区大学城文献信息资源共建共享协调工作小组全体成员，以及福建省高校图书馆 2014 年读者工作研讨会暨第五届文献传递工作会议嘉宾观摩了比赛全程。福建师范大学，福建农林大学，福建医科大学，福建工程学院，闽江学院，福建江夏学院，武夷学院，福建船政交通职业技术学院，福建中医药大学，以及福州大学等 10 所高校参赛队员和 10 所高校拉拉队代表共计 400 多人参加了此次活动。

福建省教育厅高教处王飐处长和福州地区大学城文献信息资源共建共享协调工作小组组长、福州大学副校长范更华在开幕式上分别发表讲话，指出实现福州地区大学城文献信息资源的共建共享，意义重大，有利于推进各相关高校的教育教学改革，推进资源共享，加强开放合作，实现优势互补，提高办学效益，增强人才培养竞争力，促进区域高等教育的可持续发展，在资源共建与共享中提高资源利用率。通过四年的建设，共享平台取得了可喜的成绩，希望在今后的日子里，各高校能团结一致、携手并进，共同促进平台的进一步发展，为广大师生乃至全社会作出贡献。

在主持人的精彩介绍下，比赛正式拉开帷幕。必答题环节考验参赛选手的检索知识宽度和深度，抢答题环节体现参赛选手敏捷的抢答速度和准确率极高的检索技术。队员们精湛的表现引起了台下观众的阵阵惊呼，拉拉队的口号声此起彼伏，现场氛围激烈又紧张。经过两个半小时的激烈竞赛，最终，闽江学院代表队以 200 分的优异成绩获得了比赛特等奖，福建工程学院代表队和福建农林大学代表队获第一名，福州大学代表队、武夷学院代表队、福建中医药大学代表队获得第二名，其他代表队获得第三名。以福建省教育厅高教处王飐处长带队的颁奖嘉宾为获奖队伍颁发了奖杯、获奖证书和奖品。至此，福州地区大学城文献信息资源共享平台"万方杯"检索大赛圆满落下帷幕。

通过这次的"万方杯"检索大赛，实现了福州地区大学城文献信息资源的共建共享，推进了各相关高校的教育教学改革，资源共享，同时，提高了平台在学生中的影响力，进一步促进大学城师生对文献信息资源共享的了解，掌握平台的使用方法从而深入体验，感受平台所带来的方便与快捷。活动照片见图 10 – 22—图 10 – 24。

10.1.6 微博微信

微博和微信是信息发布的渠道，也是参考咨询的阵地，不仅可以提供导读、信息发布、咨询解答等服务，同时，还包含活动传播、分享交流等互动类信息。FULink 申请并专人维护微博和微信，微博做媒体，微信做服务。

10.1.7 立体宣传

（1）统一宣传

采取构建立体化的宣传方式，着眼每年 4 月 23 日"世界读书日"活动，设计制作 FULink 统一宣传材料、书签，内容包括 FULink 各项服务以及注意

图 10 - 22　　全体参赛队员及工作人员合影

图 10 - 23　　竞赛现场

事项等，各成员馆统一开展宣传活动。

（2）融入新生入馆教育

联盟各成员馆面向新生开展入馆教育时，重点介绍联合借阅的流程以及

图 10 - 24　福建师范大学参赛队

联合借阅规则，使新生对联合借阅有初步的认识，为使用联合借阅开展阅读
活动奠定基础。

（3）开展大型阅读征文活动

依托各馆读书月、读书日的系列活动平台，面向大学城 8 所高校学生举
办"联合阅动"大型征文活动。活动限定主题，鼓励学生开展阅读，并设定
相应的奖项。

（4）FULink 平台的推广

采用以点带面的形式，开展宣讲。分三步走：第一步完成对各成员馆馆
员的培训任务；第二步由各个馆深入各自学院或系部举办专场讲座，面向师
生开展宣讲，由学科馆员提供嵌入式信息服务；第三步将 FULink 的使用引进
各校（馆）的文献信息检索课堂的教学内容，让学生在文检课的教学过程中，
切实达到掌握 FULink 的使用。

10.2　营销体系建设

FULink 的迅猛发展与注重营销体系的建设密切相关。FULink 根据自身战
略发展目标，设立专门营销机构和专职营销人员，制定系统的营销规划，树
立明确的营销服务宗旨和可评估的营销目标，多方沟通和协作，分析自身资

源和服务的特征，开展市场调研，设计有竞争力的信息服务，组织并实施信息服务品牌，建立统一的服务标识，面向用户提供性价比高的信息产品，组织实施丰富多样的营销工作，营造营销文化，建立完整的营销体系，从而推动 FULink 健康、稳定、可持续发展。

10. 2. 1　营销主体

营销主体建设应维护整个营销链条中各主体的利益。首先是用户，其次是馆员，最后考虑联盟的利益。

（1）建立用户基本信息数据库，开展市场调研，分析用户信息行为，挖掘用户需求，有针对性开展用户培训。

FULink 潜在信息用户是大学城 20 余万师生员工，类别繁多，需求各异。FULink 建设前，2010 年 5 月 17 日至 2010 年 7 月 21 日，福州大学图书馆组织了一次信息用户调查，对福州大学城 7 所高校图书馆用户按照 VASL2 以及 AIO 生活方式设计调查问卷，进行分层随机抽样调查，通过 SPSS 16. 0 统计软件对调查数据进行因子分析、聚类分析、方差分析、交叉表分析，建立 5 个虚拟人物（型人）①，采取不同的服务策略，实现用户的需求。

FULink 建设过程中也可以从后台收集用户基本信息，建立用户信息数据库。在适当的行销时机，以此数据库统计分析的结果为依据，有针对性地进行分类营销，将图书馆联盟的服务推送给用户。

选择信息用户最为迫切的信息需求作为服务营销培训内容，通过培训营销将服务信息传达给目标用户，让他们注意到 FULink 信息服务的品牌，感知到 FULink 的努力，这也是立体宣传的宗旨。

（2）开展馆员营销培训课程。选拔优秀馆员参加 FULink 的营销组织活动，举办了两届知识竞赛，成员馆间依托网上服务组组织信息服务营销交流小组，定期开展工作交流，来提升图书馆员的信息服务营销意识、知识、经验和技能。

（3）设计联盟沟通元，树立联盟的品牌形象。FULink 注重内部营销文化氛围的培养，组织并实施信息服务品牌，建立统一的营销服务标识，通过强烈的品牌意识和 FULink 识别战略，与竞争对手区别开来，可以在各个成员馆的流通口采用统一带 FULink 标识的借还书处受理馆际互借，在网站的显要位

---

① 王登秀，张文德，林熙阳. 基于 VASL2 的高校数字图书馆联盟人物角色［J］. 图书情报工作，2011（3）：83－87.

置安放 FULink 文献提供系统的检索入口，最终在用户心目中树立起自身独有的服务品牌标识。

10.2.2　营销产品

FULink 协调并共享各成员馆的人力资源，规避知识产权束缚，设计有竞争力的信息产品，创新信息服务。

（1）优化信息环境，重组资源与产品，努力创新信息服务。FULink 根据自身资源和技术的优势以及用户的需求，对信息产品和服务进行开发和重组，共享各成员馆的人力资源，为用户提供在性能、品质上优于市场水平的具有核心竞争力的特色信息产品和服务。FULink 对用户的信息需求进行深入分析，从而在国内外图书馆联盟开展的服务项目，如联合编目、公共数据查询、电子资源联采、馆际互借、文献传递、合作存储文献、网上参考咨询以及培训。按照用户信息需求的重要性、急迫性，采取每年设计 1－2 个信息服务项目的建设策略，滚动式发展联盟服务项目。

（2）产品功能差异化。对图书馆联盟来说，能否把自己的产品和服务与竞争对手区别开来，让用户一见倾心，再见钟情，是图书馆联盟在竞争中立于不败之地的制胜法宝。让用户愿意花费更多成本来使用和体验图书馆联盟服务，提高他们对图书馆联盟信息服务的忠诚度。

所有的信息用户都希望通过网络实现图书的在线阅览和电子文献下载，设计了"FULink 文献提供系统"来满足这一信息需求。该系统整合了福州地区大学城 8 所高校图书馆的现有资源，包括中外文图书共 1 188.2 万册，中外文期刊达 13 284 种，还有 50 余种中外文电子文献数据库。建成基于元数据的"一站式"统一检索平台，在保持原有数据库权限的基础上，实现各馆多种资源的统一揭示。在检索结果中可直接下载本馆资源，利用电子邮件可以实现各馆间资源的文献传递。

大量的信息用户要求能够随时随地通过各种移动设备利用电子文献资源。设计了"FULink 移动图书馆联盟"，通过手机、iPad、电子书阅读器、移动电脑等手持移动终端设备，为联盟用户提供搜索和阅读电子信息资源、自助查询、预约和续借等服务。

本科生对印本图书有着一定的偏爱，同时，迫切需要随书光盘的下载服务。基于此，提供了"联合借阅系统"和"书后光盘管理与服务系统"。联合借阅系统是利用计算机网络技术实现 8 所图书馆馆际互借业务，同时提供数据查询与检索功能。使用联合借阅服务的读者可以查询个人借阅信息，各个图书馆对借阅数据进行统计与查询。管理上采用"不换系统、书不动人动"的策略。书后光盘管理与服务系统整合 FULink 成员馆随书光盘资源，节约各高校建设成本，实现地区资源共享，为福州大学城读者提供方便快捷的随书光盘资源服务。

10.2.3　销售渠道

构建去中介化的图书馆联盟营销渠道，多渠道、多方位开展嵌入式服务，无缝接入用户的学习、科研、生活环境。

（1）加快构建科学、高效、短小的图书馆联盟营销渠道，提高信息服务和信息产品的营销效率。FULink 不仅通过各成员馆来帮助开展营销活动，还尝试直接面对信息用户，针对性地提供若干信息解决方案。FULink 还尝试口碑营销，抓住核心关键人物和有影响力的用户，让其成为忠诚用户，然后借助其影响力宣传推广资源和服务。

（2）FULink 统筹中介化服务和去中介化服务。许多复杂的信息服务如学科服务、参考咨询等需要高水平的馆员介入才能更好地满足用户的需求。一些简单的信息服务如 FAQ、文献传递倾向于去中介化，让用户享受自助服务的乐趣与便捷。

（3）FULink 信息服务设法融入用户信息空间。FULink 开展了数字参考咨询，它成为图书馆联盟与用户交流的主要渠道。另外，FULink 还善于利用现有便捷的网络应用（新浪微博、微信等）来推广宣传图书馆联盟服务，融入到用户信息空间中。

10.2.4　销售价格

FULink 统筹安排资金，考虑了联盟运行的费用、成员馆的业务、用户的成本。

（1）对信息用户而言，所有信息服务是零成本，完全免费，在"按需服务、合理使用"的原则下，尽可能降低时间成本。同时，为了防止过度使用，设计"联合借阅系统"项目时，特意要求"书不动人动"，即要求用户支付交通费用，鼓励前往地理位置相邻的图书馆享受服务，同时了解不同的图书馆文化与场所服务。本馆购买的文献允许即时下载，根据知识产权保护的要求，通过"文献传递系统"获得它馆共享文献要付出时间成本，一般通过电子邮件延时 1−3 天。

（2）对成员馆而言，根据提供服务的数量和服务推广成效给予奖励，按照事先约定的奖励规则计算积分，每年从上级拨款中划出一笔资金按积分进行分配，作为各成员馆业务经费的补充，从而提高成员馆参与共享活动的积极性。积分计算的依据有：输出读者和接纳读者数量、文献传递申请与提供数量、联合借阅借书图书数量等。

（3）所有共享活动成本由省教育厅买单，项目承建馆通过项目公开招标和集团采购节省费用。在达到系统要求的情况下，"书后光盘管理与服务系统"公开招标节省经费 27 万元，"FULink 移动图书馆联盟"公开招标节省经费 18 万元。在数字资源的联合采购中，2011 年度 FULink 数字资源联合采购节约经费 183 万元，2012 年节约经费 282 万元。

10.2.5　促销机制

拓展促销渠道，丰富促销方式，向信息用户传递图书馆联盟产品与服务的各种信息，以影响其态度和行为。

（1）拓展促销渠道。FULink 根据自身的信息产品和信息服务，在合适的时间、地点以最便捷的途径将产品和服务传递给用户。如在公共场所张贴海报、开展主题展览，利用全媒体报道图书馆联盟的服务，让用户快速获取并利用图书馆联盟的资源和服务，提高图书馆联盟资源利用率。

（2）丰富促销方式。FULink 根据所提供的产品和服务的属性，以及服务对象的特性，灵活组合多种促销方法，开展有特色的宣传活动。如通过发放书签、杯子、活动小册子、会员卡、邀请名人参与图书馆活动等，激起广大用户对图书馆联盟的关注。

10.2.6　营销组织

FULink 虽然没有设置专职营销岗位，但秘书处基本上承担了此项工作，与用户、其他图书馆联盟、成员馆、政府、大众传媒合作，及时响应用户信息需求，扩大联盟影响力。

（1）FULink 秘书处秘书负责管理和控制营销的整个过程，努力达到最佳的营销效果。图书馆联盟信息服务营销水平的高低由馆员的营销素质来决定。FULink 通过建设馆员教育培训体系，加强人员营销素质培训，提升馆员对图书馆联盟信息服务营销的认识和总体规划能力。

（2）积极主动加强多方沟通与合作，改善服务，扩大服务影响力。关系营销策略是把营销活动看成是图书馆联盟与用户、竞争对手、企业、政府机构及其他公众发生互动作用的过程。与用户、政府、友商建立友好的信息交流和互动关系是图书馆联盟信息服务营销的目的。政府机构、行业协会、社会媒体、学生团体等具有强大的社会舆论影响力，是宣传图书馆联盟信息产品与服务的重要渠道。图书馆联盟应随时与他们保持联络，主动获得公众感兴趣的新服务、新活动，扩大图书馆联盟的影响力，提升图书馆联盟资源与服务的口碑。

（3）加强用户沟通策略。图书馆联盟信息服务营销失败可能只是由于沟通不平衡或单项沟通造成的，因此 FULink 构建完善交流渠道，以用户为中心，从用户的角度去思考问题，听取用户体验图书馆联盟产品和服务的感受及建议。定期开展用户需求调查和服务跟踪，获取用户体验图书馆联盟产品和服务反馈信息，分析预测用户信息需求，想用户之所想，不断的改进信息产品和服务。

10.2.7　营销管理职能部门

FULink 的网上工作小组承担了整个图书馆联盟的营销策划与管理职能。完善营销管理机制，制订合理的计划，监控计划的执行，评估营销的绩效，调整营销的策略。

（1）认真评估营销效果，合理进行策略调整。通过评估可以及时发现不足，总结经验。在营销工作结束之后，需要对成本进行计算，并与预算对比，统计营销带来的服务次数，分析本次营销的成功和失误之处，最终形成一个完善的评估体系和评估标准，提高图书馆联盟信息营销评估的说服力，并根据评估分析来调整营销策略。

（2）完善营销管理机制。网上服务组从环境扫描、使命陈述、目标用户选择、营销目标设定、营销活动方案、评估等方面制定规章制度，引导联盟以及成员馆制订营销计划。营销的整个过程必须仔细地进行全盘规划和控制，有步骤地完成，并持之以恒，成为常态性的任务。设置专职岗位来负责编制营销计划、控制管理营销过程、评估营销绩效。合理分配人力财力资源，处理好营销推广与人员和资源紧张之间的矛盾，以及用户期望的增加和图书馆联盟不能满足这些期望的可能性等。

第十一章　FULink 人力资源协同

图书馆联盟中除了共享信息资源外，对馆舍、设备、人力资源的共享也有需求。人力资源是一种特殊的资源形态，其特殊性在于：人力资源具有可开发增值性和可持续开发性，图书馆联盟可通过培训、使用、培养、激励来激发图书馆员的能动性，提升图书馆员的技能、知识和经验，从而提升其附加价值和产出。人力资源有正、负两个方向的作用，当其配置合理或激励适当时，人力资源相互间产生正向作用，反之则会产生相互抵消、相互掣肘的负向作用。

在图书馆联盟内部，一方面要对组织机构做好顶层设计，对成员馆的馆员能力资源进行整合配置，达到知识、技能、经验的共享和相互协作、相互促进，形成人力资源间正向的相互作用，提高图书馆联盟的总体产出；另一方面设计多种协同实践，做到科学合理地开发和利用人力资源，使每个馆员都能充分自由地发挥、发展自己的能力和潜能，实现自身价值的增长并取得价值与报偿的平衡。第三方面要对联盟的人力资源协同不断地检讨，找出积极因素，排除障碍因素，以利联盟健康可持续发展。

11.1　FULink 人力资源协同形式

人力资源协同是指各成员馆之间人力资源的共享，强调各馆人员之间通过协作共同完成联盟的任务。人力资源共享不但可以使成员馆获取自身所不具有的人力优势，而且通过人员之间的协同工作可以达到知识交流和共享的目的。

FULink 从联盟组建开始，就从组织机构的设计入手，协同各馆人力资源，共同提升馆员工作能力、创造力、进取心，加深工作认同感，从而改善联盟服务品质。FULink 采用矩阵制组织形式，其特点是：围绕各项专门任务成立馆际的工作小组，力图做到条块结合，以协调各馆的活动，保证任务的完成。这种组织结构形式是固定的，人员却是变动的。这种组织结构比较适用于横向协作。

11.1.1　组织机构

大学城图书馆联盟是通过自愿原则组建的图书馆联盟，相互之间是一种横向联系，需要一个协调机构才好运作联盟的各项工作。FULink 的组织机构是保证大学城图书馆联盟工作有序开展的必要条件，见图 11 – 1。

图 11 – 1　FULink 组织机构图

（1）福州地区大学新校区文献信息资源共建共享协调小组

隶属于教育厅，由福建省教育厅高教处的领导、福州大学主管图书馆的副校长和各成员馆馆长组成，对 FULink 开展的各项活动进行学术咨询和民主决策。协调小组根据业务需要，在成员馆中选择图书馆员成立通用技术组、网上服务组、联合采购组、元数据组等业务部门，承担不同的任务，同时达到人力资源的共享。

协调小组下设秘书处，负责日常行政工作及组织联盟的活动和会议，接待来访；负责管理公章的使用、档案管理、业务统计；各成员馆之间和联盟内部业务部门之间的业务协调。

各专业工作组向协调小组负责，其职责如下：

① 制订相关工作的详尽技术方案，提出需要的配套方案。

② 制定工作细则，明确各馆与中心、馆际之间的业务关系以及必须承担的义务和责任，以便各司其职、协作协调、同步发展。

③ 开展辅导和培训教育。根据需要和相关工作进展情况，分期分批组织

学习培训，提高馆员的业务技术能力。

④ 指导和督促相关工作在各馆的开展。

⑤ 向协调小组提出上一年度工作报告和下一年度工作计划。

⑥ 开展相关领域的调查研究，参加相关的国内外业务交流活动，保证项目安排的先进性和显示度。

（2）通用服务支撑专业工作组

负责 FULink 中心门户、各类共享软件系统管理、统一认证、系统关联、数据交换等工作，定期提出行业发展研究综述报告，对 FULink 进行整体评估和专项评价等。

（3）引进数据库专业工作组

负责规划和论证中外文全文数据库资源，组织集团采购，建议补贴方案。

（4）网上服务专业工作组

负责各类网上用户服务。如纸质文献和电子文献的馆际互借和文献传递服务协议、相关标准、服务规范、业务统计与经费结算制度的制定与执行。调查和接受大学城读者的反馈意见和要求，适时考虑在大学城内建立联合参考咨询，借鉴国内外参考咨询服务的成功模式，提供包括 FAQ 服务、表单咨询、在线咨询、电话咨询等多种服务方式的在内的代查代检、定题服务、课题跟踪等多项信息服务业务。

（5）元数据建设专业工作组

负责 CALIS 福建省中心的建设，升级 CALIS 馆际互借与文献传递系统为服务于全省各高等学校的共享版系统。负责全省联合目录数据的整理和质量控制、特色数据库和其他类型建设的规范设计和数据管理等，建立元数据著录管理系统。

11.1.2　分工协作

（1）协调小组（含秘书处）的工作。

● 2010 年 11 月 16 日，福州地区大学新校区文献信息资源共建共享协调工作小组在福州大学举行了第一次全体会议。会议由协调工作小组组长、福州大学副校长王健教授主持。会议研究讨论了落实闽教高【2010】123 号文的具体措施，通过了《福州地区大学城文献信息资源共享平台建设 2010 - 2011 年工作计划》。会后各专业工作小组也分别召开会议，制定工作计划。从此，每年协调小组开 3 - 4 次会议，对重要事项进行决策，通过了一系列规章制度，制订下一年度工作计划，总结上一年年度工作报告，对平台共享工作给予奖励。

- 2011 年 6 月 1 日，协调工作小组举办"福州地区大学城文献信息资源共享平台标志（LOGO）设计大赛"，面向大学城 8 所高校师生征集参赛作品，共收到 90 位设计者的 112 幅参赛作品。2011 年 9 月 20 日，经过专家小组初选及协调工作小组终选，评出一等奖 1 名，二等奖 1 名，三等奖 1 名，优秀奖2 名，优秀提名奖 4 名。福建农林大学程娇华老师的作品获得一等奖，其设计的图标作为福州地区大学城文献信息资源共享平台标志。

- 2011 年 10 月 27 日，教育厅印发闽教科【2011】51 号文《福建省教育厅关于申报福州地区大学新校区文献信息资源共享机制专项研究项目的通知》，正式启动了福州地区新校区文献信息资源共享机制专项研究项目的申报。福建省教育厅印发闽教科【2011】63 号文《福建省教育厅关于下达 2011年第三批 B 类人文社会科学研究项目（文献信息资源共享机制研究专项）计划的通知》正式批准了"CALIS 与 FUlink 间的服务协同研究"等 40 个项目作为 2011 年省教育厅第三批 B 类人文社会科学研究项目（文献信息资源专项）计划。项目结题时提交了 55 篇学术论文，《高校图书馆联盟数据库采购策略研究》等 10 篇论文为优秀论文。

- 2011 年 11 月 9 日，福州地区大学新校区文献信息资源共享平台启用仪式在福州大学图书馆博学厅顺利举行，它标志着福州地区大学新校区文献信息资源共建共享工作取得了重大进展，实现了 8 所高校间的数字文献的传递服务和纸质文献的联合借阅。福建省教育厅纪委魏纬书记、福州地区大学新校区 8 所高校的校领导和福州地区大学新校区文献信息资源共建共享协调小组全体成员等各界人士 200 多人出席了启用仪式。

- 2012 年 11 月 8 日，为了推广宣传共享平台，福州地区大学城文献信息资源共享平台知识竞赛在福州大学举行。福建省教育厅刘会勇副处长，福州地区大学新校区文献信息资源共建共享协调工作小组全体成员、福州大学相关部处领导，以及 8 所高校参赛队员和 8 拉拉队代表共计 300 多人参加了此次活动。经过激烈竞争，福建师范大学代表队获得冠军，福建工程学院代表队和福建中医药大学代表队分获第二名和第三名。

- 2013 年 3 月 22 日，福州地区大学新校区文献信息资源共建共享协调工作小组召开第十二次全体会议。会议讨论通过了《福州地区大学城文献信息资源共享平台接纳 FULink 新成员暂行办法》，决定循序渐进地开展共享平台接纳 FULink 新成员的工作，前期以福州地区的高校为主，让共享平台的建设成果惠及更多的高校。最终于 2014 年接纳武夷学院、福建教育学院、福建船政交通职业学院成为福州地区大学城文献信息资源共享平台（FULink）新成员。

- 2013 年 4 月 2 日—7 日，海峡两岸高校图书馆合作发展论坛暨闽台高校图书馆交流会在福州举行。活动由协调工作小组主办，活动的主题是高校图书馆数字化建设与资源共享及闽台高校图书馆合作发展。台湾高校图书馆代表团林光美一行 7 人、福建省教育厅刘会勇副处长以及来自全省近 40 所高校图书馆的同仁，共计 200 余人出席会议。协调工作小组秘书长、福州大学图书馆馆长汤德平教授代表协调工作小组在会上介绍了 Fulink 的建设情况。台湾专家们在大会上展开了一系列学术报告，并分别到福州地区大学城 8 所高校图书馆进行了考察与交流。

- 2014 年 5 月 22 日在福州大学图书馆召开协调小组第十五次全体会议，对共享平台建设以来的工作和取得的成绩进行了认真的总结，并以此申报了福建省第七届高等教育教学成果奖。评选中，专家们对共享平台建设的成果给予了高度的评价。成果最终被评为福建省第七届高等教育教学成果奖一等奖。

- 2014 年 11 月 3 日上午，北京 BALIS 中心考察团一行 10 人莅临福州大学图书馆调研考察。刘敏榕馆长以及相关工作人员热情地接待了来宾。双方在图书馆会议室举行了福州大学城文献信息资源共享平台（FULink）交流会。交流会上，双方进行了热烈交流。针对北京 BALIS 和福州大学城文献信息资源共享平台运行中涉及的方方面面问题，双方交换了意见和建议。双方一致认为，参与这次交流会对己方此后的工作启发很大，从对方工作中学习到了很多有用的经验。

- 2014 年 11 月 13 日，福州地区大学城文献信息资源共享平台"万方杯"检索决赛在福州大学图书馆博学厅隆重举行。福建省教育厅高教处王飓处长，福州大学范更华副校长，福州地区大学城文献信息资源共建共享协调工作小组全体成员，以及福建省高校图书馆 2014 年读者工作研讨会暨第五届文献传递工作会议嘉宾观摩了比赛全程。福建师范大学，福建农林大学，福建医科大学，福建工程学院，闽江学院，福建江夏学院，武夷学院，福建船政交通职业技术学院，福建中医药大学，以及福州大学等 10 所高校参赛队员和 10 所高校拉拉队代表共计 400 多人参加了此次活动。最终，闽江学院代表队以 200 分的优异成绩获得了比赛特等奖，福建工程学院代表队和福建农林大学代表队获第一名，福州大学代表队、武夷学院代表队、福建中医药大学代表队获得第二名，其他代表队获得第三名。

● 2014 年 12 月 1 日上午，北京高校网络图书馆考察团一行 38 人莅临福州大学图书馆调研考察。校直属单位党委书记兼图书馆馆长刘敏榕、福建师范大学图书馆方宝川馆长、福建省高教处图工委郭毅秘书长以及相关工作人员热情地接待了来宾。双方在图书馆会议室举行了图书馆联盟工作交流会。针对北京网络图书馆和福州大学城文献信息资源共享平台运行中涉及的方方面面问题，双方交换了意见和建议。双方一致认为，参与这次交流会对己方此后的工作启发很大，从对方工作中学习到了很多有用的经验。

● 2015 年 5 月 15 日协调工作小组召开第十八次会议上午在福州大学图书馆召开。会议宣布 43 个"福州地区新校区文献信息资源共享机制第二批专项研究项目"以"2014 年福建省中青年教师教育科研项目 A 类社科研究课题（文献信息资源共享与服务研究专项）"予以下达，结题时间统一为 2016 年 12 月底前。

● 2015 年 6 月 25 日，协调工作小组第十九次扩大会议在福建农林大学明德楼一楼武夷厅召开。福建农林大学副校长黄炎和教授、协调工作小组成员及福建省本科院校部分应邀图书馆代表出席了会议。刘敏榕秘书长主持了新增成员馆遴选工作，最后通过票选方式确定 2015 年新增成员馆为：闽南师范大学图书馆、厦门理工学院图书馆、三明学院图书馆、华侨大学图书馆、集美大学图书馆等五家。

● 2015 年 6 月 25 日，由协调工作小组主办、福建农林大学图书馆承办、万方科技有限公司福州分公司协办的省内高校图书馆 2015 年"万方杯"羽毛球联谊赛在福建农林大学下安体育馆成功举办。来自全省 18 所兄弟院校图书馆的 77 位选手参加了比赛。

（2）元数据建设专业工作组的工作。

● 福建省普通高校共 85 所，其中本科院校 20 所，民办本科 3 所，专科及高职高专 52 所，独立学院 9 所。截止到 2012 年 3 月底，全省共有 51 所学校签约联合目录。全省共 19 所学校提交联合目录，本科院校的目录数据提交达到 100%。初步建成 CALIS 福建省中心联合目录，收入实有馆藏图书达到 150 万种以上。

● 在已签约的学校中开展 CALIS 馆际互借系统达 44 所，本科馆 21 所，本科馆覆盖率达 91.3%。2011 年以来已统计的事务有 43，326 笔。

● 共 8 个学校的 9 个专题获 CALIS 三期"专题特色数据库"立项资助。

● 参加学位论文项目建设，三期提交论文摘要 12，500 篇，提交学位论文 24，900 篇。

- 2014 年 6 月 13 日 – 14 日在厦门大学举办 "福州地区大学新校区文献信息资源共享平台机构库建设研讨会"，会议由元数据专业工作组和厦门大学图书馆承办。

（3）通用服务支撑专业工作组的工作。

- 2011 年 2 月 10 日，通用服务技术支撑组提交的《福州大学城图书馆共享中心建设方案》获得通过，正式启动了共享平台中心机房的建设。

- 2011 年 3 月 11 日，经协调小组审议通过了《文献提供服务系统采购方案》，启动了共享平台文献提供服务系统的建设。

- 2011 年 5 月 31 日，福州地区大学新校区文献信息资源共建共享平台正式名称定为："福州地区大学城文献信息资源共享平台"，申请的域名为：www. fulink. edu. cn。

- 2011 年 9 月，共享平台的中心机房服务器和存储器等硬件设备安装到位，文献提供服务系统和一些数据资源等软件也已安装，"文献提供系统" 开始提供数字资源的共享服务。

- 2011 年 9 月 20 日，确定了福州地区大学城文献信息资源共享平台图标（logo）。通过了《福州地区大学城文献信息资源共享平台成员图书馆图书条形码统一编码规则》和《福州地区大学城文献信息资源共享平台纸质文献联合借阅规则》，"联合借阅系统" 开始提供校际间纸质资源的共享服务。

- 2012 年 3 月 26 日至 31 日，福州地区大学城联合借阅系统实施调研工作组考察了北京创讯公司和南京汇文公司，走访了北京邮电大学、北京科技大学、中国人民大学、北京理工大学、北京大学、北京航空航天大学、南京大学、南京农业大学、南京理工大学等图书馆，对联合借阅系统的建设方案进行了调研，并向协调工作小组提交了调研报告。

- 2012 年 5 月 10 日，讨论并通过了《福州地区大学城联合借阅系统调研报告》，决定以多系统平台方案为基础，建设统一的共享平台纸质图书联合借阅系统。

- 2013 年 6 月，共享平台的联合借阅系统在 8 个馆开通试运行。移动图书馆系统完成招标采购，进入安装调试。这标志着共享平台的文献提供系统、联合借阅系统和移动图书馆系统等三个主要应用系统都已建成投入使用。

- 2014 年 3 月 18 日，由广州联图电子科技有限公司中标并承建的 "福州地区大学城文献共享平台（FULink）书后光盘联合管理与下载系统" 项目（项目编号：FJFZU – TZ［2014］001）软硬件系统已初安装调试完成，已实现了成员馆远程服务，基本完成了共享平台中心服务器的项目部署，初步实现了书后光盘联合管理与下载系统功能。至此，FULink 四大信息服务正式上线提供服务。

- 2015 年 1 月 16 日，福州地区大学城文献信息资源共建共享通用服务支撑专业工作组第十五次会议（2015 年第一次会议）召开。参加会议的有通用服务支撑专业工作组成员，会议交流探讨了超星发现，EDS 等几个知识发现系统的试用考察情况；通过讨论达成以下共识：升级 FULink 文献提供系统，增加发现功能，加强本地化功能和数据收割；会议督促各成员馆加快网络 VPN 部署，保证信息安全。

　　（4）引进数据库专业工作组的工作。

- 2011 年 12 月 22 日和 26 日，引进数据库专业工作组分别两次组织召开了 2011 年数字资源联合采购谈判会议。经过多轮谈判，8 所高校的代表与 12 家数据库厂商达成了数字资源的联合采购协议。本年度福州地区大学新校区 8 所高校数字资源联合采购供应商报价 1052 万元，实际合同金额 864 万元，节约经费 188 万元。

- 2012 年 11 月 29 日－30 日，引进数据库专业组在福建师范大学组织举行了 2012 年数字资源联合采购招标谈判，8 所高校的代表与 15 家数据库厂商达成了数字资源的联合采购协议。2012 年联合采购供应商报价 1412 万元，实际合同金额 1130 万元，节约经费 282 万元。

- 2013 年 12 月 9－10 日，引进数据库专业组在福建师范大学旗山校区图书馆举行了两次数字资源联合采购谈判会议。15 家厂商与福州地区大学城 8 所高校分别达成了采购协议。联合采购的数字资源金额的 89% 由各高校自行支付，余下的 11% 由福建省教育厅下拨的福州地区大学城文献信息资源共享数字资源联合采购补贴专项经费中支出。

- 2014 年 11 月 20 日至 21 日，数据库引进组在福建师范大学旗山校区图书馆举行了 2014 年数字资源联合采购谈判会议。15 家数据库厂商与福州地区大学城 8 所高校分别达成了采购协议，联合采购的数字资源金额的 91% 由各高校自行支付，余下的 9% 由福建省教育厅下拨的福州地区大学城文献信息资源共享数字资源联合采购补贴专项经费中支出。

　　（5）网上服务专业工作组的工作。

- 2010 年 10 月 22 日，网上服务专业工作组成员在福建中医药大学图书馆会议室召开了第一次会议。林丹红馆长介绍了近三年各馆馆际互借及原文传递以及两医共享工作的情况，传达了省教育厅关于开展福州地区大学新校区文献信息资源共享平台工作的文件精神。讨论了"文献提供系统"的功能与案例。

- 2011 年 6 月 8 日，在福建中医药大学图书馆会议室召开了网上服务组 2011 年首次协调会，福州地区 8 所高校图书馆相关业务负责人以及一卡通中心负责人参加了会议。会议就两个主要问题进行了协商并达成一致意见：一是就纸质文献区域流通服务目前存在的问题及其解决方案进行讨论，通过了《福州大学城图书馆纸质文献区域流通规则（试行）》；二是就馆际互借、原文传递奖励办法进行商议，制定了奖励规则。

- 2011 年 12 月 27 日，网上服务专业工作组成员在福建中医药大学图书馆会议室召开了工作会议。会议针对纸质文献联合借阅调研所发现的问题及其解决方案进行讨论，并达成共识。会议具体解释了统计数据的填写细节，要求各馆再次进行统计，纸质文献联合借阅需盖章确认。正式启动 FULink 年度奖励工作。

- 2012 年 4 月 18 日，召开了"2012 福州大学城文献信息资源共建共享宣传推广"工作会议。组长林丹红总结了 2011 年网上服务组工作，通报了 8 所高校图书馆 2011 年联合借阅、网上全文请求与传递统计数量的反馈，提出"2012 年大学城联合借阅和 FULink 平台的宣传推广方案"。

- 2012 年 10 - 11 月，网上服务专业工作组多次召开会议，讨论 FULink 平台知识竞赛的赛制和竞赛试题，最终配合协调小组成功举办了本次竞赛。

- 2014 年 9 - 10 月，网上服务专业工作组多次召开会议，讨论万方杯数字资源检索大赛的赛制和竞赛试题，最终配合各馆成功举办了预赛，配合协调小组成功举办了决赛。

11.2　FULink 人力资源协同实践

11.2.1　工作会议

迄今为止，FULink 协调小组召开了 19 次工作会议，四个工作组各自召开了十余次工作会议。通过工作会议，提出工作中遇到的问题和难题，供与会馆员讨论、相互交流意见和思想、分享知识和经验、争论并达成共识，从而推动联盟的各项工作。

以"福州地区大学新校区文献信息资源共建共享协调工作小组第九次全体会议"为例，开会之前，秘书处制定会议议程，分发会议通知，要求议程相关人员准备材料并印刷。会议中应做好后期保障工作，确保各项议程顺利开展。会后及时总结成会议纪要，分发并归档，做好会议决定的落实工作。

11.2.2　专题学术研讨会

FULink 成员馆就某一具体问题举办专题研讨会，通过讨论、交流意见和经验等，相互学习，取长补短，促进各馆共同提高业务水平。

以"通用服务支撑专业工作组 2014 年第二次会议"为例。在会议通知中，提出的会议议程有："读秀"、"百链"、"文献提供系统"、"知识发现"的技术要点及区别，讨论"发现系统"调研方案等。

为了更好的开会此次专题学术研讨会，专门邀请超星公司的技术人员做专题演讲并答疑，事先约请江夏学院图书馆叶清江做各种模拟环境下的测试并提供报告。在研讨会上，十余名与会人员展开激烈的辩论、并不时在计算机上现场检索并验证各自的观点。经过三个多小时的研讨，达成共识如下："读秀"是以电子图书的检索与阅读为主要功能，可做为各馆馆藏图书的补缺；"百链"以数亿元数据的检索与传递为主要功能，可做为各馆馆藏期刊的补缺；"文献提供系统"是本地版的订制的"百链"；"知识发现"侧重于清洗后元数据的挖掘、分析与统计。在此认知的基础上，组建"知识发现"调研小组，成员分别按调研大纲开展测试，并汇总材料到工作组以供下次工作会议讨论。

11.2.3　调研活动

调研活动是以研究为目的，根据社会或工作的需要，制定出切实可行的调研计划，从明确的目的出发，深入到工作第一线，不断了解新情况、新问题，有意识地探索和研究，最终写出有价值的调研报告，经评估后上升为政策。

FULink 在重大决策出台之前都会组织调研活动。为学习借鉴其他图书馆联盟的先进工作经验，加强交流，增进相互了解，开阔思路，为 FULink 平台下一步建设提供新思路，通用服务支撑工作组组织部分成员赴浙江大学图书馆、中国人民大学图书馆、首都师范大学图书馆等学习考察，考察调研时间为 2014 年 12 月 23 日至 27 日。

调研活动的成果如下：

① 整合了成员馆本地资源的 FULink 平台有自己的特色，在全国开展的各种文献合作服务中有自己的先进性与一席之地。

② 文献提供系统的展示方式与提供方式存在问题，还有待改进。体现在：

文献分类揭示欠缺；文献提供方式存在知识产权风险，应考虑采用 ZADL 人工参与的模式，同时，配套的联合参考咨询队伍应考虑尽快建立起来，承担起 FULink 平台与各自图书馆的文献传递任务；应考虑将 CALIS 文献传递方式整合到文献提供系统平台中；文献提供系统中应尽可能建立较完善的分类导航。

③ 用户、工作人员与技术人员培训工作要有计划地展开。

11.2.4　培训

培训是一种有组织的知识传递、技能传递、标准传递、信息传递、信念传递、管理训诫行为。在 FULink 的实践中，培训是给成员馆的馆员传授其完成联盟工作所必需的正确思维认知、基本知识和技能的过程。培训可分为内部培训和外部培训，内部培训可以统一认识，外出参加专业会议和培训可以获取最新知识。

2015 年 5 月 28 日上午，中国科学院文献情报中心编辑出版中心主任初景利教授在福州大学图书馆明德厅作了《高校图书馆发展趋势与战略规划的制订》讲座。这次讲座由福州大学图书馆主办，福州大学城的 11 所学校图书馆的相关工作人员以及省图学会的相关人员积极地参加了此次讲座。

讲座中，初教授首先对信息爆炸的当代，图书馆面临的深刻改变，做出了细致的分析，提出了要顺应趋势，就必须要重新定义图书馆，高校图书馆必须进行有长远的战略规划的观点。然后，初教授对未来图书馆的走向就采购模式、服务导向，服务深度、发展模式、多功能空间、图书馆人力要求等要点进行了阐述。最后初教授借奥巴马"难在改变，赢在改变"这句话，激励大家在新的发展形势下蓄势能量、勇于改变，面对挑战。

讲座后，刘敏榕馆长就讲座内容进行了精彩的点评，在场师生积极提问，初教授对高校图书馆开展的学科服务等问题进行了解答，并分享了中科院科学图书馆的实践经验。

11.2.5　馆际比赛

FULink 积极开拓思路，采取馆际友谊比赛的方式，让馆员在娱乐、比赛与交流中学习，解除工作中的倦怠。

2015 年 6 月 25 日，由福州地区大学新校区文献信息资源共建共享平台协调工作小组主办、福建农林大学图书馆承办、万方科技有限公司福州分公司协办的省内高校图书馆 2015 年"万方杯"羽毛球联谊赛在福建农林大学下安体育馆成功举办。来自全省 18 所兄弟院校图书馆的 77 位选手参加了比赛。

联谊赛采用事先报名和现场组队的方式，共组成 8 支队伍，每队 2 组男运动员，1 组女运动员进行双打比赛，虽然很多搭档此前素未谋面，但在场上亦能默契配合，不畏强手，敢打敢拼，赛出了风格，下午进行了趣味活动。活动结束后，还举行了颁奖仪式。

本次羽毛球联谊赛，增强了福州地区大学新校区文献信息资源共建共享平台各参与高校图书馆馆员之间的沟通联系，友好合作，共同为平台建设贡献力量。

11. 2. 6　工作调查

针对某项业务工作，经过深入细致的调查后，将调查中收集到的材料加以系统整理、分析研究、以书面形式向平台汇报调查情况。

此项工作尤其适合于图书馆联盟，2015 年初，各成员馆反映馆际互借平台上借阅不畅，猜测是"联合借阅系统"软件功能不全。2015 年 5 月 12 – 13 日，由网上服务组牵头，通用技术组一起联合到大学城联合借阅 8 所成员馆进行调研。调研过程中，发现这段时间各馆的问题主要集中在以下几个方面：参数设置问题，主要包括端口参数、管理人员参数、联合借阅读者在本馆参数；设备问题，主要是读卡器；申请联合借阅读者信息问题，联合借阅平台上的中心数据与本馆数据不匹配，联合借阅读者的有效期设置不当，读者未申请联合借阅或者申请联合借阅的成员馆不全；网络问题：闽江和江夏学院的对外网络禁用，导致 SIP2 无法连接，联合借阅不能使用；标识问题：在调研的八所成员馆里，服务台联合借阅的标识不明显甚至无标识。经过调查，借阅不畅的原因是多方面的，软件的问题反而基本没有。针对发现的问题，调查小组提出解决方案，经协调小组审议后各馆自行更正。

11. 2. 7　立项活动

共享活动需要很大的人力、物力和经费。靠中心馆的人力、物力和经费单独完成是相当困难的。FULink 设想通过馆际之间互相合作，共同组织申请科研立项的方式来协作完成，走人力资源共享的路子。

2011 年和 2014 年，FULink 组织了两次科研立项活动，得到了教育厅领导的支持。福建省教育厅印发闽教科【2011】63 号文《福建省教育厅关于下达 2011 年第三批 B 类人文社会科学研究项目（文献信息资源共享机制研究专项）计划的通知》正式批准 40 个项目作为 2011 年省教育厅 B 类人文社会科学研究项目（文献信息资源专项）计划。福建省教育厅印发闽教科〔2015〕11 号文正式批准了 43 个"2014 年福建省中青年教师教育科研项目 A 类社科研究课题（文献信息资源共享与服务研究专项）"项目。这些项目的研究成果极大地支持了共享活动。

11.3　人力资源协同的障碍及解决之道

11.3.1　观念守旧

文献信息资源共建共享的观念已经得到广泛的认知与认可，基于云服务的网络设施设备的共享也已深入人心。但是，人力资源协同的思路缺乏认知以及理论研究。这是因为在实际工作中，有些图书馆的领导故步自封，有些图书馆员观念保守，"各人自扫门前雪，莫管他人瓦上霜。"不愿意与他人交流并分享自己的知识和经验，不想承担比以前多的工作任务。

图书馆联盟应在理念上要强化对人力资源协同的认识，在立项中研究人力资源协调的理论与方法，在实践中探索人力资源协调的形式，在联盟中强调加强人力资源协同的必要性和紧迫性。

11.3.2　能力差异

图书馆联盟各成员馆馆员的业务能力有高有低，能力不同的馆员可能存在"搭便车"、"出工不出力"，甚至"拖后腿"等现象，他们只想着能力高的馆员做好了一切，自己可以坐享其成。

图书馆联盟应组建学习型组织，建立馆员参与知识共享的机制，共同关注馆员创新能力的培养，通过培训、研讨、座谈等形式提高馆员业务水平、规范业务工作规程，制订激励措施来调动馆员的积极性。

11.3.3　利益失衡

利益是制约图书馆联盟中人力资源协同的关键因素。图书馆联盟人力资源协同的目的是通过馆际优势互补、互惠互利，实现联盟目标。但是，大小馆在联盟信息服务的提供与设计方面存在明显的不同，大馆的体量大，贡献也大，预期的利益分配也要占大份，一旦投入与产出不成比例时就会影响其积极性。

合理的利益分配不仅是维持和巩固联盟内合作关系的根本保证，激励成员馆彼此协作的动力，而且能提高联盟的整体效率和绩效。因此必须认真研究联盟内部的利益分配问题，在科学的分配原则指导下，协商确定合理的利益分配方案，保证人力资源协同的顺利进行。

11.3.4　文化氛围

图书馆联盟文化是成员馆个体组织文化在相互交流与合作基础上融合成的一种跨组织的新文化，它集中体现了联盟成员的共同愿景、共同目标等，为联盟成员的活动提供精神指导。好的文化氛围是所有成员馆馆员不计名利、倾其所能，劲往一处使，形成一股合力，共同完成联盟目标。不好的联盟文化氛围是成员馆之间争取夺利、只想不劳而获、经常袖手旁观，甚至冷言冷语，最终联盟走向解体。

图书馆联盟可积极利用社交网络（如 QQ 群、微信朋友圈等）建立起知识交流的网络体系，制定激励机制鼓励员工探讨与分享知识，营造一种平等、合作、共享的联盟文化理念。良好的联盟文化有利于增强成员馆馆员彼此的了解和透明度，有利于建立起相互之间的信任关系，为人力资源协同打下坚实基础。

11.3.5　制度缺失

图书馆联盟的激励制度、分配制度、学习制度、约束制度、监督制度、评估制度等是人力资源协同顺利开展的保障。只有合适的制度安排，才能为人力资源协同活动的完善和发展保驾护航，确保完成目标任务。

图书馆联盟应从保证实现联盟的发展目标和使命，兼顾各成员馆的利益，实现联盟的稳定发展为出发点制定一系列平等、完善的制度。制度应能保证成员馆馆员及时地表达自身的利益诉求，寻求自我的发展和自我价值的实现，从而实现人力资源协同的顺利开展。

11.4　FULink 人力资源协同策略

11.4.1　编制共同愿景

共同愿景是组织中人们所共同持有的意象或景象，它创造出众人是一体的感觉，是引导组织成长的重要因素。资源共享、利益互惠、风险共当、人力协同为特点的图书馆联盟正在世界范围内广泛兴起，最大限度地满足用户的信息需求。图书馆联盟要讨论形成共同愿景，广为宣传，获得成员馆馆员的认同，从而为人力资源协同打下坚实的基础。

FULink 始于福州地区大学城八所高校的联盟，因为地域相近、人员相熟，在短时间内就形成统一的联盟文化与共同认可的愿景。FULink 二期拟扩展为"福建省高校数字图书馆"，将在省域范围内组成 88 个成员馆的跨地区联盟，这需要联盟通过管理培训、利益平衡等措施来努力消除彼此间的隔阂，使成员馆在联盟中相互渗透和相互交融，最终形成统一的联盟文化与共同愿景。

11.4.2　管理层的协同

联盟的管理层既是决策机构，也是协调部门，其中管理层的核心人物，如理事长、协调小组组长、秘书长等的选择是最重要的事情。一方面，他是负责执行和设计合作战略的人；另一方面，他还承担着保持联盟凝聚力的艰难任务，是寻找解决双方冲突措施的调停者。要想能够有效地管理联盟，管理者必须受到双方的信任。

11.4.3　馆员的协同

图书馆联盟各项信息服务的开展离不开不同成员馆馆员的合作，一项服务的好坏与承担任务的馆员的能力、技术、理念息息相关。为不同的信息服务选择合适的馆员是一项非常重要的决策。一方面，这些人员要具备保证联盟成功所必需的技能；另一方面，兼顾联盟长期和短期的利益，成员馆需保证有足够的技术人才来满足联盟发展的需要。

11.4.4　信息沟通

有效持续的沟通是管理好联盟的重要因素，是图书馆联盟中人力资源协同的基础性工作。沟通有助于促进联盟成员馆之间的相互信任，有助于馆员间的相互信任，而信任对人力资源协同的成功至关重要。沟通的基本形式包括：一是召开联盟协调小组和各工作小组的定期会议，让不同的意见即时呈现、充分交流，求同存异；二是创造条件让馆员之间互访和交流，建立私人友谊；三是经常举行联谊活动，有助于增进馆员间的信任。

11.4.5　制度保障

图书馆联盟是一个复杂的系统，它不仅涉及众多主体，而且主体之间的关系异常复杂。由于利益不同、合作目标的差异、不同文化的冲突等诸多因素，图书馆联盟需要建立一系列的运行机制，如约束机制、协调机制、信任机制、激励机制、学习机制、分配机制等，用以保障联盟内人力资源协同的持续进行。

11.4.6　利益整合

馆员的利益应契合馆员职业生涯的发展。图书馆在变革，相应从业人员的知识也要随之更新，这促使馆员清楚地认识到单凭个人的学习能力很难满足将来职业变化的需要。融入图书馆联盟，馆员可借助联盟人力资源中虚拟组织网络，突破现有组织机构的束缚，将个体的学习与虚拟组织的学习结合起来，更多地获得隐性知识，保证个体学习能力不断提高，以适应职业发展的需要。

图书馆的利益是通过绩效评估确定成员馆的业绩和共享效果，显示出每一个图书馆能力的强弱和工作效率的优劣。以绩效作为激励标准，并以此为依据进行公平合理的资源分配，体现了任馆唯贤、优胜劣汰的用馆原则，从而使激励手段真正起到激励作用，促进成员馆间的人力资源协同，促进联盟的成功整合。

第十二章　FULink 评估

图书馆联盟绩效评估不仅是判断图书馆联盟成功与否的依据，而且是图书馆联盟稳步提升绩效实现可持续发展的关键。通过评估，可以对图书馆联盟有一个全面而清晰的认识；可以分析联盟的运行状况，制定最优化的绩效提高策略；可以获得哪些要素需要改进，进一步明确建设的目标；可以获得外界的进一步支持，加大投入力度，保证联盟发挥最大的社会效益和经济效益。

FULink 每年定期对共享活动进行评估，根据评估结果给予各个成员馆一定的财政补贴。同时，不定期从用户角度开展基于服务感知的评估，针对发现的问题提出对策建议，提高服务质量。

12.1　共享活动评估

12.1.1　目的

为了做好福州地区大学城文献信息资源共建共享工作，鼓励大学城各图书馆之间信息资源的共享，协调小组每年对共享活动进行分类统计，根据成员单位提供服务的数量和服务推广成效，视当年度可支配经费预算额度确定发放奖励金额。

12.1.2　奖励办法

（1）对文献提供馆或读者接纳馆的奖励

为了鼓励各成员馆积极为共享平台提供更多的共享资源，对文献提供馆或读者接纳馆的工作进行奖励。

① 基于 FULink 文献传递系统的全文传递：电子版期刊论文给予每篇 2 元的奖励；电子书（以章为单位）给予每章 2 元奖励；学位论文给予每篇 10 元的奖励；其他文献类型（如专利、标准等）等同于学位论文。

② 基于 CALIS 福建省中心管理平台的全文传递：每完成一篇给予 5 元的

奖励；学位论文给予 15 元奖励。

③ 印刷型文献的联合借阅，每外借一本给予 5 元的奖励。

④ 接纳读者申请并生效，每一位奖励 10 元。

（2）文献请求馆或输出读者馆

为鼓励各成员馆更好地做好文献信息资源共建共享工作，根据推广成效，对文献请求馆或输出读者馆给予适当的奖励。

① 通过 FULink 文献传递系统递交的申请，每申请 100 篇，给予 100 元活动经费，以此类推。

② 在 CALIS 传递系统申请的成员馆，每篇给予 1 元的推广经费奖励。

③ 成功输出联合借阅读者，并完成身份认证的图书馆，每一位给予 1 元的奖励。

（3）统计与结算办法

文献传递请求和提供数据以各系统（FULink、CALIS）统计的数据为准，定期提供系统联机打印数据。所有数据由网上服务组统计审核，并形成具体奖励方案，提交福州地区大学新校区文献信息资源共建共享协调工作小组审批后执行。有关共享数据和奖励金额每年（自然年）末统一结算。馆与馆之间产生的文献传递费用由各馆自行结算。

12.1.3　历年奖励表

（1）2011 年奖励统计

表 12 – 1　2011 年 FULink 文献资源共享情况统计表

福州地区大学城文献信息资源共享平台 - 文献资源共享情况统计表										
学校 \ 共享情况	文献服务提供情况								文献申请情况		
	基于 Fulink 平台传递量				基于 CALIS 传递量		纸质文献联合借阅量		请求电子文献传递量		请求联合借阅量
	电子期刊论文（篇）	电子书（章）	学位论文（篇）	其他（篇）	期刊论文（篇）	学位论文（篇）	图书外借（本）	接纳外校有效读者（人）	基于 Fulink 申请文献传递（篇）	申请 CALIS 传递（篇）	输出有效读者（人）
厦门大学					1983						
福州大学	1305	0	181	26	657	10	482	518	2135	1380	56
福建师范大学	0				1		552	694	159	308	51
福建农林大学	24								2729	246	149
福建医科大学	3						1000	927	986	230	160
福建工程学院	0						11	6	1660	0	
闽江学院	0				9		1	212	302	9	60
福建江夏学院	0						0	228	257	0	112
福建中医药大学	6		51				2645	934	523	104	205

表 12-2　2011 年 FULink 文献资源共享奖励情况统计表

福州地区大学城文献信息资源共享平台-文献资源共享奖励情况统计表

学校\共享情况	文献服务提供情况								文献申请情况			总金额(元)
	基于Fulink平台传递量				基于CALIS传递量		纸质文献联合借阅量		请求电子文献传递量		请求联合借阅量	
	电子期刊论文(2元/篇)	电子书(2元/章)	学位论文(10元/篇)	其他(10元/篇)	期刊论文(5元/篇)	学位论文(15元/篇)	图书外借(5元/本)	接纳外校有效读者(10元/人)	基于Fulink申请文献传递(1元/篇)	申请CALIS传递(1元/篇)	输出有效读者(1元/人)	
厦门大学(按省内每篇5元进行补贴)					9915							9915
福州大学	2610	0	1810	260	3285	150	2410	5180	2135	1380	56	19276
福建师范大学	0	0	0	0	5	0	2760	6940	159	308	51	10223
福建农林大学	48	0	0	0	0	0	0	2729	246	149		3172
福建医科大学	6	0	0	0	0	0	5000	9270	896	230	160	15652
福建工程学院	0	0	0	0	0	0	55	60	1660	0	0	1775
闽江学院	0	0	0	0	45	0	5	2120	302	9	60	2541
福建江夏学院	0	0	0	0	0	0	0	2280	257	0	112	2649
福建中医药大学	12	0	0	510	0	0	13225	9340	523	104	205	23919

(2) 2012 年奖励情况

表 12-3　2012 年 FULink 文献资源共享情况统计表

2012 年福州地区大学城文献信息资源共享平台-文献资源共享情况统计表 (2011.12-2012.11)

学校\共享情况	文献服务提供情况								外校读者到馆情况	文献申请情况		
	基于Fulink平台传递量				基于CALIS传递量		纸质文献联合借阅量			请求电子文献传递量		请求联合借阅量
	电子期刊论文(篇)	电子书(章)	学位论文(篇)	其他(篇)	期刊论文(篇)	学位论文(篇)	图书外借(本)	接纳外校有效读者(人)	外校读者到馆人次(人次)	基于Fulink申请文献传递(篇)	申请CALIS传递(篇)	输出有效读者(人)
厦门大学	0	0	0	0	3685	0	0	0	0	0	0	0
福州大学	8485	0	2279	317	338	2	614	589	352	54517	1619	96
福建师范大学	1511	0	1016	46	91	0	1482	854	204	51222	1479	103
福建农林大学	2960	0	402	45	110	27	493	9	41065	346	16	
福建医科大学	698	0	190	53	0	0	1290	380	350	11289		314
福建工程学院	1683	0	1057	190	8	0	50	619	0	5685	213	93
闽江学院	715	0	173	46	0	0	37	543	0	2749	41	94
福建江夏学院	1	0	4	0	0	0	31	514	0	608	9	102
福建中医药大学	684	0	5295	863	4135	2	5931	4644	20915	176331	3735	1178
各项总计	16737	0	5295	863	4135		5931	4644	20915	176331	3735	1178

表12-4　2012年FULink文献资源共享奖励情况统计表

2012年福州地区大学城文献信息资源共享平台-文献资源共享奖励情况统计表（2011.12-2012.11）

学校\共享情况	文献服务提供情况									文献申请情况			总金额（元）
	基于Fulink平台传递量				基于CALIS传递量		纸质文献联合借阅量	外校读者到馆情况		请求电子文献传递量		请求联合借阅量	
	电子期刊论文（2元/篇）	电子书（2元/章）	学位论文（10元/篇）	其他（10元/篇）	期刊论文（5元/篇）	学位论文（15元/篇）	图书外借（5元/本）	接纳外校有效读者（10元/人）	外校读者到馆人次（人次）	基于Fulink申请文献传递（1元/篇）	申请CALIS传递（1元/篇）	输出有效读者（1元/人）	
厦门大学（按省内八所高校每篇5元进行补）	0	0	0	0	18425	0	0	0	0	0	0	0	18425
福州大学	16970	0	22790	3170	1690	30	3070	5890		54517	1619	96	109842
福建师范大学	3022	0	10160	460	455		7410	8540		51222	1479	103	82851
福建农林大学	5920	0	4020	450	55		135	4930		1065	346	16	56937
福建医科大学	1396	0	1900	530	0		7450	3800		11289	0	314	25679
福建工程学院	3366	0	10570	1900	40		250	6190		5685	213	93	28307
闽江学院	1430	0	1730	460	10		185	5430		2749	41	94	12129
福建江夏学院	2	0	40	0	0		155	5140		608	9	102	6056
福建中医药大学	1368	0	01740	1660	0	0	12000	6520		9196	28	360	32872
各项金额总计	33474	0	52950	8630	20675	30	29655	46440		176331	3735	1178	
总金额													373098

（3）2013年奖励情况

表12-5　2013年FULink文献资源共享情况统计表

2013年福州地区大学城文献信息资源共享平台-文献资源共享情况统计表（2012.12-2013.11）

学校\共享情况	文献服务提供情况									文献申请情况		
	基于Fulink平台传递量				基于CALIS传递量		纸质文献联合借阅量	外校读者到馆情况		请求电子文献传递量		请求联合借阅量
	电子期刊论文（篇）	电子书（章）	学位论文（篇）	其他（篇）	期刊论文（篇）	学位论文（篇）	图书外借（册次）	接纳外校有效读者（人）	外校读者到馆人次（人次）	基于Fulink申请文献传递（篇）	申请CALIS传递（篇）	输出有效读者（人）
厦门大学		0	0	0	3534	0	0	0	0	0	0	0
福州大学	11303	0	2383	156	282		511	499	1533	207571	2380	100
福建师范大学	583	0	505	121	66		2948	492	2000	116069	1379	105
福建农林大学	2094	0	211	1	2		77	475	200	68212	729	31
福建医科大学	680	0	111	4			111	452	300	30993	0	95
福建工程学院	3978	0	1192	247			71	461	60	4546	49	41
闽江学院	4	0	4	1	1		41	459	500	16098	12	47
福建江夏学院	110	0	62	0			21	367	500	3506	13	161
福建中医药大学	905	0	49	32			366	498	6000	14202	2	55
各项总计	19657	0	4517	562	3885	0	4146	3703	11093	461197	4564	635

表 12-6 2013 年 FULink 文献资源共享奖励情况统计表

2013 年福州地区大学城文献信息资源共享平台－文献资源共享奖励情况统计表（2011.12－2012.11）

学校\共享情况	文献服务提供情况								外校读者到馆情况	文献申请情况			总金额 (元)
	基于 Fulink 平台传递量				基于 CALIS 传递量		纸质文献联合借阅量			请求电子文献传递量		请求联合借阅量	
	电子期刊论文 (2元/篇)	电子书 (2元/章)	学位论文 (10元/篇)	其他 (10元/篇)	期刊论文 (5元/篇)	学位论文 (15元/篇)	图书外借 (5元/本)	纳纳外校有效读者 (10元/人)	外校读者到馆人次 (人次)	基于 Fulink 申请文献传递 (1元/篇)	申请 CALIS 传递 (1元/篇)	输出有效读者 (1元/人)	
厦门大学（按省内八所高校每篇5元进行补）	0	0	0	0	0	0	0	0	0	0	0	0	
福州大学	22606	0	23830	1560	1410	0	2555	4990	/	207571	2380	100	267002
福建师范大学	1166	0	5050	1210	330	0	14740	4920	/	116069	1379	105	144969
福建农林大学	4188	0	2110	10	10	0	385	4750	/	68212	729	31	80425
福建医科大学	1360	0	1110	40	0	0	555	4520	/	30993	0	95	38673
福建工程学院	7956	0	11920	2470	0	0	355	4610	/	4546	49	41	31947
闽江学院	8	0	40	10	5	0	205	4590	/	16098	12	47	21015
福建江夏学院	220	0	620	0	0	0	105	3670	/	3506	13	161	8295
福建中医药大学	1810	0	490	320	0	0	1830	4980	/	14202	0	55	23687
各项金额总计	39314	0	45170	5620	1755	0	20730	37030	/	461197	4562	635	
总金额													616013

（4）2014 年奖励情况

表 12-7 2014 年 FULink 文献资源共享情况统计表

2014 年福州地区大学城文献信息资源共享平台－文献资源共享情况统计表（2014.01.01－2014.12.31）

学校\共享情况	文献服务提供情况							文献申请情况			平台推广情况	
	基于 Fulink 平台传递量				基于 CALIS 传递量	纸质文献联合借阅量		请求电子文献传递量		请求联合借阅量	随书光盘	移动 fulink
	电子期刊论文 (篇)	电子书 (章)	学位论文 (篇)	其他 (篇)	期刊论文 (篇)	图书外借 (册次)	接纳外校有效读者 (人)	基于 Fulink 申请文献传递 (篇)	申请 CALIS 传递 (篇)	输出读者 (人)	总下载量	基于移动平台的文献传递曦
厦门大学		0	0	0	3767			0	0	0	0	0
福州大学	17430	0	7141	800		283	390	250423	2111	141	112879	10490
福建师范大学	13640	0	2538	68		57	433	131415	989	90	83409	23670
福建农林大学	11592	6	2085	145		46	452	56835	701	31	55817	24600
福建医科大学	8411	0	821	104		18	437	40492		53	41038	4820
福建工程学院	5113	0	1330	128		54	408	4007	38	55	72869	11695
闽江学院	3209	0	1725	76		6	392	20455	3	71	81120	2072

续表

2014 年福州地区大学城文献信息资源共享平台 - 文献资源共享情况统计表 (2014.01.01 - 2014.12.31)

学校＼共享情况	文献服务提供情况							文献申请情况			平台推广情况	
	基于 Fulink 平台传递量				基于 CALIS 传递量	纸质文献联合借阅量		请求电子文献传递量		请求联合借阅量	随书光盘	移动 fulink
	电子期刊论文（篇）	电子书（章）	学位论文（篇）	其他（篇）	期刊论文（篇）	图书外借（册次）	接纳外校有效读者（人）	基于 Fulink 申请文献传递（篇）	申请 CALIS 传递（篇）	输出读者（人）	总下载量	基于移动平台的文献传递曦
福建江夏学院	2131	0	4059	54		83	407	5649	9	78	61966	2040
福建中医药大学	10805	0	5334	640		55	453	19566	5	29	20950	11695
福建船政交通职业学院	1364	0	728	57				890				
武夷学院	1795	0	1014	73				4446	52		0	
福建省教育学院	909	0	574	84				4486			0	
各项总计	76399	6	27349	2229	3767	602	3372	538664	3908	548	530048	91082
中心平台数据统计	346298	57248	110877	24723				539191				

表 12－8　2014 年 FULink 文献资源共享奖励情况统计表

2014 年福州地区大学城文献信息资源共享平台 - 文献资源共享情况统计表 (2014.01.01 - 2014.12.31)

学校＼共享情况	文献服务提供情况							文献申请情况			平台推广情况		总金额（元）	折合后实际发放金额（元）
	基于 Fulink 平台传递量				基于 CALIS 传递量	纸质文献联合借阅量		请求电子文献传递量		请求联合借阅量	随书光盘	移动 fulink		
	电子期刊论文（篇）	电子书（章）	学位论文（篇）	其他（篇）	期刊论文（篇）	图书外借（册次）	接纳外校有效读者（人）	基于 Fulink 申请文献传递（篇）	申请 CALIS 传递（篇）	输出读者（人）	总下载量	基于移动平台的文献传递曦		
厦门大学（按省内八所高校每篇 5 元进行补）	0	0	0	0	18835	0	0	0	0	0	0	0	18835	16439
福州大学	34860	0	71410	8000	0	1415	3900	250423	2111	141	11288	5245	388793	39329
福建师范大学	27280	0	25380	680	0	285	4330	131415	989	90	8341	11835	210625	183828
福建农林大学	23184	12	20850	1450	0	230	4520	56835	701	31	5582	12300	125695	109703
福建医科大学	16822	0	8210	1040	0	90	4370	40492	0	53	4104	2410	77591	67719
福建工程学院	10226	0	13300	1280	0	270	4080	4007	38	55	7287	5847.5	46390	40488
闽江学院	6418	0	17250	760	0	30	3920	20455	3	71	8112	1036	58055	50669
福建江夏学院	4262	0	40590	540	0	415	4070	5649	9	78	6197	1020	62830	54836
福建中医药大学	21610	0	53340	6400	0	275	4530	19566	5	28	2095	5847.5	113698	99232
福建船政交通职业学院	2728	0	7280	570	0			890			0		11468	10009
武夷学院	3590	0	010140	730	0			4446			0	18906	16501	
福建省教育学院	1818	0	5740	840	0			4486			0		12884	11245
各项金额统计	152798	12	273490	22290	18835	3010	33720	538664	3856	548	53005	45541	1145769	1000000
总金额													1145769	1000000

12.2　用户评估

12.2.1　用户评估意义

图书馆联盟如何发挥出比传统单一图书馆更高的效用是图书馆联盟建设的关键所在。在这一层面上，对图书馆联盟用户服务的研究具有很高的价值，从用户的角度评估图书馆联盟的服务质量是一个需要重视的问题。

2013 年中期，福州地区大学城文献信息资源共享平台（FULink）的文献提供服务已被广大读者用户接受，服务申请量保持良好的上升趋势。2011 年11 月 FULink 投入使用，当年两个月月均申请量 5480 人次；2012 年全年完成文献提供 213909 人次，单月最高达到 44219 人次；进入 2013 年，服务申请量继续攀升，并于 3 月达到了 51376 人次的单月最高使用记录。

对 FULink 建设者、管理者和决策者来说，仅满足于用户使用量的提升是不够的，如何准确量化 FULink 文献提供服务水平，挖掘影响服务质量的关键因子，从而指导服务质量的提升才是关注的重点。

本次用户评估以 FULink 中最重要的一项服务（文献提供）为评估对象，以服务感知理论为理论指导，组建一个研究小组开展评估活动。

12.2.2　服务感知理论

感知服务理论来源于对顾客行为的研究，著名营销学家格罗鲁斯（Christian Gronroos）将顾客预期的服务质量与实际感受到的服务质量之间的差距作为衡量服务质量的评价指标[①]。美国的服务管理研究组合 Parasuraman、Zeithaml 和 Berry（简称 PZB）从有形性、可靠性、响应性、保证性和移情性（也称感染性）五个维度来衡量提供服务的质量，并详细划分出了 22 项具体因素来说明[②]。Liljander 和 Strandvik 则奠定了从关系层面上度量顾客感知服务质量的设想和理论的基础[③]。

感知服务理论传入我国图书情报学界后，研究人员结合图书馆服务的特

---

① 克里斯廷·格罗鲁斯. 服务管理与营销：服务竞争中的顾客管理（3 版）[M]. 韦福祥，译. 北京：电子工业出版社，2008

② 张世琪，宝贡敏. 国外感知服务质量理论研究述评 [J]. 技术经济，2008（09）：118 – 124

③ LILJANDER V, STRANDVIK T. Estimating zones of tolerance in perceived service quality and perceived service value [J]. International Journal of Service Industry Management, 1993, 4（2）：62 – 28.

点，将其服务指标及评价方式进行了合理的改进，使之更适合图书馆服务的实际情况。孙静等人提出以用户为中心评价图书馆服务质量，并借鉴 LibQUAL+，建立一个以用户感知为基本特征的图书馆服务质量评价模式①，钱蔚蔚构建出本地区高校图书馆信息服务评价指标体系假设模型②，施国洪等在修正的 SERVQUAL 的基础上，从技术质量和功能质量相结合的角度出发，消化吸收我国本土图书馆的一些特有因素，对图书馆服务质量的评测指标进行了针对性的挑选，使之能够更加广泛地应用到国内图书馆领域③。

12.2.3　FULink 文献提供服务的目标

（1）资源整合

FULink 整合福州大学城 8 所高校图书馆的全部资源，包括中外文图书 1 122.2 万册，中外文期刊 13 284 份，50 多种中外文电子文献数据库，还整合学术文献资源元数据超过 4 亿多条，其中中文图书 370 万条，外文图书 800 万种，中文期刊 7 600 万条，外文期刊 14 500 万条，中文报纸 10 200 万条，中文学位论文 350 万条，外文学位论文 100 万条。另外，截至目前，FULink 还收录了全国 700 多家图书馆各类电子文献资源，资源类型包括图书、期刊、报纸、学位论文、会议论文、专利、标准、视频等。

（2）文献提供

FULink 文献提供服务采用"一站式"检索和获取，建成集多种资源类型为一体的"一站式"检索平台，并在接收用户服务申请后，直接提供服务。用户利用 FULink 进行检索时，可得到相关的图书、期刊、报纸、学位论文、会议论文、专利、标准、视频、人物、网页等多种类型的资源，实现多面检索。用户检索到资源后，通过"直接获取电子全文"和"图书馆文献传递"两种方式获取文献。用户所在学校图书馆拥有的资源，可以通过"直接获取电子全文"来下载。用户所在学校图书馆没有的资源，FULink 通过"图书馆文献传递"借由电子邮件提供，资源来源包括 FULink 及全国 700 多所协作图书馆。

---

① 孙静，粟慧. 用户感知的服务质量评价模式——以用户为中心的图书馆服务质量评价 ［J］. 图书情报工作，2005（11）：107－111.

② 钱蔚蔚. 天津高校图书馆信息服务质量评价实证研究 ［J］. 情报杂志，2010（05）：133－136.

③ 施国洪，岳江君，陈敬贤. 我国图书馆服务质量测评量表构建及实证研究 ［J］. 中国图书馆学报，2010（04）：37－46.

（3）服务特色

①无差别服务：FULink 为方便用户，对整个联盟 8 所高校的用户免登陆提供服务。用户使用时无需身份注册、认证、登陆等环节，非常便利。但因缺少用户识别环节，FULink 仅能通过 IP 端口识别用户单位，无法判断用户的个人身份信息，在为用户提供个性化服务上存在较大障碍，FULink 在今后的发展中将关注这一问题。

②网络服务模式：FULink 文献提供系统通过网络开展服务。首先，FULink 没有传统意义上的实体馆，通过互联网将各成员馆资源数据库链接起来，利用统一端口提供服务；其次，用户只能通过 FULink 网站获取服务，接触不到传统的图书馆工作人员，在一定程度上属于完全的自助服务；最后，用户在获取本馆没有的资源时，只需登录邮箱即可，解除了时间和空间上的限制。

12.2.4　FULink 文献提供感知服务模型

感知服务理论在图书馆联盟领域的应用还是一片空白，特别是对于 FULink 这样的网络服务模式，用户的感知服务呈现出新的特点，传统感知服务理论并不完全适用，需要根据图书馆联盟的实际应用，提出新的理论模型。

按照感知服务质量理论，可以将 FULink 文献提供服务的感知服务质量设定为两个方面：预期服务和实际感知服务。出于对高校图书馆服务的理解，将服务期望改为预期，因图书馆服务质量的提升不存在直接增加用户成本的权衡，用户的期望肯定是图书馆各项服务都能做到最好，采用用户期望值研究意义不明显[1]，改用用户预期能够比较贴切的对图书馆联盟的服务期望进行测度。FULink 文献提供服务的感知服务模型设计见图 12 - 1。

相较于部分学者提出的图书馆用户感知模型，FULink 文献提供服务在网络模式下，人为因素减弱，技术（结果）服务占据更大的比重。因而，根据感知服务质量原理，将 FULink 文献提供服务的技术（结果）质量加入到评价指标中，设计问卷时加入考察实际服务结果的指标，以克服单纯依靠用户感知来评判的缺陷。

---

① Haksik lee, Yongki lee 著，祝建华译. 感知服务质量的决定因素及其与满意度的关系［J］. 质量译丛，2001（01）：1 - 6.

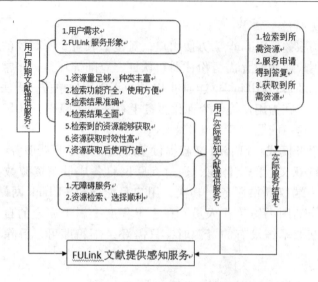

图 12 - 1   FULink 文献提供服务的感知服务模型

12.2.5   研究设计

借助服务业广泛使用的 SERVQUAL 方法对 FULink 文献提供服务的服务质量进行量化分析，依此评判其服务质量水平，并从中挖掘影响 FULink 文献提供服务质量的关键因素。

（1）研究方法

本研究采用网络问卷调查法，利用 SPSS18.0 等数据分析工具分析调查数据，最后对分析结果作总结探讨。设计问卷时，重点参考了施国洪等人对图书馆服务质量评测量表的意见，删除部分与 FULink 文献提供服务关系较弱的指标，加入符合 FULink 文献提供服务特点的评测指标，设计出包含 20 个服务指标的问卷，同时也参考了部分国外图书馆感知服务评测的案例。在实际调查中，将问卷分为两部分，第一部分为根据这 20 个指标设计的用户预期服务调查，第二部分为依据这 20 个指标设计的用户实际感知到的服务质量调查。问卷采用李克特量表设置 1—5 分的标度评分。

（2）数据来源

用户利用 FULink 文献提供服务时，提交的服务申请需要填写用户的电子邮箱地址，这些申请信息在 FULink 后台管理数据库中保存下来，包含从 2011 年 11 月 FULink 试运行一直到目前（2013 年 4 月 18 日）的全部 354982 条数据记录，每条数据记录中都包含用户申请资源的信息以及系统处理信息。从这些数据中挖掘出 36449 个不同的用户电子邮箱地址，因用户数量庞大，按照用户所在单位以及用户服务申请量为依据，挑选 1% 即 364 个电子邮箱地址发送调查问卷，以此获得用户的调查数据。

（3）数据处理

对挑选出的 364 个电子邮箱地址发放问卷，收到有效回复问卷 254 份，有效回复率达到 69.8%，统计结果如表 12 – 9 所示。

对数据进行 t – 检验，所有指标的决断值均达显著水平（p0.01），因而我们认定所有指标均具有鉴别度。

对 FULink 文献提供服务维度的权重，采用乘积标度法确定各服务维度的权重为：W 整体形象 = 10.9%，W 服务情感 = 14.8%，W 服务便捷性 = 20.1%，由于资源的可获取性与服务的保证性相差很小，故而将他们的权重确定为 W 服务的保证性 = W 资源的可获取性 = 27.1%。

$$SQ = \sum_{i=1}^{n} K_i \frac{1}{n} \sum_{i=1}^{n} (E_i - P_i) \tag{1}$$

利用公式 1，SQ 为用户感知服务质量分数，K_i 为每个指标的权重，E_i 为用户实际感知的服务质量分数，P_i 为用户预期服务质量分数。计算得到用户对 FULink 文献提供的感知服务质量值为 $SQ = -0.153$。

（4）结论与探讨

①文献提供系统服务质量的符合度

前文所得的感知服务质量数据并不直观，将其转化为相对于用户预期的符合度来处理：即以用户预期的服务质量定为 100 作为基准，利用公式计算用户实际感知的服务质量与用户预期之间的差距，从而得到 FULink 文献提供服务实际服务质量的符合度。

转换公式如图 12 – 2 所示。

$$SQ(符合度) = \frac{(SQ - (\min(p) - \max(E)))}{o - (\min(p) - \max(E))} \times 100$$

得到 FULink 文献提供服务的感知服务质量符合度为 86，即用户实际感受的服务质量已经非常接近于用户的预期，表明 FULink 在很大程度上达到了用户的预期服务水平。

我们需要理性看待这一结果，这与大学图书馆及其联盟的特性是分不开的。一方面，FULink 的文献提供服务确实迎合了很多用户的需求，给他们带来很大的便利，这在大四毕业生及研究生论文撰写上表现得很明显；另一方面，我们也该认识到，FULink 服务质量缺乏比较，用户预期的服务质量处于相对较低水平，这也造成了 FULink 的服务往往能带给用户惊喜的现象，而随着用户期望的逐步上升，用户的感知服务质量符合度将呈现下降趋势，因此，FULink 还有很多需要提升的地方。

②指标综合评价表

以下对影响 FULink 文献提供服务的 20 个服务指标进行因子分析，利用主成分分析法找出核心因素。首先对调查数据样本进行 KMO 测度和 barelett 球形检验，得到样本足够度 KMO 的度量值为 0.872，barelett 球形检验结果为 0.000，按照 Kaise 给出的常用 KMO 度量标准，表明样本适合进行因子分析。

按照特征值大于 1 作为标准，得到主成分分析表。后续得到因子碎石图、载荷矩阵、得分系数等图。最后计算各主成分的每个指标的系数，采用各主成分对应的特征值占提取的特征值之和的比例作为权重，根据主成分综合模型即可计算综合主成分值，并对其按综合主成分值进行排序，得到各指标的综合评价比较，见表 12 – 10。

表 12 – 10　各指标综合评价表

指标号	综合主成分 F	排名	指标号	综合主成分 F	排名
指标 1.4	4.141	1	指标 5.3	3.565	11
指标 2.1	4.134	2	指标 3.3	3.486	12
指标 2.2	4.017	3	指标 5.1	3.478	13
指标 2.3	3.904	4	指标 3.4	3.453	14
指标 4.1	3.763	5	指标 5.2	3.441	15
指标 2.4	3.715	6	指标 3.2	3.428	16
指标 3.1	3.702	7	指标 2.5	3.416	17
指标 4.2	3.671	8	指标 1.1	3.305	18
指标 1.3	3.619	9	指标 3.5	3.256	19
指标 2.6	3.587	10	指标 1.2	2.991	20

从表 12 – 10 的结果显示，在这 20 条服务指标中，综合影响最大的指标

还是在资源的可获取性和服务的便捷性两个维度上。排名靠前的几个主要指标中，用户实际感知服务高于用户预期的占主导（即差距为正，如指标 1.4，指标 2.1，指标 4.1 等），这与前文得到的感知服务分数高达 86，用户预期基本得到满足这一结论相当吻合。这也说明本文在指标设定，数据搜集、整理，数据分析方面所做的工作具有比较高的可信度。

12.2.6　对策建议

用户对 FULink 文献提供服务的感受值与预期值之间的分差为负，表明针对这一服务指标，FULink 实际带来的服务效果低于了用户预期，这些方面对用户的整体感知带来消极的影响。因此，这些指标也就成为提升 FULink 文献提供服务质量研究的关键所在。

（1）FULink 的资源建设要突出针对性，迎合用户的实际需求。

指标 2.2FULink 资源量的欠缺表明，FULink 在资源获取方面存在较大的提升空间。一方面，用户的服务申请都应作为有用信息加以利用，挖掘用户所申请资源的文本数据，找出 FULink 实际缺乏的资源；另一方面，关注用户的检索行为，了解用户的真实需求，提出准确、高效的资源建设指导方案。这一层面是后续研究重点关注的地方，对 FULink 来说，需要各成员馆的密切配合，在福建省教育厅的协调下，发挥各馆资源建设的特点，提升 FULink 资源建设水平。

（2）完善 FULink 的检索功能，提高检索的准确率。

指标 2.3 表明 FULink 的检索功能还不能达到用户需求。用户在使用中提出，FULink 的中、外文检索存在一定的设计缺陷，因偏重查全导致检索的准确率也不够理想。检索栏是为用户提供服务的门户，检索功能的好坏直接影响用户的使用效果。FULink 可以在参考 CNKI 等成熟检索系统的基础上，结合资源建设的特点，构建出更加合理完善的检索工具，提升检索系统的服务质量。

（3）提高元数据质量及系统的稳定性。

指标 3.1 和指标 4.2 表明，FULink 文献提供服务的准确性和有效性还有不足。一方面，用户通过 FULink 检索到的资源还存在无法获取全文、获取页面无法链接等现象；另一方面，用户收到 FULink 文献提供服务发送的资源链接后，也存在链接为空、失效等无法访问的问题，文献数据库服务器当机的现象也偶有发生。FULink 应该提供更加稳定的服务，保持平台的良好运转，并从元数据的准确和完整程度入手，提高元数据质量，减少空链接、死链接等情况的出现。

　　部分实际服务效果高于用户预期的指标（指标 1.4、指标 2.1、指标 4.1、指标 2.4 等）是 FULink 文献提供服务的优势所在，应该继续保持和发扬。特别的，指标 1.4（FULink 对用户不设置使用障碍）是 FULink 无差别服务的特色之一，在今后的发展中，FULink 应尽量保持这一特色，并与用户识别和个性化服务之间找到合理的平衡，可整体采用开放式服务，而对有额外需求的用户，搜集他们的个人数据，提供个性化的优质服务。

第十三章 大学城图书馆联盟建设新模式

13.1 大学城图书馆联盟建设新模式

FULink 建设借鉴了浙江和江苏的先行经验，利用后发优势走出了自身特色的新路，其模式可归纳为：政府资助下以顶层设计为理念设计联盟框架、支持异构平台降低入门限制、项目驱动引领共建共享、开展形式多样的营销活动、通过矩阵管理充分调动成员馆积极性、从点到面向外辐射提高受益面、设立研究项目提高平台建设水平。

13.1.1 政府资助下以顶层设计为理念设计联盟框架

（1）项目建设前充分酝酿、考察与讨论，集众专家之力定稿联盟框架

福州地区大学城建设之初，省教育厅规划要建设一个中心图书馆实体馆，后经过多轮讨论，考察多个大学城图书馆联盟的建设模式，确定以联盟模式取代中心馆模式。在福州大学、福建师范大学、厦门大学分别撰写的多份建设方案基础上，借鉴天津、上海、浙江、江苏等地的先行先试经验，以顶层设计为理念协商出联盟的初步框架，涵盖了组织机构、网络架构、激励机制、规章制度、技术路线和人员配备等，为联盟的成立、发展和壮大奠定了基础。

（2）福建省教育厅持续经费投入保证了 FULink 的正常运转

图书馆联盟的组建、发展需要外部资金，项目驱动型联盟将遇到发展瓶颈。FULink 争取到了福建省教育厅的经费支持，历年来的经费投入与分配见表 13 – 1，提高了各馆的自动化水平，实施了云平台管理，增强了各馆的文献保障，支持了联盟组织的正常运转。

表 13 – 1　教育厅历年经费投入表

项目	2010 年 （万元）	2011 年 （万元）	2012 年 （万元）	2013 年 （万元）	2014 年 （万元）	2015 年 （万元）
1. 项目建设	150	185	146	105	100	110
2. 联采补贴与使用奖励	0	300	270	300	270	300
4. 共享平台业务维持费	70	80	60	60	60	160
5. 中心硬件设备	440	50	0	0	0	0
6. 自动化系统建设	320	0	0	0	0	0
9. 环境配套	20	20	20	20	20	20
10. 项目研究与业务交流	0	15	4	15	0	10
合计	1000	650	500	500	450	600

13.1.2　支持异构平台降低入门限制

从技术角度考量，图书馆联盟是一个分布式的信息存储、整理、加工、检索和传播系统。要实现图书馆联盟，首要的问题是如何让各图书馆已有的自动化系统相互协调统一，既适应各馆已有的硬件、管理和服务模式，又适应图书馆联盟收割元数据、协同信息服务的需要①。

FULink 项目建设前，8 所图书馆使用了 5 种图书馆自动化集成软件，这对联盟开展服务项目有着不小的技术障碍。FULink 组织各馆技术人员组成自动化系统特别工作组对广东省在用的自动化集成系统进行详细考察，最后推荐江苏汇文软件有限公司开发的 Libsys 系统，北京创讯公司开发的 Melinets 系统入选。由教育厅专款资助 FULink 成员馆分别更换成这两套系统之一，为后续开展的元数据收割、联合目录建设、手机图书馆实施、联合借阅软件的开发降低了技术难度，创出了有自身特色的大学城图书馆联盟建设之路。

13.1.3　项目驱动引领共建共享

综观国内外图书馆联盟开展的服务项目，主要有联合编目、公共数据查询、电子资源联采、馆际互借、文献传递、合作存储文献、网上参考咨询、

---

①　王丽华. 图书馆联盟运行机制研究 ［M］. 上海：上海世界图书文化出版公司，2012：141 – 142

培训等等。FULink 根据自身情况，采取每年开展 1 – 2 个项目建设的策略，滚动式发展联盟服务项目。目前已经开展的项目如下：

（1）文献提供系统

文献提供系统是一套集成学术性搜索引擎、本地化集中式元数据仓储、云计算文献提供服务群相结合无用户并发数限制的完整系统。FULink 文献提供系统已经整合了 8 个成员馆的所有文献资源：1188.2 万册中外文图书，13284 份中外文期刊，50 多种中外文电子文献数据库。建成了"一站式"统一检索平台，平台中，各馆已购的资源可以马上下载全文，未购的资源在联盟内通过非中介式经由电子邮件提供全文。

（2）联合借阅系统

联合借阅系统是利用计算机网络技术实现 8 所图书馆纸质图书馆际互借的自动化，同时提供数据查询与检索功能，满足参与联合借阅读者查询个人借阅信息，各个图书馆对借阅数据的统计与查询。让联合借阅系统的各项管理工作更加现代化、科学化，对用户的服务更加人性化，为推动福州地区大学城文献信息共享平台的信息服务提供强有力的技术支持。"联合借阅系统"能通过各图书馆管理系统标准接口（SIP2）进行数据交互。

（3）移动数字图书馆联盟

福州地区大学城移动数字图书馆联盟以手机、平板电脑等移动设备为载体、以资源共建共享为手段，结合云技术，建设一套基于元数据的信息资源整合为基础，以适应移动终端一站式信息搜索应用为核心，以云共享服务为保障，通过手机、iPad 等移动终端设备，为图书馆用户提供文献搜索、文献阅读、自助查询借书记录和完成相关业务。

（4）书后光盘管理与服务系统

整合 FULink 成员馆随书光盘资源，节约各高校建设随书光盘资源成本，实现地区资源共享，为福州大学城读者提供方便快捷的随书光盘资源服务。采用公司中心（具备一个以上教育网出口和一个以上电信或联通等网络出口）、共享平台（保存所有成员馆随书光盘的元数据和 ISO 文件，可实现元数据和 ISO 资源的收割）、成员馆（保证最新两年数据，具备旧数据自动剔除功能）三级系统架构。

（5）数据库联采

FULink 数字资源联合采购的优势在于：集中联盟力量同资源提供方代表谈判，争取到单采时难以实现的优惠价格；以同盟的名义向资源提供方提出要求，获取良好的售后服务和技术支持。FULink 制订了"数字资源联合采购暂行办法"，规定了采购流程、经费补贴、采购准则和评估办法等规章制度。

2011 年，共有 12 家数字资源厂商或代理商与福州地区大学新校区 8 所高校达成采购协议，共享平台的经费补贴比例为 30%。2012 年，共有 15 家数字资源厂商与 8 所高校图书馆达成联合采购的方案，共享平台的经费补贴比例为 23%。2013 年，共有 15 家数字资源厂商与 8 所高校图书馆达成联合采购的方案，共享平台的经费补贴比例为 11%。2014 年，共有 15 家数字资源厂商与 8 所高校图书馆达成联合采购的方案，共享平台的经费补贴比例为 9%。

13.1.4 开展形式多样的营销活动

（1）成员馆统一进行宣传

采取构建立体化的宣传方式，着眼 4 月 23 日"世界读书日"活动，设计制作统一宣传材料、书签；依托成员图书馆主页进行宣传；通过 FULink 微博和微信开展咨询与信息推送服务。

（2）融入新生入馆教育

面向新生开展入馆教育时，重点介绍 FULink 的功能、规则、方法，使新生对 FULink 有初步的认识，为使用 FULink 展开阅读活动奠定基础。

（3）FULink 使用进课堂

将 FULink 的使用引进各校（馆）的文献信息检索课堂的教学内容。让学生在文检课的教学过程中，切实达到掌握 FULink 的使用。

（4）开展各种专题活动

2011 年上半年举办了 FULink 标志设计大赛，下半年举办了 FULink 共享平台正式启动仪式，2012 年成功举办首次 FULink 知识竞赛，2013 年海峡两岸图书馆研讨会，2014 年举办"万方杯"数字资源检索竞赛，2015 年举办全省本科院校图书馆员羽毛球友谊赛等都取得了良好效果，在学生和馆员中获得广泛好评，扩大了 FULink 的影响。

13.1.5 通过矩阵协同管理充分调动成员馆积极性

人力资源作为资源中最积极和最活跃的一个部分能赋予图书馆联盟强大的生命力，人力资源也是图书馆联盟资源中最具主动性和开创性的资源。如何充分调动成员馆的积极性，发挥馆员们各自的特长，共同为 FULink 建设出谋划策、添砖加瓦？FULink 组织架构采用了矩阵列式管理。"协调工作小组"为 FULink 最高管理机构，隶属教育厅领导。下设通用服务支撑专业工作组、网上服务专业工作组、引进数据库专业工作组、元数据建设专业工作组等 4 个专业工作组，牵头单位分别为福州大学图书馆、福建中医药大学图书馆、福建师范大学图书馆和厦门大学图书馆组织实施，工作组成员包括所有的成员馆代表，定期或不定期举行工作会议，教育厅有专项工作经费支持。

FULink 组织机构的优点有：协调工作小组是最高决策机构，通过定期的会议确保各成员馆资源得到了有效的整合、充分发挥各成员馆的优势提供信息服务。专业工作组使联盟组织结构扁平化，打破了馆与馆之间、部门与部门之间的界限，加强了馆员互动，真正达到了合作、协作与协调。

13.1.6 从点到面向外辐射提高受益面

经过四年的建设，FULink 软硬件设施已经基本建成，资源共享的推广使用也取得显著成效，可逐步地向其他高校开放，使共享平台发挥更大的作用，惠及更多的高校。继福建农林大学图书馆后，多所学校申请加入共享平台，要求为其提供资源共享服务。经各馆提交申请报告、专家现场考察、协调小组讨论通过，上报教育厅审批后，2014 年 FULink 接纳武夷学院、福建教育学院、福建船政交通职业学院等三家图书馆为新成员。在总结经验的基础上，2015 年接纳了华侨大学、三明学院、闽南师范大学、厦门理工学院、集美大学等五家图书馆为成员馆，并将逐步扩大到所有省属院校。

13.1.7 设立研究项目提高平台建设水平

FULink 历经四年的建设，逐渐遇到一些问题，如各成员馆关于未来建设项目的选择出现意见分歧；联盟未对战略目标达成一致导致馆员方向不明；联盟未对利益分配机制充分研讨致使成员馆间产生矛盾等等。2011 年—2013 年，为了解决 FULink 建设过程中遇到的实际问题，提高 FULink 平台建设的质量和水平，FULink 组织了 8 所高校参与共享平台建设的工作人员，开展福州地区新校区文献信息资源共享机制专项研究。重点围绕"区域合作、资源共享、服务创新、联合采购、共享评估、激励机制"等方面开展研究工作。共正式立项 40 项，经过一年多的研究与实践，已正式发表 40 余篇学术论文。这些课题深入研究 FULink 平台建设中遇到的实际问题并提出有效合理的解决办法，促进了共享平台的管理与维护。鉴于项目立项的良好成效，福建省教育厅同意由专家评审的"福州地区大学新校区图书馆联盟建设新模式研究"等 43 个项目列为 2014 年福建省中青年教师教育科研项目 A 类社科研究课题（文献信息资源共享与服务研究专项），研究时间为 2014 年—2016 年。并要求各成员馆认真抓好项目的组织实施和过程管理工作，并做好项目的结题工作。

13.1.8　FULink 模式总结

在大学城图书馆联盟建设中，福州大学城 FULink 走出了一条新路。在联盟合作机制方面，能平衡读者、图书馆、图书馆联盟和友商的各方利益，特别是大馆和小馆都能各施所长，尽其所能，团结协作，为联盟的建设奉献一份力量；在服务机制方面，以达成共识、精心策划的各项服务项目建设为核心任务，逐步拓展、完善功能、推广宣传、不断扩大图书馆的服务能力；在管理机制方面，通过制度建设和矩阵式管理，各个专业工作组中充分发挥民主、畅所欲言后提供实施方案交由协调小组进行最后的决策；在绩效评估方面，设立专项奖励经费，对联盟中几乎所有的共享行为进行评估，并量化为奖励分，最后按贡献大小分配奖励经费。

13.2　FULink 二期规划

13.2.1　FULink 建设的成就与不足

自 2010 年至 2014 年经过 4 年多建设，福建省教育厅共投入专项资金 3125 万元，已按规划基本完成建设任务，取得了较显著的成效。主要成绩如下。

（1）为大学城参建高校广大师生提供校际文献提供、文献传递、馆际互借、联合借阅等高效、便捷信息资源"一站式"服务平台（FULink）已经建成，以福州大学为平台枢纽的中心机房硬件设备和各成员馆为平台网点的机房配套设备得以完善和提升，已并网运行的平台开始为参建高校教学提供文献资源共享服务。

（2）FULink 平台整合了福州地区大学城参建 8 所高校图书馆的所有资源，包括中外文图书 1188.2 万册、中外文期刊 13 284 份、中外文电子文献 120 多种的数据库，实现了共建共享。同时，通过这一平台可检索、访问全国 700 多家图书馆的数字化资源，仅学术文献资源元数据就达 3.8 亿条，其中中文期刊 6 420 万条、中文报纸 7 000 万条、外文期刊 10 872 万条、开放学术资源 3 700 万条、外文图书 30 万种等，使福州大学城域内高校共享服务的数字文献资源海量增加。

（3）经教育厅批准，2014 年 FULink 平台首次扩展，省内高校申请加盟十分踊跃，已有武夷学院、福建教育学院、福建船政交通职业技术学院完成了相关基础工作，实现加盟成功。扩展后的 FULink 平台运行正常，截止 2014 年 12 月 20 日，已为 11 所高校师生员工成功传递文献 120 余万份、馆际互借书刊 15 587 册，满足率为 98.6%。显示出平台良好的运行机制，也为进一步扩展奠定了发展基础。

但是，从全国和福建省高等院校信息化建设发展的实际来看，存在两个方面的明显不足。

（1）顶层设计存在不足。建设 FULink 平台的设计，局限于省会城市的区域内高校为主的文献信息资源共建共享，这与教育部提倡的建设省级高校图书馆联盟，实现高校文献信息资源的共建共享要求，以及北京、浙江、安徽等省（市）已建成的高校文献信息数字化共享平台都是基于全省（市）的顶层设计作法相比较，有较大的差距。

（2）满足服务需求存在不足。从 2014 年已建 FULink 平台初步扩展就得到省内高校踊跃响应的情况来看，现有 FULink 平台的服务范围与全省实际需要相比较，亦存在较大差距。

13.2.2　FULink 二期规划要点

党的十八届三中全会《决定》提出了"构建利用信息化手段扩大优质教育资源覆盖面的有效机制，逐步缩小区域、城乡、校际差距"的教育改革发展新要求，为我们进一步深化高校文献信息资源共建共享指明了方向。为结合我省高校实际，深入贯彻落实党的十八届三中全会精神，很有必要基于已建成的"福州地区大学新校区文献信息资源共享平台（FULink）"项目，扩展建设面向全省高校的二期工程实现数字化优质教育资源在全省高校的全覆盖，逐步缩小我省高校文献信息资源的区域、校际差距，更好地为高校事业发展服务，为政府决策咨询服务，为区域经济建设服务。

（1）调整顶层设计。依托已建成的"福州地区大学新校区文献信息资源共享平台（FULink）"，规划、实施扩展建设面向全省高校的二期工程，建设周期为 2015 至 2020 年，分为两个阶段。第一阶段（2015－2017 年）扩展至全省 24 所本科院校；第二阶段（2018－2020）扩展至全省其他高校。需要将 FULink 项目纳入我省"十三五"教育事业发展规划，以利落实、建成。

（2）完善建设内容。FULink 二期包括四方面内容：一是参建高校图书馆文献信息资源整合共享；二是建设高校研究级学科文献保障体系及特色资源库；三是建设全省高校联合虚拟参考咨询子服务系统，为全省高校提供便捷的读者咨询服务；四是建设一支适应高校信息化建设、服务需要的专业化队伍。

（3）明确建设原则。FULink 二期拟坚持"三结合"原则：一是政府主导与高校参与相结合，即以政府财政投入为主，参建高校以资源、人力、物力投入为辅；二是盘活存量与新添增量相结合，即以充分利用各参建高校现有文献信息数字化资源为主，以参建高校联合自建特色资源库和联合采购优质资源库为辅；三是资源整合与集成集约相结合，即既要整合参建高校现有资源达到分类科学化、系统集成化，又要在高校数字图书馆服务师生教学、服务政府咨询、服务经济社会等方面达到集约化、便捷化。

（4）加大财政投入。FULink 二期项目需要加大政府财政投入。经初步框算，第一阶段建设需要投入每年 1000 万元左右，拟列入省本级财政预算，分三年落实。第二阶段建设所需投入，须经详细调研、拟订建设方案后，再行预算上报。

13.3　FULink 二期新服务项目

13.3.1　联合学者库建设

联合学者库是以 FULink 成员馆所在高校知名学者的个人著作库，以网络为依托，以收集、整理、保存、检索、提供利用为目的，以知名学者在工作过程中所创建的各种数字化产品为内容的知识库。

知名学者可以借助 FULink 联合学者库提高自己学术资源被发现的概率，提升自己学术资源的被引用率和自身的学术影响力。图书馆购买学者库平台和服务，服务提供商负责维护（提供数据、整合、联系学者确认），各图书馆在本校内挑选学者，并对学者库进行评估和宣传。公开发表的文献由服务提供商直接加入机构库，学者自己添加的文献知识产权自负，可提供权限管理。平台自动为入选的每一位学者生成学者主页，主页内数据实时更新，并采用可视化技术，使得学者信息呈现更加及时、准确、丰富和生动；通过学科服务信息联合发布系统，使得联盟内高校定期联合发布的本校重点学科国内外发展趋势分析，在联盟内共享，促进学术交流，提升知识服务的效率。

以前图书馆的机构库、名师库、学者库建设方式是以馆员手工收集数据为主，受到人力短缺、收集过程繁琐、海量数据、功能服务有限等诸多因素的影响，最终都大多流于形式，没有发挥弘扬文化传承、宣传学者成就和为学者服务的作用。

拟建设的联合学者库的目标是以海量学术资源为基础，利用计算机和互联网技术，通过智能自学习算法自动甄别本校学者的学术出版物、提供学者ID服务，建立以学者为中心的学术信息网络，以可视化方式揭示学者与合作者、与期刊会议、文章、机构之间的关联关系。

（1）智能甄别算法。以人为关注点的知识服务，都无法回避学术界的"Who is Who"问题。会自主学习的智能甄别算法能够从自动甄别学者的学术出版物，并随着数据的积累，不断提升准确性。

（2）自动数据爬虫。以手工为主的数据收集工作，在人力资源日渐紧张的图书馆是不可持续的。只有利用技术手段，实现从指定目标数据库的自动数据收集，才是可持续的手段。匹配后端的智能甄别算法，可以将搜集的数据自动推送到学者主页进行展示或进一步加工。

（3）评价中心。联合学者库内置评价指标库系统，可以根据学术出版的来源，自动匹配收录类型和影响因子；通过与主流文摘数据库的接口服务，实时提供文献资源的被引用次数更新；根据实施更新的被引用次数和发文数的关系，计算学者的 H 因子，把是对学者的评价从量的级别提升到质的级别。

（4）数据可视化。通过可视化手段将学者的曾用名、与其他合作的合作关系、研究关键词的分布情况和发文量随年份变化的动态情况展现出来，一目了然。

（5）研究者 ID。通过建立研究者 ID 服务，可以提供学者学术信息的一站式展示、姓名规范等，当学者参加学术交流、工作申请或申报奖励的时候，通过研究者 ID 可以最及时、全面展示其学术成果。

13.3.2　学科服务共享平台

学科服务共享平台是以数字图书馆为基础，以因特网的丰富信息资源和各种信息搜寻、知识发现技术为依托，以资深图书馆员为知识导航员，旨在向高校师生提供高质量学科知识导航和数字参考咨询服务的网络服务平台。

学科服务管理平台是针对服务对象建立大型的知识服务知识库，并构建智能检索平台。同时，建立包括基础参考咨询、课题咨询、竞争情报等方面内容的知识服务体系以及相应的服务平台，具有导引功能、评价功能、协调功能与集成功能。

该平台拟采用分层业务架构：综合服务台和多个学科服务台。平台的基本架构由学科信息资源导航、学科常见问题库、学科知识库和学科问答服务四大部分组成：

（1）学科信息导航系统。学科信息导航系统是以学科为单元对馆藏和互联网上的相关学术资源进行搜集、评价、分类、组织和整理，并进行简要的内容揭示，建立组织体系、资源数据库和检索平台，为读者提供导航服务。

（2）常见问题库。解答读者在利用学科信息资源中经常遇到的各种问题。

（3）学科知识库。通过对知识信息的收集、甄别、著录、加工、标引、整序，提供文献检索知识，工具书使用，数据库介绍和使用指南，汇集各学科咨询案例，为读者利用信息资源提供多方位的帮助，能在用户搜索的时候进行智能匹配，推送用户需求的知识。教师和学生都可将自己的文档上传至平台，供其他用户下载阅读，提供学科的信息共享。

（4）学科知识问答服务。学科知识问答主要为读者答疑解惑、排忧解难，在信息海洋中为读者导航，帮助、引导读者查找学习与工作中急需的参考资料，协助读者寻找课题研究所需的文献信息，并向读者介绍图书馆与互联网浩如烟海的知识资源，以及众多的服务项目，充当读者信赖的信息助手。学科知识问答服务系统提供电子馆员自动回答、表单问答和学科馆员在线实时回答三种问答服务。其中电子馆员和表单方式提供 7 * 24 小时的服务。

13.3.3　FULink 门户建设

所谓中心门户，指的是集成了多样化内容和多种服务模式的网站。由于这种类型的网站提供搜索引擎、原文资源服务、个性化服务、特色资源发布、虚拟参考咨询、文献传递等多种功能，集成了当前 Internet 网络的多种服务模式，因而使得它们成为了读者进进出出的必经之门户。

FULink 门户系统是一个具备用户身份识别，并根据用户特征提供简单、直觉、个性化以及用户定制的 Web 服务系统。通过门户，用户可以根据自己的喜好和兴趣方便地存取图书馆联盟中的数字资源内容，使用图书馆联盟的服务。

　　FULink 门户平台建设以整合为核心，实现数据整合、应用整合、内容整合、流程整合。平台要求满足系统性、实用性、可扩展性，以及技术上的先进性、成熟性和安全性等原则性需求。能够与联合的成员馆实现互联互通，整合各馆资源和服务，提高自身的服务能力。

　　（1）数据整合。门户包含的内容为联盟内所有成员馆不同格式的数字化资源（如电子期刊、电子图书、数据库、全文、CD – ROM、Web 站点、图像、音视频等）。这些数字化资源以及门户服务器后台所有的数字图书馆应用或服务，可根据相应的规则向该用户提供类似"一站式"的服务。

　　（2）应用整合。能有效集成图书馆内外的各类资源和应用，通过内容聚合和统一认证，为用户提供个性化的信息内容和图书馆服务。

　　（3）内容整合。对用户提供多种资源的多种分类导航浏览方式（如学科导航、其他分类导航等），便于用户快速找定位所需资源和服务。

　　（4）流程整合。将图书馆服务流程中的各个应用模块通过门户集成在一起，如能将图书预约、图书归还、馆际互借事务、账户余额、我的咨询等各类应用系统中与个人相关的事务信息集中呈现在门户中。

　　（5）联盟管理。联盟参与者能通过门户实现各自职能。

　　（6）联盟交流。搭建一个多方参与的交流平台。充当学生学习、讨论、探究、交流的活动场所。交流平台是建立在角色交互的基础上进行的资源交流、学习协作和知识创新。

　　（7）联盟培训。通过门户平台开展图书馆管理人员和专业人员的继续教育培训，培养高水平专业技术人才。开展信息用户的信息素养培训工作。

13.3.4　学位论文联合数据库

　　学位论文是大学教学科研的重要学术成果，是教学类档案的重要组成部分，是衡量学校教育质量和办学效益的重要评价内容，是反映学校学术水平的重要特色文献资源。

　　学位论文的收集与利用是各个学校都要面临的问题。随着招生的扩大，学位论文不断增多。图书馆收集学位论文的常规方法是在服务器上建立一个 ftp 目录供学生上传文件，这种方法面临有些文件带病毒、有些文件打不开等问题，学位论文无法规范建库保存，难以实现论文网上提交与审阅、建档入库、按保密级别发布、网上检索与利用全方位便捷、高效和规范管理的目标。

　　通过建设学位论文联合数据库，在各个学校建立学位论文提交系统的基础上，构建学位论文系统的中心平台，利用 OAI 协议进行对各校论文元数据的收割，利用 mets 协议进行全文免费浏览页的数字对象收割，方便读者进行全省学位论文的检索与获取。见图 13 – 1。

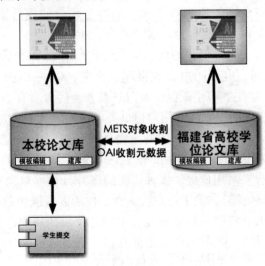

图 13 – 1 学位论文联合数据库流程图

　　每个学校都可以自己独立建设自己的学位论文数据库，方便学校进行自己的个性化设置。包括了系统设置、首页内容设置、论文水印设置、批注内容设置、规范文档设置、email 参数设置、通知公告设置、FAQ 信息设置。每个学校都进行自己维护自己的服务器。保证学校的自主权。管理中心可以随时接受成员馆加入。

参考文献

图书

1. 董琴娟著. 中国图书馆联盟发展研究. 北京：光明日报出版社，2013
2. 高凡著. 网络环境下的资源共享：图书馆联盟实现机制与策略研究. 成都：四川人民出版社，2006
3. 马骅著. 地区图书馆群构建举要. 沈阳：白山出版社，2011
4. 屈宝强. 图书馆联盟资源共享绩效评估研究. 北京：科学技术文献出版社，2015
5. 苏坤著. 信息资源共建共享研究进展. 北京：中国言实出版社，2014
6. 苏坤著. 区域信息资源共享现状调查与共享机制研究. 北京：中国言实出版社，2014
7. 唐虹编. 图书馆联盟协同管理研究. 长沙：湖南大学出版社，2012
8. 王丽华著. 图书馆联盟运行机制研究. 北京：世界图书北京出版公司，2012
9. 王真著. 图书馆联盟建设研究. 天津：天津大学出版社，2011
10. 许军林著. 地市级区域图书馆联盟建设研究. 成都：西南交通大学出版社，2011
11. 袁静著. 图书馆联盟风险防范研究. 武汉：武汉大学出版社，2014
12. 张会田，巩林立，白兴礼著. 新信息环境下图书馆合作与资源共享. 兰州：甘肃民族出版社，2008

期刊论文

1. 白冰，高波. 国外图书馆资源共享现状、特点及启示. 中国图书馆学报，2013，3：108－121.
2. 鲍智明. 基于共享的新型图书馆学术资源搜索应用研究：以福州大学城为例. 兰州教育学院学报，2013，1：125－126.
3. 陈晋. 图书馆联盟资源共享平台的绩效评估研究. 图书馆建设，2012，10：25－27，31.
4. 陈欣，万彤. 四川省高校图书馆联盟构建策略. 图书情报工作，2011，9：97－100.
5. 崔萌. 论图书馆联盟中的文化融合机制. 大学图书馆学报，2014，3：106－108.
6. 崔萌. 图书馆联盟成员馆间信任关系的培育研究. 大学图书馆学报，2010，5：20－23.
7. 党洪莉，鄢朝晖. 图书馆联盟资源状况与绩效的关系分析. 图书馆，2011，4：106－107.

8. 杜春光，陈伟. 系统论下区域图书馆联盟特征分析及动力机制研究. 情报杂志，2012. 8.

9. 杜杏叶，李亚峰，李贺，王硕. 我国图书馆联盟管理与运行机制现状调查研究. 图书情报工作，2014，9：37－45.

10. 鄂丽君，许子媛. 我国区域图书馆联盟建设现状调查与分析. 图书馆，2012，1：62－65.

11. 范亚芳，郦金花，王传卫. 图书馆联盟共建共享评价指标体系与方法研究. 情报科学. 2011，5：676－680.

12. 范亚芳，王传卫. 我国图书馆联盟绩效评估要素研究. 图书情报工作，2010，11.

13. 范亚芳，王传卫. 我国信息资源共享绩效评估要素与体系研究. 情报科学，2012，4：501－506.

14. 冯琳，高波. 我国图书馆资源共享经费模式研究. 图书情报工作. 2014，8：5－9.

15. 高波，王少薇. 英国大学及研究图书馆联盟战略规划特点及启示. 图书情报工作，2013，17：26－33.

16. 高景祥. 高校图书馆联盟组织学习模式研究. 图书馆学研究，2014，8：82－85.

17. 高咏先，叶华. 区域性图书馆联盟资源整合与服务模式研究：基于 CALIS 与超星平台对比分析. 图书馆工作与研究，2014，1：24－27.

18. 古华琼. 如何启动广州大学城图书馆联盟建设：制度变迁经济学的观点. 图书馆论坛，2011，1：63－65.

19. 关志英，章洁. 图书馆共建共享联盟区域宣传推广效果的实证研究：以"CASHL 走入…"活动为案例. 大学图书馆学报，2012，2：42－48.

20. 何都益，许军林. 信息构建在区域图书馆联盟门户建设中的应用. 情报资料工作，2011，6：94－98.

21. 何琳. 我国区域性高校数字图书馆联盟建设现状调查分析. 图书馆，2010，4：61－63.

22. 黄明珊. 图书馆联盟协同效应的层次结构研究：基于资源—能力观的视角. 图书馆论坛，2014，4：18－22.

23. 黄维玲. 福州地区大学城文献信息资源共享平台联合采购存在问题和解决办法. 情报探索，2013，7：81－82.

24. 解金兰，张洪艳. 图书馆联盟用户管理系统的调查与分析：以天津市部分联盟成员馆网站管理调查为例. 图书馆工作与研究，2011，9：35－39.

25. 金帆. 图书馆联盟知识管理战略规划研究. 图书馆，2014，6：97－98.

26. 孔繁超. 图书馆联盟风险防范体系的架构研究. 国家图书馆学刊，2010，1：73－79.

27. 兰艳花，孟雪梅. 基于图书馆联盟的协同容灾机制研究. 图书情报工作，2011，9：50－53.

28. 李玲，侯瑞芳，方瑜，贺轩. 跨联盟原文传递系统的融合与服务：基于 BALIS 与 CA-

LIS 的探索. 图书馆学研究, 2014, 12: 89-93.

29. 李硕, 李秋实. 基于项目管理的数字图书馆联盟建设研究. 图书馆工作与研究, 2012, 8: 43-45.

30. 李泽文. 构建厦漳泉图书馆联盟的可行性研究. 国家图书馆学刊, 2013, 1.

31. 梁欣. 移动图书馆联盟: 高校图书馆信息资源共享未来的发展趋势. 情报资料工作, 2012, 2: 65-69.

32. 林佩玲. 智慧城市背景下的区域联盟移动图书馆建设. 图书情报工作, 2013, 12: 51-55.

33. 林杨, 戴鹭涛. 地方区域性图书馆联盟建设的发展思路: 以 Fulink 为例. 图书馆界, 2013, 2.

34. 刘海霞. 面向用户的大学图书馆服务营销探索: 以福州大学城 Fulink 平台推广为例. 图书馆理论与实践, 2013, 12: 101-102.

35. 刘廷元. 图书馆联盟的多层治理模式与可持续发展策略. 情报科学, 2014, 7: 50-54.

36. 刘文青, 龚赛群. 湖南地区图书馆联盟的比较和互补性探讨. 图书馆, 2012, 4: 96-98.

37. 刘霞, 张淑香, 刘文祖. 省高校数字图书馆建设构想. 大学图书馆学报, 2011, 2.

38. 刘颖. 基于生命周期理论的图书馆联盟风险防范与对策研究. 图书馆工作与研究, 2013, 3: 15-17.

39. 罗时进. 区域信息资源共享发展模式与绩效评价. 图书情报工作, 2011, 17: 5.

40. 罗学妹, 李冬梅, 李庭波. 开展协作式虚拟参考咨询服务研究: 以 FULink 平台应用为例. 农业图书情报学刊, 2015, 9: 153-157.

41. 马志杰. 我国省域高校数字图书馆联盟建设现状调查与分析. 图书馆建设, 2012, 11: 73-78.

42. 欧阳红红. 海峡西岸区域图书馆联盟体建设探究. 图书情报工作, 2011, 23: 85-88.

43. 潘国雄, 高波, 黄梓阳. 中美高校图书馆联盟成员权责比较研究. 图书情报工作, 2015, 4: 5-11.

44. 潘松华, 孙素云, 吴小玲. 图书馆联盟利益均衡机制构建研究: 基于江苏高校图书馆区域联盟的实例分析. 图书情报工作, 2014, 24: 11-18.

45. 钱佳平, 袁辉, 范全青. 区域数字图书馆绩效评估框架研究: 以 ZADL 为例. 图书情报工作, 2014, 17: 61-66.

46. 邱小红, 姜颖, 彭絮. 网络环境下区域性高校图书馆联盟资源共享模式与效益分析. 图书馆, 2014, 4: 91-93.

47. 渠芳. 高校教学联合体机构知识库联盟建设研究: 以徐州高校教学联合体为例. 情报理论与实践, 2010, 11: 83-85.

48. 阮飞轮. 高校图书馆联盟共建电子资源分析: 以安徽省高校图书馆联盟为例. 图书馆

建设，2010，9.

49. 沈静. 图书馆选择联盟的决策路径研究. 图书馆论坛，2012，2：36-39.

50. 沈嵘. 技术联盟：高校图书馆数字化建设的新方向：以浙江省高校数字图书馆联盟建设为例. 图书情报工作，2010，5：71-74.

51. 宋亚军. 区域图书馆联盟自建特色资源整合服务机制研究. 图书馆学研究，2014，10：75-78.

52. 苏晓宇. 基于问卷调查的福州大学城文献资源共享平台研究. 情报探索，2013，5：67-70.

53. 孙颉，徐瑶，崔伟. 日本大学图书馆联盟发展的启示. 情报科学，2010，4：637-640.

54. 孙振领. 省域高校数字图书馆联盟合作模式与资源现状分析. 图书馆论坛，2011，3：64-66.

55. 田宁. 天津市图书馆联盟用户信息采集初探. 图书馆工作与研究，2011，4：27-29.

56. 王代礼，王泽琪. 天津市图书馆联盟建设现状及可持续发展策略分析. 图书馆学研究，2014，2：83-88.

57. 王登秀，张文德，林熙阳. 基于VASL2的高校数字图书馆联盟人物角色. 图书情报工作，2011，3.

58. 王丽华. 图书馆联盟理论基础探寻. 大学图书馆学报，2010，6：35-41.

59. 王宁，孙慧明. 美国佛罗里达州坦帕湾图书馆联盟发展探析. 图书与情报，2015，2：37-41.

60. 吴敏琦. 从图书馆联盟到协同创新网络：高校图书馆的角色定位与实现路径. 情报资料工作，2013，3.

61. 吴元业. 图书馆联盟云计算应用研究：以DRAA新门户为例. 图书馆论坛，2014，3：103-106.

62. 吴正荆，孙成江. 区域图书馆联盟可持续发展研究：以吉林省图书馆联盟为例. 情报资料工作，2012，3：97-100.

63. 伍清霞. 数字图书馆联盟效益评估探索：以珠江三角洲数字图书馆联盟为例. 图书馆论坛，2012，4：52-57，135.

64. 徐晓玲. 浅谈福州地区大学城文献信息资源共享平台的资源及功能特点. 福建图书馆理论与实践，2013，2：15-17，47.

65. 许军林，蒋玲. 异质性区域图书馆联盟探索：基于以高校为主体的地方图书馆联盟模式. 情报理论与实践，2010，8：38-41.

66. 许征尼，刘宁，孙刚. 天津市高校图书馆联盟危机指标体系及模型分析研究. 图书馆工作与研究，2010，11：79-82.

67. 许子媛. 图书馆联盟信息共享：内容、模式与评价. 情报理论与实践，2013，9：48-52.

68. 鄢朝晖, 李湘. 区域高校数字图书馆联盟管理机制探析: 以湖南省高校数字图书馆为例. 图书馆, 2013, 5: 132-134.

69. 严凤玲, 高波. 美国图书馆联盟战略规划调查与分析. 图书情报工作, 2014, 3: 27-33.

70. 杨景光. 图书馆联盟协同创新机制研究. 图书馆工作与研究, 2015, 4: 41-45.

71. 杨维敏. 图书馆联盟网络关系治理研究. 图书馆工作与研究, 2014, 4: 20-23.

72. 杨雨涵. 呈贡大学城图书馆联盟建设构想. 图书情报工作, 2011, S1: 26-28.

73. 叶莉. 广东高校图书馆知识联盟构建研究. 图书馆论坛, 2012, 4: 58-61.

74. 袁红军. 国内省级区域图书馆联盟信息服务调查与分析. 图书馆学研究, 2014, 2: 78-82.

75. 袁静. 图书馆联盟中的利益平衡机制构建. 情报资料工作, 2011, 3: 38-41.

76. 袁静. 论图书馆联盟中的信息沟通. 情报理论与实践, 2011, 9: 85-88.

77. 袁静, 焦玉英. 我国图书馆联盟风险的实证调查与分析. 中国图书馆学报, 2010, 6: 48-56.

78. 詹庆东. 福州地区大学城网络图书馆建设的思考. 文献信息论坛, 2002, 3: 26-30.

79. 詹庆东. 大学城图书馆联盟新模式探讨. 图书馆学研究, 2014, 24: 80-84.

80. 詹庆东. 图书馆联盟营销体系建设探究. 图书馆, 2015, 4: 80-84.

81. 詹庆东. 大学城图书馆联盟营销组合策略研究. 图书情报工作, 2014, 22: 23-27.

82. 詹庆东. 打造移动图书馆联盟平台. 中国教育网络, 2012, 9: 73-75.

83. 詹庆东. 大学城图书馆联盟顶层设计. 图书情报工作. 2013, 12: 56-59.

84. 张聪, 詹庆东. FULink 文献提供系统的感知服务质量研究. 情报杂志, 2013, 10: 174-177.

85. 张甫, 吴新年, 张红丽. 国内区域图书馆联盟建设与发展研究. 情报杂志, 2011, 8: 138-143.

86. 张洪艳. CRM 在图书馆联盟用户管理系统中的新发展: 用户参与用户管理. 图书馆工作与研究, 2011, 7: 35-37.

87. 张洪艳. 天津市图书馆联盟用户管理系统的功能模块研究. 图书馆工作与研究, 2010, 5: 28-31.

88. 张巧娜, 孟雪梅. 海峡两岸高校图书馆数字资源联盟采购比较研究. 大学图书馆学报, 2011, 3: 46-50.

89. 张群梅. 现代图书馆联盟的理性困境及对策研究. 图书馆, 2013, 5: 37-40.

90. 张文娟. 区域性高校图书馆联盟资源共享运营模式研究: 以豫北地区高校资源共享平台为例. 图书馆杂志, 2012, 2: 123-125.

91. 张新兴. 信息资源共享系统建设的宁波模式与广东模式之比较. 情报资料工作, 2011, 5: 93-96.

92. 张玉霞. 数字图书馆联盟的文献传递服务分析: 以宁波市数字图书馆为例. 图书馆理

论与实践，2012，7：16 – 18.

93. 赵继海. 论区域信息服务均等化的实现机制：以宁波市数字图书馆服务为例. 大学图书馆学报，2011，6：51 – 54.

94. 赵良英，李沂濛. 天津市高校复合图书馆信息资源建设优化配置研究. 图书馆工作与研究，2012，4：85 – 88.

95. 周子剑. 基于制度变迁理论的区域图书馆联盟文献传递制度优化探讨：以昌北高校图书馆联盟为例. 情报理论与实践，2012，6：54 – 59.

后 记

　　谢谢您终于翻到这一页了，前面的八股文字可以告一段落，听听家长里短、闲言碎语。

　　"文献保障"是图书馆的立身之本，"共建共享"是在单个馆馆藏建设基础之上联合多馆的力量来增强图书馆存在感的重要途径。福州大学城建设之初，本人就撰文提出建设大学城网络图书馆的构想。历经张文德、萧德洪、汤德平、刘敏榕等馆长们不懈努力，在陈桦副省长和教育厅领导的支持下，终于将 FULink 建成并从福州地区大学城扩大至全省范围的"福建省高校数字图书馆"。

　　联盟的建设，需要业界同仁的倾力协作，感谢一起并肩奋斗的领导和同行们：福州大学图书馆的林熙阳副馆长、福建师范大学图书馆的阮延生副馆长、福建中医药大学图书馆的苏晓宇馆长助理、福建师范大学图书馆的刘思得主任，我们一起就 FULink 的技术、服务、架构，进行了无数轮的讨论与协商，终于将协调小组规划的蓝图一一实现。

　　感谢我的同事们，我们一起讨论了种种技术参数，一起草拟招标文件，一起与友商斗智斗勇，一起维护各种设备，一起推广各项应用，一起回复读者的咨询。你们毫无怨言，我们同甘共苦。谢谢你们：刘荣发、戴晓翔、林艺山、李腾、郑芬芳、余泽胜、刘丹、林慧恩、韩晶、夏诗琪。

　　感谢我的学生们，我们在"每周一会"上讨论了各种技术、服务应用于 FULink 的可能性；你们的小论文和大论文，大都围绕着数字图书馆与图书馆联盟的某一方面展开；通过讨论与研究，丰富了理论，增长了见识，储备了技术。谢谢你们：06 级的陶俊，07 级的李峰、黄良燕，08 级的刘小花、郑成铭，09 级的蔡剑、陈香，10 级的董玮，11 级的张聪，12 级的吴四彦，13 级的谢薇，14 级的胡芬琴、曾春春，15 级的蔡晓玲、周婷。

　　感谢刘敏榕研究馆员和初景利教授，是你们的鼓励和提携，本书才得以成型并出版。感谢文中脚注和文后参考文献中列出的所有同仁，你们的著作和论文是本书的基石之一。感谢本书的责任编辑杨海萍老师和张欣老师，你们为本书的修改和审校做出了大量的工作。感谢 FULink 的用户，到目前为止，已经有超过 150 万次的服务请求，我们期待着第 200 万次尽快到来，你们的使用是我们前进的动力。

詹庆东

2015 年 12 月